獨一無二的反叛者

王若望

喻智官——著

1989年

六四事件後，王若望與其他上海作家一起上街頭聲援學生運動。

沙叶新

作家
王

王若望營救中國異議人士魏京生。

王若望聲援中國異議人士吳弘達（Harry Wu）。

1997年 | 王若望參加六四事件八週年活動。

1993年

王若望來台參加中華民國元旦升旗典禮。

1993年

王若望來台與總統李登輝合影。

王若望於中國民主運動研討會中發言。

王若望夫婦。

2007年
王若望家居拉胡琴。

王若望晚年家居讀書。

【代序】安息吧，在天國的老伴！——寫在先夫若望逝世十周年

羊子*

不堪回首的十年

光陰荏苒，先夫若望離我遠去整整十年了，回首過去十年的寡居生活，我感慨萬端。

有時，我覺得這十年很短，十年前的事就像發生在每個昨天。當我經過附近的居民運動場，眼前總是晃過若望在那裏打網球的身影；當我去圖書館看雜誌，我常錯覺若望在書架前尋找圖書；當我偶然去中國餐館小吃，我以為若望還在身後，會習慣性地點他喜歡吃的菜蔬；當我開車經過ELMHURST醫院，我會下意識地想往裏拐，以為若望還躺在裏面等著我去接……

*羊子，本名馮素英，王若望之妻。

直到後面的汽車按喇叭催促，我才驚醒，若望走了，已經走了十年。

有時，我又覺得十年太長，長得我想早點去會若望。因為二十年前在中國一度顯現的民主曙光不見了，若望為之奮鬥一生的自由人權離中國更遠了。與此相反，若望至死反抗的中共獨裁專制好像愈來愈強大了，中共攜持所謂經濟奇蹟，財大氣粗，無視西方民主國家的壓力，更加兇殘地鎮壓國內的異議人士，中共官僚集團的腐敗更加肆無忌憚，中國社會因之道德淪喪良知無存，各行各業各奔「錢」程，醫生、教師等知識分子也唯錢是問，底層的維權民眾得不到應有的支持，高智晟等抗暴英雄孤軍作戰，陷於生死未卜的境地，遭受的非人折磨甚於當年的若望。

十年前，我以為不久的將來，我就可以帶著王若望的骨灰回家了。誰知，前年，我的回國簽證遭到中共領事館的拒絕。我不解，強大的中共怎麼又這麼虛弱，竟然害怕一個對他們毫無威脅的老嫗？

但中共儘管內裏虛空「中乾」，行事依然蠻橫「外強」，他們大權在握，堵住國門，誰能進出，誰不能進出都由他們把持。

我只能望洋興嘆，看來通向民主中國的路途遙遙無期，我帶若望回國的期望尚沒盡頭，在天國的若望一定也在為中國的現狀憂憤，為苦難的中國勞苦大眾悲鳴，為我的無奈無力沮喪。

有人要寫《王若望傳》

這些年，我就是在這種懊喪和苦惱中生活。我想，在這般世態人情下，若望漸漸被人遺忘也再正常不過了。

去年，若望逝世九周年的時候，旅居愛爾蘭的作家喻智官來電慰問，鄭重地說，他醞釀了很久，決定寫一部《王若望傳》[1]，問我是否同意？

作為若望未亡人，我何嘗不想有人寫一本關於他的書，記錄他一生走過的路。雖然若望不是偉人，但為了自己祖國的自由民主，為了他深愛的百姓過上幸福日子，他戰鬥了一生，奉獻了一生。寫下若望的坎坷人生，給他所處的時代留下一個身影，也讓年輕人瞭解他的奮鬥經歷，繼承他未竟的自由民主事業，應該說是一件有意義的好事。

但面對如此嚴酷的現實，我明白自己的願望過於奢侈，甚至可以說是非分之想，在這樣的時代，在這樣世風下，誰願意為「過時」的若望做吃力不討好的「傻事」？現在，喻智官自告奮勇，出乎我的意料，超出我的期待，我只有感激，哪裡會否定？

[1] 編案：此書原名《獨一無二的反叛者——王若望傳》。

不過，高興過後是隱隱地疑問，憑喻智官對若望的瞭解程度，能夠寫出一本記錄真實若望一生的傳記嗎？說起來，若望和喻智官有過交往。大約是上世紀八五年的事，若望去參加上海一家雜誌的筆會，我也陪伴同往，喻智官也是受邀的作者，我們一起相處了五天。事後，他在我記憶中只有一個模糊的印象，直到若望故世，他寫文章紀念，我和他才重續前緣。

喻智官好像看透了我的心思，謙虛地提醒我，「儘管我構思了很久，但真的動筆也沒十分把握，萬一寫不下去完不成你不要失望。」

他這樣一說，我心想，如真那樣，失望難免，遺憾更多，但他為光大若望的精神盡了心力，這份誠意和心願我領了，我也滿足了，唯一過意不去的是，白白浪費了他的精力，我知道，他負責一家中醫診所的工作。

此後，他在愛爾蘭日夜趕寫，我在遙遠的美國為他懸著心。他在寫作中不放過任何細節，每遇問題就打電話來核實查詢，他的嚴謹和慎重使我感動，有時看看錶，愛爾蘭那邊已經是深夜了，看著他孜孜矻矻的爬格子，我開始相信功夫應該不負有心人。

《王若望傳》超出我期望

半年後，懷著等待某項大獎揭曉的心情，收到喻智官送來的十五萬字的《王若望傳》初稿。拜讀全文，我的心放下了，作者不僅順利完成了全書的寫作，而且寫得超出我期望的好。作者將王若望寫細了，寫全了，寫活了，寫得有血有肉了，寫得平凡又偉大了。作者還原了若望的形象，書中的許多情景，我這個遺孀看了都感到既熟悉又新鮮，閱讀時會覺得若望又回到了我的身邊，讀到細微處真情處我忍不住淚流滿面。那些天裏，我讀了一遍又一遍，流了一次又一次淚。

我忍不住去問作者，你怎麼能夠這麼準確地把握若望的感情和思想？作者說，他和若望和我倆分手後，一直默默關注若望的命運，追蹤著若望參與的每項重要活動，從國內到海外從未停止。再者，多年前幾位熱心人建立網上王若望紀念館，他主持編輯王若望全集，熟讀王若望的文字，所以寫起來比較得心應手。

原來如此，我欣然了，若望還是有不少追隨者，他們一直在緬懷若望，為宣揚若望的精神，也為推進中國的自由民主努力工作。

安息吧，在天國的老伴！

通觀《王若望傳》全書，我還看出，作者不僅生動描述了若望反抗暴政的艱難人生，也通過若望的言行反映了他自己的意識，正如作者對我所說，「我在為王老代言，也在表達自己的心聲。」

難怪作者把若望寫得這麼傳神，原來他看問題的方法和觀點和若望一致，他把自己的思想融合到若望的精神中了。

所以，當我把《獨一無二的反叛者——王若望傳》的〈序・「獨一無二」解〉讓幾位朋友先睹為快，他們閱後異口同聲地說，這篇序寫得十分到位，把王若望的言行和精神都概括出來了。他們說，讀了這篇〈序〉，就知道王若望是怎樣一個人，他在中國人爭取自由民主的路上做了哪些事，他給後輩留下了哪些精神遺產，中國人應該為自己有過這樣的民主鬥士而自豪，歷史也將為有王若望這樣的先賢而添色。

朋友的評論，使我無比欣慰。若望，你是幸運的，你並不孤獨，在你去世十周年的時候，不僅有後輩同道為你著書立傳，豎起一座文字豐碑讓後人憑弔，讓你在史書上留下一筆，十二月十九日你的忌日，一批古道熱腸的朋友，將隆重組織活動紀念你逝世十周年，還徵集了紀念文章，幾十位同道友人送來他們的深切緬懷……

此時此刻，恰逢阿拉伯民主之春風起雲湧，中國民眾深受鼓舞，各類維權運動以前所未有的聲勢發展，我灰暗的心又亮堂起來，前行道上又看見了光明。我堅信，在中國走向民主化的征途上，會有更多人承繼你的遺志，傳遞你點燃的薪火繼續猛進。

安息吧，在天國的老伴！

【自序】「獨一無二」解

一

可以用「國寶」兩個字表達王若望在中國的地位。從中國人民爭自由，爭解放，改變和改善自己命運的意義上說，王若望所做的貢獻在中國找不到第二個。

——劉賓雁

早就想為王若望寫一本傳記了，只是遲遲沒有下筆，貯存在意識的構思，就像釀酒的原料，在那裏悄悄地發酵。

此間，遠去的王若望並未隨著時間消失，經過歲月的沉澱，他的精神在日漸頹靡的時代愈益凸顯。

王若望的人格魅力和精神特質是什麼？就是對共產黨——他曾經參與構建的營壘——的反叛。儘管，為建立自由民主的新中國，他從少年時代起就投身這個營壘的革命，並為它奪取政權不惜獻身。然而，掌權後的共產黨背誓亂常，建立了一個毫無民主可言的專制制度，實行一套與民為敵的獨裁統治，與王若望早年追求的理想完全背道而馳。深具人道主義情懷的天性，使王若望痛切反思自己的過去，勇敢站出來批判自己的營壘，並義無反顧地走上反叛的不歸路。

二

王若望的最可貴處，還不在於對共產黨的反叛，而在於反叛的徹底性，這種徹底性在他同儕的反叛者中，是獨一無二的。

王若望從一九五〇年代開始，就以雜文形式批判社會弊害，揭示共產黨政策造成的一系列錯誤。到一九六〇年代紅色恐怖橫暴的文革，他就認清毛澤東是一切災難的禍首。一九七八年文革終場後，他受邀去各處演講，反思文革斥責毛澤東的恣睢肆虐，是全國公開批毛的第一人。進入胡耀邦推進改革的日子，他在各種場合奔走呼號，強調中國必須補資本主義的課，鼓吹允許新聞言論自由、推動多黨民主政治，由此被鄧小平欽定為「資產階級自由化的老祖宗」。

在感天動地的八九・六四民運期間，王若望不顧自己「戴罪在身」，不懼被控為「運動的黑手」，於上海多次領頭參加遊行並在廣場演講。

早在一九七九年，一批青年人在上海成立「人權研究協會」，王若望欣然接受邀請出任顧問，積極參與民間反對組織的活動。一九九一年，他還在取保候審，就籌畫恢復「人權研究協會」，並出版地下刊物，直到被公安破獲。

在思想認識上，王若望也是無所忌諱，共產黨死守的圭臬法寶典章教條——諸如馬克思主義教義，社會主義宗旨之類——通通被他摒棄；共產黨設置的清規戒律禁域防線——不容違背四項基本原則，不許挑戰現行體制等等——悉數被他衝破；共產黨自鑄的不准觸碰的瓷器陶皿罈罈罐罐——舉凡台獨、藏獨、疆獨種種——全部被他砸碎。

從共產黨營壘中走出來的高級幹部，徹底反叛如此的捨王若望其誰？

詩人黃翔在〈野獸〉中寫過這樣的詩句，

即使我只僅僅剩下一根骨頭
我也要鯁住我可憎年代的喉嚨

王若望就是這樣一根鯁在共產黨喉嚨裡的骨頭。

三

這樣的硬骨頭儘管扎痛了中共，但在專制暴政的機器裡，骨頭畢竟是弱小的，是難免遭受蹂躪碾軋的。早在跟共產黨鬧革命時，王若望就因批評領導被打成「山東王實味」，險些喪命。一九四九年後，政治運動接二連三，王若望難逃「被運動」的厄運，連番中箭。在毛澤東時代，他被戴上「右派」、「現行反革命」帽子，為此下鄉勞動改造，蹲牛棚，坐牢，進「五七幹校」；在鄧小平時代，他被按上「資產階級自由化」「六四運動黑手」的罪名，為此受監視居住，再度坐牢，取保候審；在江澤民時代，他是「異見分子」「敵對勢力」，為此被流放海外，不准回國，最後客死異鄉。

王若望經受了中共整治異議分子的全部卑劣花樣，嚐遍了中共鎮壓反對派的十八般武藝，他身上刻滿了中共在各個時期各種罪惡的烙印。他一生的遭際，是見證中共暴政的一個標本，是顯示共產黨黑暗歷史的一卷縮影。

這又是空前也許是絕後的「獨一無二」。

四

一九九二年，王若望開始了在美國的流亡生涯。

在海外的民運和異議人士之間，就如何推進中國民主等重大問題，也有不少分歧和爭論。面對各種紛亂的思想和策略，王若望堅持原則一以貫之。

王若望不同意「六四時學生沒『見好就收』」「學生也應部分承擔失敗的責任」的論調，明確指出，恰恰相反，六四的最大教訓，是組織者沒認清中共的專制本質，運動的主流仍「寄希望於共產黨的改良」，缺少「更換政權乃天賦人權」的思想指導，錯過了推翻中共政權的良機。

王若望對胡、趙之後的中共不再抱希望，譏稱民運中「應當與中共當局談判」的觚論是「自作多情」，是「熱面孔去貼冷屁股」。他清醒地主張，民運應踏踏實實做實事蓄積力量，只有當民運有了威脅共產黨政權的實力，共產黨才可能考慮談判。

為此，王若望在生命的最後幾年，經過積極籌備在美國成立了民主黨，以此宣示和共產黨勢不兩立，也為推翻中共建立民主政體做組織準備。

一九九二年後，中共開始加快經濟建設的步子，一時間，經濟發展必然促進政治民主的論說甚囂塵上。王若望卻不以為然，他敏銳地指出，套用中共保守派的話，這種推斷叫「唯生產力論」，政治民主只能通過鬥爭爭取，而不可能隨經濟發展水到渠成。十年後的中國形勢佐證了他的預見。

在流亡海外的老一輩中共反叛者中，王若望的上述言行又是獨一無二的。

五

中共黨內出了一個王若望，這是中國人的幸運。中共黨內只出了一個王若望，又是中國人的不幸，如果出十個、百個、千萬個王若望，中國早就不是現在這樣了。

一九一八年，蘇聯的普列漢諾夫寫了一封〈政治遺囑〉，他在文中揭露列寧的罪惡，批判列寧推行的無產階級專政，指出馬克思主義的不合時宜。

一九五六年，南斯拉夫的副總統吉拉斯寫了一本《新階級》，對馬克思主義作了否定性梳理，對列寧和史達林創立的獨裁統治進行了清算。書中指出，共產黨領導的「共產主義國家存在著一個新興的、享有所有權的、壟斷性的極權階級，」「雖然這個新階級完成了革命中最偉大的一次勝利，但其統治方式卻是人類歷史上最可恥的篇章。」

從吉拉斯徹底否定共產黨至今又過了五十多年，六四屠城和蘇聯東歐社會主義垮臺也過了二十多年，王若望去世也有十年了，中國仍然沒出第二個王若望。

非但如此，在中共挾持所謂的「經濟奇蹟」，比文革後的任何時期更蠻橫、更狂妄、更反動、更殘暴、更無賴、更齷齪時，中共黨內僅有的異議分子，還僵化地抱持「救黨」的菩薩心腸，眼睛死盯著那幾個寡頭，與虎謀皮地乞求他們推動政改，他們的視野不克超越體制的藩籬，就只能在改良的框架內徒勞無益地打轉。

更可悲的是，在體制外甚至海外的反對派中，期待共產黨自我革新、幻想共產黨逐步放權等輿論也成了主流。為此，各種無原則的犬儒騎牆，無的放矢的妥協媾和言論紛紛出籠。諸如，「和共產黨良性互動」；「與共產黨和解共存」；即使被共產黨打得趴在地上，依然宣稱「我沒有敵人」，不一而足。

如果王若望的在天之靈得知反對派潰敗至此，除了氣結，夫復何言？

幸好「東邊不亮西邊亮」，就在中國陷入風雨如晦的時候，中東和北非的茉莉花革命興起了，由突尼斯和埃及草根發動的革命和王若望堅守的精神不謀而合。我們從阿拉伯世界的民主革命看到了中國的未來和希望，王若望留下的精神資源必將成為中國茉莉花革命的瑰寶。

可以堅信，王若望精神深入中國人心之時，就是中國茉莉花盛開之日。

王若望去世十年了，王若望的光輝還在閃耀，還需進一步宣講推崇繼承發揚。

是為序。

目次

【附　錄】

一個人並不是生來要給打敗的，你盡可以把他消滅，但他的精神是不可戰勝的。

——海明威《老人與海》

第一章　人生的峰巔和深淵

一、全國廣播開除王若望黨籍

一九八七年一月十五日。

這是一個必將載入中國史冊的日子。

那天早上，王若望和往常差不多時間醒來，他慢慢地坐起，然後披上一件羽絨衫倚在牆上。不一會兒，五斗衣櫥上的「三五牌」鬧鐘響了，時針指向七點。床邊床頭櫃上有台「凱歌牌」半導體收音機，他熟稔地伸手擰開旋紐，中央人民廣播電臺在播早新聞，這是他每天必聽的節目。

男播音員導播新聞提要，《人民日報》今天刊出重要文章〈關於王若望反對四項基本原則、鼓吹資產階級自由化的錯誤事實〉；〈上海市紀律檢查委員會通過「關於開除王若望黨籍的決定」〉。

「《決定》指出，王若望鼓吹資本主義道路；否定社會主義建設的偉大成就；把我們的社會主義制度，說成是抹上馬列主義、社會主義油彩的封建、半封建的落後社會。他認為中國要補資本主義的課，主張引進資本主義的思想、理論、意識形態；他誣衊共產黨就是喜歡權力鬥爭，共產黨的書記什麼也不懂，靠整人吃飯；他反對黨對文藝的領導……」

正值三九嚴寒，上海獨有的冷濕陰風從鋼窗縫隙鑽進來，王若望緊了緊在胸前對折的羽絨衣，隨後，拿起床頭櫃上的一包「大前門」香煙，慢慢地抽出一支靜靜地吸起來。他好像在聽播音員說別人的事。播音員語意鏗鏘，一字一句聲聲出力，透出那股令人生厭的文革遺風。後面說啥他不用再細聽了，因為這些內容三天前他已經知道了。

一月十二日上午，一位敬佩王若望的朋友登門，朋友已經聽聞中央一號文件，知道裡面有鄧小平批評王若望的內容，就來透露風聲，他的黨籍可能保不住了。朋友給他打預防針，以免他接到正式通知時受驚。朋友知道他喜歡聽評彈，特意送上兩張上海評彈團的演出票，讓他去散散心。

王若望初時還不太相信，或者說，他對中央還沒喪失信心，他以為中央應該明白這樣做的後果，開除他的黨籍，對他個人的損失是小，對黨的損失太大，除非中央不惜自損十年來建立的改革形象，走回頭路倒退到文革。

然而，惡勢力的愚蠻總是超過善人的估計。

朋友還沒走遠，市委組織部的電話就來了，要王若望下午三點半到組織部，他思忖，看來真的有事了。

王若望揣測著走進組織部會議室，趙部長已坐在那裏等他了。待王若望入座後，趙部長從公事包中取出兩張紙，態度溫和而嚴肅地說，「你的許多行為早就不符合黨章了，組織上幾次找你談過，提醒你，你總是聽不進去，如今只能照黨章的規定辦事。今天請你來，就是當面告訴你，組織上決定解除你的黨籍。」

王若望問趙部長，「這麼嚴肅的事情，為啥不經過黨支部開會討論？我認為我的言行不違背黨紀。」

趙部長說：「這是黨的決定，沒有討論的餘地。」

儘管王若望不在乎這張黨票，但珍惜自己的發言權，他知道只有保住自己的黨籍，才能為推進共產黨走向民主出力。他試圖做最後的努力，「我想當面向鄧小平同志檢查自己，聆聽他老人家的批評。」

趙部長毫不通融，「我們可以轉達你的要求，不過，恐怕難以滿足你。」

王若望明白，這樣的大事，趙部長根本決定不了。

王若望推著腳踏車出組織部大門，在跨上車座的一霎間，他感到身下的車輪少有的滯重，又兜頭撲來一陣扎人的西北風，他不由打了一個冷顫。他用盡全身力氣蹬踏腳板，頂住逆風往前衝，腳下的輪子漸漸地輕了，他思路也隨之理順了。他已幾次被打入冷宮，幾度成為這個政權的敵人，已被開除過一次黨籍，再多一次也無所謂了。再說，這個黨不要他，他又何必留戀這個黨，做一個普通老百姓也不錯，過去因黨員身分他說話尚有保留，此後他連這點顧忌都可以扔掉了。

那天晚上，妻子羊子下班回家，王若望不提這事，卻催她說，「趕快吃飯，今晚聽評彈去！」

播音員還在聲嘶力竭地宣讀，王若望長長地吐了口煙，他明白，中央向全國通報開除他黨籍，是一個信號和風向標，試圖藉懲治他達到殺一儆百的目的，以此封殺任何主張政治改革的言論。這次重罰來勢洶洶非比等閒，中國的改革開放確鑿無疑地進入了嚴冬。

對他本人來說，廣播一響，他言說的舞臺給釜底抽薪地拆除了，他將不能在國內的媒體發表任何文字，也不再有單位敢邀請他去演講，他將在中國社會上消聲，作為一個作家，最難忍受的莫過於此了。這就是生活在專制制度下的情狀，如果你想用言論爭取自由，你就率先被剝奪言說的自由，這是先驅者必須付出的代價。

王若望就像啥事也沒發生，兀自起床梳洗，然後和羊子一起吃早飯。

那天聽完評彈一路走回家，王若望向羊子通報了這事。羊子瞭解自己的丈夫，他是「老（政治）運動員」，幾度挨批，幾番遭難，恰似一艘歷經海嘯驚濤航行萬里的老船，如今已靠近港灣，再起點風浪也毀不了他。不過，羊子還是想給丈夫「壓壓驚」，一時又找不到合適的話，上班出門時無話找話地叮囑一番，「外面西北風颳得兇，不要開朝北的窗戶，羽絨衣不要脫，坐久了起身活動活動。」

王若望懂得妻子的心意，淡淡地說了聲，「儂放心。」說著便哼起了京戲——

惱恨賊，呂子秋，為官不正，
仗勢力，欺壓我貧窮的良民。
原被告，他那裏一言不問，
責打我四十板就叉出了頭門。
……

這是他最喜歡的老生馬連良在「打漁殺家」中的唱段。

「你這個人啊，真是的，倒還唱起來了？」羊子嘴上歎著，一顆憂忡的心算是放下了。

王若望目送羊子的背影出門，然後在沙發上坐下，又點起一支「大前門」吸起來，想起那天趙部長說的「你的許多行為早就不符合黨章了，組織上幾次找你談過，提醒你，你總是聽不進……」他知道趙部長話有所指。

二、一九七九年後的反思

王若望明白，這次中央開除他的黨籍，由頭是一個月前上海的學運，實際是對他近十年來言行的總清算！

那麼，這十年來他做了啥？

一九七八年底，王若望的反革命帽子摘去了，失去二十年的黨籍也恢復了，一九七九年初，右派分子的錯案「改正」了，吃盡漫長的二十年悲苦，他總算回歸了正常人。然而，名譽能夠恢復，時光無法挽回，人生最美好的良辰，做事業出成果的最佳年歲都被白白糟蹋了。

所幸，出獄以來，被牢役消損的身子已經恢復，牢獄消磨不了的意志更加堅定，雖年過花甲，他的精力還十分健旺。他珍惜難得的做一個常人的日子，說補回失去的時間有點自欺欺人，但不妨以此自勉，在精神上煥發青春，像青年人那樣投入工作。

做啥呢？作為一個作家當然是寫作了。因為無處發表，他近二十年沒寫文章了，在幽閉的歲月裏，他有多少東西想寫！當右派和反革命的帶血經歷，一刀一刀劃出的感受，都在他心裡積聚衝動，他早就憋不住了。

這時，他的工作也恢復了，回到《上海文學》編輯部當副主編，又開始自己喜歡的文字工作。全國的文學雜誌互相贈閱，王若望每月瀏覽各地的文學雜誌。一九七九年六月中旬的一天，他翻看剛收到的《河北文學》，一篇〈歌德與缺德〉引起了他的注意。文章寫到，「現代中國人並無失學失業之憂，也無無食無衣之慮，日不怕盜賊行兇，夜不怕蒙面大漢上門。河水泱泱，蓮荷盈盈，綠水新池，豔陽高照……」作者質問作家「當今世界上如此美好的社會主義為何不可『歌』其『德』？」公然明言：誰指出社會主義有陰暗面，誰就是「缺德」。

王若望氣惱地把雜誌往桌子上一扔，點起一支煙走到窗前。樓外，巨鹿路上兩排粗壯的梧桐樹蓋起一條林蔭道，童兒手掌大的濃密樹葉伸進院牆，青翠湧入他的眼簾。已是春末夏初了。自然界的春天已經過去，文化思想界的春天呢？去年，小說〈傷痕〉登場後，陸續出來一些反思文革的「傷痕文學」，有人歡呼，「文藝的春天來了！」在他看來過於樂觀了。眼下，雖然殘冬的堅冰已經打破，但還沒完全破碎融化，還是擋道的頑石。這不！反思文革的作品還剛開始，離深刻揭示中國社會現狀還差很遠，有人就暴跳如雷謾罵為「缺德」了，還給作者扣上「醜化社會主義」、「詆毀無產階級」、「攻擊黨」的帽子。

暖風徐徐拂進窗櫺，王若望卻覺到風中裹挾著一股寒意，他不能忍受，不能無動於衷，他要對這股逆流進行回擊。他回到辦公桌，拿出文稿紙，寫下題目「春天裏的一股冷風」，逐條駁斥〈歌德與缺德〉一文中的謬論——

「以文藝為武器批判和揭露這些反面現象，也就是暴露我們這個社會的陰暗面，實際上是匡正時弊，不但不能斥為『缺德』，而是應予提倡、應予保護。」「我們運用文藝武器揭批林彪、

『四人幫』的種種罪行還只是開始，今後應該在思想上、藝術上更深刻，更成熟地來反映他們所造成的種種劫難，這正『是人民感情向作家提出的創作要求』。這樣的作品是為人民所需要的，讀了這些寫得生動、深刻的作品，能激勵人民堅決剷除孳生林彪、『四人幫』的根源，增強為實現四化而奮鬥的鬥志。」我們絕不容忍「在標榜擁護『四項基本原則』的大旗下，販賣極左思潮，反對『雙百』方針！」

〈春天裏的一股冷風〉在一九七九年七月二十日《光明日報》刊出，同月三十日《人民日報》進行了轉載，各省市黨報也紛紛跟進，一時洛陽紙貴。不少省市的作協和文聯發表書面談話，同聲討伐「歌德派」。好些年裏，「歌德派文學」成了在文化界流行的貶義詞。

〈春天裏的一股冷風〉引起的巨大反響，刺激了王若望旺盛的創作欲。他拿出「語不驚人誓不休」的氣概乘勝進軍，又寫了一篇〈談文藝的無為而治〉，刊登在中央機關刊物《紅旗》九月號。文章尖銳批評中央的文藝政策，指出，「對文藝工作干涉太多，管理太細，結果是事與願違，文藝創作不僅繁榮不起來，百花齊放變成了百花凋零。……至於創作方法，文藝工作的領導人也不必多管閒事，不妨讓作者自由選擇他們喜愛的運用自如的方法。」從文藝的興衰來說，只要在上者「無為而治」，那麼每個文藝工作者就能放手幹出一番成績來，這就是大有作為和無為而治的辯證法。」

此文一出，恰似扔了一顆重磅炮彈，在尚未擺脫文革遺風的文藝界炸開了花。

王若望再接再厲，根據自己兩次坐牢的經歷，寫出中篇小說《饑餓三部曲》刊於一九八〇年第一期《收穫》，作品對比共產黨和國民黨治下的獄中生活，得出共產黨監獄的黑暗超過國民黨的結論，是「大牆文學」的開山之作，其中「國民黨要的是犯人的真口供，共產黨要的是犯人的假口供」，成了判斷國共兩黨司法差別的名言。這部現實主義佳作引起中宣部長王任重的極大不滿，他通過黨組織下口頭指示，不介紹，不擴散，不轉載，與之相反，這篇揭示真相的小說卻贏得了讀者的廣泛好評。

當時，中國剛從文革沉疴中掙脫出來，還處於尚未復甦新舊膠著狀態，王若望的小說、文藝評論和雜文，題材新穎，論說大膽，開風氣之先，有力衝擊了頑固保守勢力。廣大讀者佩服他的勇氣，為他犀利潑辣的文章所懾服，他的大名在上海乃至全國傳開了。上海的大學、工廠、農村及全國各地的文藝機構、雜誌社紛紛邀請他去演講，只要時間允許他都有請必到。

一九五〇年代初，王若望在總工會當宣傳部副部長，他每天到工廠演講，由於他的演講深入淺出妙語如珠，大受工人歡迎，被聽眾譽為「名嘴」。

三十年後，他寶刀未老再展雄風。

不過，當年他在演講中為毛澤東共產黨唱讚歌，激勵廣大工人以主人公精神建設新上海。如今反省，他覺得自己當時簡直在善意誑騙市民。共產黨的「新政府」沒兌現奪權時許下的美好諾言，整個社會還持續倒退，結果遠不如被他們取代的國民黨政府。

王若望帶著悔罪的心理重上講臺，以道歉的心情向聽眾講述，重點就是揭露造成這一切的原因，罪魁禍首就是毛澤東。毛澤東是文革的總根子，也是四人幫的頭子，他們應該叫「五人幫」才符合實情。毛澤東近三十年的無知霸道毀滅了中國的政治、經濟、文化，破壞了中國人的傳統道德倫理，只有把毛澤東拉下神壇，打破毛澤東的神話，清算毛澤東的罪行，中國才能走出文革的陰影。

一次，他去一所大學演講，用手不屑地指著懸掛在講臺上方的毛像說，「他那個人啊，提出個『以糧為綱』，全國人民肚皮餓得慌；他那個人啊，提出個『以鋼為綱』，全國聽不到機器響；他那個人啊，提出個『以階級鬥爭為綱』，搞得全國人民妻離子散、家破人亡！」話聲未落，掌聲四起，在場的學校黨總支幹部卻受了驚嚇，為避嫌落荒退場。

未幾，遼寧省委為張志新平反，他在演講中又結合張志新的案例，控訴毛澤東犯下的罪孽。

王若望在一家工廠講到張志新時這樣說，「文革時我被戴上『現行反革命』帽子坐牢，我的幾個孩子成了抬不起頭的狗崽子，吃了不少苦。最近，他們知道了我外出演講的內容，為我也為他們自己擔驚受怕，苦苦哀求我，『爸爸，你不要去亂說了，不要再給我們帶來痛苦了。』我理解孩子們的心情，我也知道自己這樣說這樣做，對不起孩子，但我沒法答應孩子。因為，一個國家總要有人勇敢地說出真相。所以，我儘管沒對孩子說，心裡卻想好了，當年張志新為了堅持真理，公然反對毛澤東，被割斷喉管送往刑場，我也準備好一根喉管，沒啥可怕的！」

又是一陣雷動般的掌聲！

王若望由此成為全國公開批毛的第一人。

王若望演講的另一個大題目是「補課論」，就是說，中國沒經歷資本主義階段，所以要補上這一課。這個論說突破了共產黨的理論禁區。很快就成了王若望反對社會主義和四項基本原則的罪狀，鄧小平據此給他戴了頂「資產階級自由化老祖宗」帽子。

王若望不為所怯，此後在演講中再加一段話，「有人（指鄧小平）嘲笑我是資產階級自由化的老祖宗，這個名字不錯嘛，中國就是需要自由嘛！」王若望由此在上海贏得了「橫豎橫」（滬語，意謂「豁出去」）的美名。他利用演講，宣傳在文章中無法表達（寫了也沒報刊敢登）的思想和觀點。

在復旦大學留學的美國青年駱南基，聽到復旦的學生熱議王若望，就託人結識了王若望，駱南基十分感佩王若望的抗爭精神，回美國後，寫文章介紹王若望和他從事的事業，還翻譯了王若望的小說《饑餓三部曲》在美國出版。

王若望不僅大造輿論，向民眾進行啟蒙宣傳，希望以此敦促中共從體制內推進政治改革，還熱心支持民間的各種爭取人權和自由的行動。

一九七九初的一天，在大學工作的熟人曹老師找上門來，他試探著問王若望說，「有幾個小青年成立了一個『人權研究協會』，他們年輕敢幹，但缺乏經驗，很想請一個認同他們的老革命當顧問，我看你最合適了，不知你是否願意？」

王若望說，「你安排個時間，我和協會的負責人見一次面，我們交談一下，然後我再決定。」

他們相約在復興公園見面。

盛冬裏，梧桐樹只剩下光脫脫的枯枝敗葉。王若望和曹老師來了，「人權研究協會」的召集人王輔臣來了，他們在樹下的一張木條長椅上坐下。王輔臣大約二十四、五歲年紀，看上去十分老成持重，他自我介紹是一個修自行車的工人。王若望被打動了，一個自食其力的小青年，不安於自己的謀生，卻關心人權和國家大事，這個青年不簡單。

王若望請王輔臣簡介「人權協會」的情況。

王輔臣告訴他，「協會」成立於一九七八年十一月二十二日，人數在四十人到六十人之間，每十二個人產生一個理事。協會以人道主義為宗旨，以公開、和平理性方式運作，爭取和共產黨平等對話協商，目的是改善和促進中國的人權狀況。協會會員每週一次輪流在人民公園、復興公園、浦東公園聚會。他們每次活動，都有帶攝像機的公安在旁監視，面對中國政府的打壓，協會堅持和平抗爭。正趕上民主牆運動，有的會員把自己的觀點和理論寫成大字報，貼到淮海路的民主牆上；有的直接在人民廣場民主牆前演講。

王若望十分讚賞協會有理有節的鬥爭，並從王輔臣身上看出，這是一批志向高遠有勇有謀的年輕後生，他答應做協會的顧問，盡力在理論和實踐上提供必要的指導。

可惜，不出兩月，隨著北京的魏京生被逮捕，上海的王輔臣等人也接連入獄，「人權協會」被迫中止活動。

三、反擊極左勢力

一九八三年春天，大學者王元化取代陳沂當上上海市委宣傳部長。不久後的一天，王元化通知王若望去宣傳部，轉告北京發來的一份電報，內容是請王若望去北京晉見胡喬木。王若望知道王元化是主張改革的幹部，他問王元化，不知胡喬木為啥事找他？

王元化不無揶揄地說，「我是上海市委宣傳部長，還剛上任，胡喬木是中央的宣傳總管，是我的頂頭上司，他無需知會我。」不過他知道目前的形勢，全國在搞「清除精神污染」運動，極左派擬定了一份必欲批判和清洗的學者和作家的名單，王若望雖沒列在其中，但也屬於需要注意的對象。他點到為止地委婉說，「也許和『清除精神污染』運動有關吧？」

去北京的飛機上，王若望思索著這場「清除精神污染」運動。一九八一年以來，理論界和文學界突破禁區，出現了不少有創見的思想理論和現實主義的佳作，這些理論文章和作品不止於批判文革，還對整個社會主義和建國三十年的政策進行了深入反思和批判。其中最著名的有：周楊提出的「社會主義異化」問題；王若水宣揚的「人道主義」；白樺的小說「苦戀」剖白「祖國不值得愛」；戴厚英張揚人性的小說「人啊！人」等等。這批難得的「百花」傑作，起到了磨昏抉聵的啟蒙作用，在民眾中廣為傳揚，卻嚇壞了中央的保守派，他們在鄧小平的支持下搞出這場「清除精神污染」運動。

王若望的作品沒進挨批的黑名單，不知胡喬木急召他有何貴幹？他瞭解胡喬木，他在延安時就在胡喬木手下工作，當年的胡喬木還算開明，支持他辦「自由化」的壁報。現在不同了，胡喬木是陳雲的得力幹將，是保守派在宣傳部門的總代表，召他進京不會有好事。

王若望帶著狐疑到了北京，中央宣傳部派車接機，並讓他入住石景山賓館，次日送他去胡喬木的寓所。胡喬木比王若望年長六歲，見面時用當年的口吻稱他「小王」，問他，「這幾年還好嗎？」

王若望說，「——蠻好。」

隨後，胡喬木先讚了王若望幾句，稱他是文藝界有影響的人物，然後才言歸正傳說，「我們決心清除精神污染，中宣部草擬了一份名單，其中也有你，我覺得你犯的『污染』不算突出，我們相識四十多年了，我瞭解你，認為你是可以爭取的，我對（鄧）力群說了，我可以說服你，當然，最後能不能被挽救，得看你在兩條路線鬥爭中的立場。」

王若望裝傻說，「啥叫精神污染，這個概念委實不大清楚，是不是周揚、王若水的文章是精神污染？」

「除了周揚同志，巴金的表現也令人失望，他在香港《明報》發表『隨想錄』專欄，否定毛主席，連王震將軍都跳腳。」說這話時，胡喬木突然壓低嗓子，好像把王若望當親密知己，向他通報重大消息，又像出於習慣性的防範意識，怕隔牆有耳，儘管房間裡只有他們兩人。

王若望聽了很吃驚，裝作沒有看過隨想錄，插話說，「我倒聽說，王震對外國人罵巴金是反革命，是不是太過火了？」

胡喬木不無輕蔑地說，「王震缺乏涵養，不該在外國人跟前講。我們的批評首先要與人為善麼，像錢鍾書，他就不談政治麼，沒一個字講到主席，所以也沒人罵他。這兩天海外的夏志清剛巧回國，他就要去拜望錢鍾書，我這裏也有一本夏志清的《中國現代文學史》……」他隨手從書架上找出書，「這本書寫的偏頗，估計錢老不會跟他討論的。」他開始轉入正題，「上海文藝界，改選的問題拖了五、六年，按你的資歷，當個副主席或主席，不會有問題，到正式召開大會時，我會告訴王元化的。」

王若望心想，「這是用封官許願做誘餌。」

胡喬木話鋒一轉開出條件，「你的問題就是黨性不強，緊要關頭不聽黨的話，卻非常欣賞巴金、王蒙，王蒙至少是半個自由主義者吧？」胡喬木掏出筆記本，看了一下，「這裏有兩三個題目，隨你挑其中一個，像王若水同志批評某某那樣，也寫一篇批評精神污染的文章，先在《解放日報》刊登，由《光明日報》轉載，回到上海你就動手寫。」

胡喬木終於亮出底牌，原來他想勸誘王若望作打手。

王若望心下認定要堅守防線，先用緩兵之計道，「我還沒吃透你的建議，犯『精神污染』的那些文章也沒認真研究，我需要補課，參考一些有力的正面論點，才可能寫出有說服力的批判文章。」

胡喬木熱情相勸，「你那麼認真，一定會寫好，你先好好學習《鄧小平文選》，把它的精神吃透，多引用他老人家有關『精神污染』的論點。」

王若望怕他下不了臺，就表示回到上海試試看。談話結束時王若望起身欲走，碰上鄧力群進來，鄧力群客氣地招呼他們說，「你們談得怎麼樣？」

胡喬木代王若望回答，「還好，小王答應回上海寫出文章來。」

鄧力群微笑著說，「那就好麼，明天有徐悲鴻畫展開幕，你參觀了他的畫展再走。」

王若望說，「不了，我還有要事，抽不出空去了。」

胡喬木說，「那就自便吧。」

王若望回上海的翌日，《解放日報》副總編親自上門約稿，要他寫好稿子馬上交給報社，「這是配合黨的中心任務的重要文章，我們會放在重要版面儘快發表。」

王若望不想掃他的興，藉口吃透《鄧小平文選》後再寫打發了他，心裏卻想，「往日我的投稿可沒有這樣重視，中宣部出面我就身價十倍了？」

過後，王元化擔心地問王若望，「喬木叫你寫批判文章，你打算寫不寫呢？」王若望斷然道，「你知道，我是挨棍子的人，怎麼能變成打棍子的人？打棍子的人，人人恨，挨棍子的人，人人愛，這是做人的常識麼。喬木在北京給我封官許願，我又不是官迷，當上文聯主席或副主席又怎麼樣，也不過是個閑官，我才不稀罕它。」

王元化贊同道，「其實做個宣傳部長也不值得羡慕，我上任以後，失眠了好多天！」

王若望非但沒跟風寫清除精神污染的文章，去上海師範大學中文系演講時，還犀利批判清除精神污染運動，認為這是開改革的倒車，是另一種形式的文革。聆聽演講的學生稱讚說，「入校四年，沒有聽到過這麼好的報告。」該校宣傳部長歎息，「去年我們花了不少精力學習胡喬木的文章《人道主義和異化問題》，王若望這麼一講，全都白學了！」

一九八四年底，中國作協召開第四次代表大會，這是一次別開生面的大會，胡啟立代表黨中央的祝詞，展示了一九四九年後難得的開明，一掃「清除精神污染」後的清冷蕭瑟。祝詞強調作家的創作自由不容侵犯，允許受干涉的作家向全國文聯和作協申訴。會議還當場兌現中央的許諾，前所未有地設立各地代表「自由發言」的程序。

這給王若望開了方便之門，他代表上海作家登臺發言。他說，「胡啟立代表黨中央的祝詞，掃除了壓在作家頭上二十五年的烏雲，全體作家都感到前程光明。不過，我們不能高枕無憂，黨中央指明的路雖然對頭，萬一下面不執行也只能乾瞪眼。就說上海吧，去年離任的市委前宣傳部長陳沂，在任期間，總是對文藝作品和劇場演出指手劃腳。例如，對沙葉新的《假如我是真的》發佈演出禁令；對白樺的《苦戀》等作品展開批判；不許發表張弦的小說《掙不斷的紅絲線》。陳沂的做法使作家動輒得咎，寫作時顧慮重重，在無形的壓力下哪裡出得了好作品，更別談繁榮文藝。我們希望今後不再發生這種現象，不然，這次北京開得熱血沸騰的會議，又將被寒冬冷雪覆蓋。」

王若望的講話幾次被掌聲打斷。

說起來，王若望和陳沂還是老戰友，兩人有五十多年的友情。一九七九年，陳沂結束在東北的下放勞動，調任上海市委宣傳部長，來滬時，陳沂通知王若望和吳強去接機，他期望上海的老朋友能協助他工作。王若望沒想到，陳沂第一次召集文藝工作者開會，就在講話中強調毛澤東《延安文藝座談會講話》的老教條，賣力宣傳那套極左東西。兩個老朋友由此出現難以彌合的思想分歧，在原則和友情之間，王若望選擇了前者。

作協代表會議還有一個破天荒，就是完全憑選票遴選作協領導，不是副主席候選人的劉賓雁當上了副主席，王若望高票當選理事。

四、利用寬鬆環境實幹

作協大會的民主氣象，吹出一片和煦怡人的春意，王若望少有的振奮，他琢磨如何借助這股東風，為推進創作自由，繁榮文化幹點實事。

正巧一位朋友周群也有此想法，他上門和王若望商討計畫。他們提出兩個設想，第一是組織劇團在街頭演出短劇；第二是創立一所培養藝術人才的業餘學校。斟酌再三，認為街頭演劇行不通，警察會以妨礙交通為由取締，甚而再加一條聚眾鬧事的罪名，最後決定辦一所藝術學校。

經過繁雜的申請手續，他們拿到了文化局的同意批覆，《中華藝術學校》正式開辦，由王若望擔任校長。學校設文學、音樂、戲劇三科，報紙上刊載通訊後，報名者竟有兩百七十餘人，轟動一時。幾十年的政治高壓和嚴密的文化禁錮，沉重地壓抑了人們的精神，寸草不長的文化沙漠乾涸了人們的心田，一旦出現自由的空氣、滋養心靈的文化藝術，立即吸引了饑渴的人們。

看著那麼多求知欲旺盛的中青人，王若望感到了自己工作的意義，決心把學校辦出特色，來回應學員們的熱情和期待。他和周群分頭物色邀請著名作家、音樂家、戲劇家，甚至崑劇教師來上課，廣受學生歡迎，使藝術學校的名聲更大了。

王若望不但自己辦藝術學校，還鼎力支持任何自由文化事業。

一九八四年底，上海南市區藝術學校結業，其中有幾位年輕學員不滿藝校保守刻板的講課內容，結集成立了「上海星期文學茶座」，每星期日舉行活動。他們邀請文藝界名家學者開講座，進行自由爭鳴研討。王若望不僅受邀講課，還擔任「文學茶座」的名譽理事長。

王若望在茶座上的演說口無遮攔，專挑敏感話題啟發聽眾。

總結一九四九年中共建政後的歷次運動，王若望得出結論，從「『新中國』成立以後的歷史事實看，似乎有一條規律，一旦整了文藝，就不會以整文藝為滿足，就要涉及各個方面，牽動整個社會。解放以後先是批《武訓傳》，捲進去的人數還不多；以後批胡風，人數增加到幾百，性質也升級了，人也關了監牢；緊接著就是反右，擴大到所有想有所作為的知識分子，人數大約有六十萬；過了兩年，又是反『右傾機會主義』；接著就是禍國殃民的『文化大革命』。……在規模上和劇烈程度上逐步升級，直至把整個國家和民族拖到崩潰甚至毀滅的邊緣。」

當時，周揚、王若水痛苦反思文革，提倡馬克思的人道主義，遭到連篇累牘的猛烈批判。王若望為之反駁說，「無產階級要不要講人道主義？為了批判人道主義，有人發明了兩個馬克思。一個馬克思是提倡人道主義的，是青年時代的馬克思。他們不承認『青年時代』馬克思是馬克思。一個馬克思是所謂老年的成熟的馬克思，據他們說這個時期的馬克思已經不大提倡人道主義了。這是他們承認的馬克思。就是各取所需地對待馬克思，不惜把他老人家攔腰切斷，來個老年馬克思反對青年馬克思。自稱信仰馬克思主義的人還有比這更荒唐的麼？」

「『文化大革命』中，無數人民、知識分子，幹部和國家領導人慘遭迫害，正是毛澤東長期反對人道主義，反覆批判人性、人情的惡果。」

在文學創作問題上，個別先鋒作家嘗試用意識流手法寫作，也遭到批判，王若望為他們辯解說，「人類的思維形式和方法，是很複雜的。『意識流』汲取人類思維形式和方法中某一側面的特點，成為一種藝術創作方法，自有其存在的來由和依據。對於這種創作方法，我們可以學習，可以借鑒。但『意識流』不完全是『洋貨』，像《紅樓夢》裏的『太虛幻境』、《水滸傳》的結尾，也是一種意識流。因此，不要一提『意識流』就以為是外國獨家經營，我們自己沒有。」

談到政經體制改革的現狀，王若望常比作「老黃牛拉車，走一步，退半步」，有人說他的評述與黨中央背道而馳，是「開無軌電車」。王若望坦然道，「開無軌電車沒什麼不好，有軌電車往往使交通堵塞，無軌電車則可以繞道走。既然允許言論自由、百家爭鳴，開無軌電車也不能算犯規吧！在毛澤東執政時期，開無軌電車和其他車輛的知識分子差不多都戴上帽子，有的進了集中營。馬路上蕭條冷落且不說，獨家經營的有軌電車差一點開到黃埔江裏去了。這不是慘痛的教訓嗎？我開的無軌電車雖有出格之處，但還是走在陽光大道上，並沒闖紅燈。」

王若望的演講如高明的醫師點穴位，尖銳中的直刺要害，又質樸率真不失開朗幽默，常常被掌聲和驚呼打斷，由此得到在座者的尊敬，每次講完總有聽眾給他獻花。

惜乎作協代表會後的好景不長，可以說並沒結出多少碩果。因為胡耀邦頭上有兩個婆婆，「西太后」鄧小平和「東太后」陳雲，他們不能容忍如此「自由化」，質疑胡耀邦的「寬容寬鬆」政策右傾，給作家「寫作自由」就是慫恿「資產階級自由化」。受寵若驚的作家們的心還沒捂熱，就給這團冷氣凝結了，歡欣鼓舞的一片豔陽，瞬間就被濃密的烏雲蓋住了，自由民主的萌芽還沒破土就被踏滅了。

王若望在茶座上無所顧忌的演說，啟蒙鼓動了年輕人，卻戳痛了頑固保守勢力，王若望的出格言論上了「作家內參」，由此報到中央高層，鄧小平為他的事發了重話，中央和地方的大報還得到通知，不得刊登王若望的文章。

民間自辦的地下「茶座」充滿自由化色彩，本來就不見容於官方，王若望等文化界敏感人物頻頻出場，更引起「上面」的警惕，在有形無形的政治高壓下，「茶座」難以為繼，開辦一年後不得不宣佈收場。

最後一次「茶座」是「成立一周年暨終結報告會」，王若望應邀出席，他先靜靜地坐在台下，傾聽著與會者憤怒而悲愴的發言，隨後緩步走上講臺，半新舊的上青色卡其中山裝，把他的滿頭銀髮襯托得更加醒目。他環顧了一下黑壓壓的場子，清了清嗓子，台下的聽眾都以為他像往常一樣，又要無情地戲謔鞭笞興風作浪的「左」派了，全都屏氣聆聽。

王若望卻「有負眾望」，只沉鬱凝重地說，「青年朋友們，民主自由從來不靠任何人恩賜，只能靠我們每個人去爭取，還要為之付出代價。我在國民黨的監獄裏待過，在共產黨的監獄裏也待過，關在監獄裏的時候，我就唱歌。今天我就用一首歌送別你們的『茶座』。」王若望說完，不緊不慢移開話筒，爆發式地吼唱起來——

我們走吧！祖國的孩子們，　光榮的那一天已經到來。
對抗我們的，是專制橫暴，　血染的旗幟已經揚起！
……

不知誰悄悄地說了聲：啊！是《馬賽曲》！

……拿起武器！公民們！　組織起來！你們的軍隊！
前進！前進！敵人的髒血　將灌溉我們的田地！
顫抖吧！你們這些暴君和無義小人！你們是所有人的恥辱！
……我們同你們爭鬥的人都是戰士，
若他們倒下，將會是我們的年輕英雄！……

歌聲落下的倏然間，掌聲響成一片，王若望的眼角噙著淚花，他用歌聲鼓舞年輕人的士氣，也在表達自己的憤懣和迎戰的決心……

中國從來不允許私人辦刊物，那年王若望嘗試突破禁區，他籌辦一個綜合性刊物，取名《快哉》，國內外的有些報刊還做了報導，各方人士踴躍投稿，王若望還編好了第一期，但最終得不到許可，刊物只能胎死腹中。

但王若望仍然我行我素。一九八六年十月，楊美群創辦《特區工人報》，他熱情地向王若望約稿，王若望說，「歡迎你來約稿，只是，我的文章可是又痛又癢又辣呢，我寫出來你敢登嗎？」

血氣方剛的楊美群勇氣十足地說，「你敢寫我就敢發！」於是，王若望揮筆寫出一篇，「兩極分化之我見——與鄧小平同志商榷」在該報十一月五日發表，公開批評鄧小平，「萬元戶不能太多」的觀點。

不論內容，僅就題目就石破天驚，在中國大地上，誰敢公開叫板鄧小平？鄧小平當然不屑俯身回應，他手中掌握著大權，不費他一句話，《特區工人報》就被迫停刊了。

同時，王若望又寫了〈一黨專政只能導致專橫〉在十二月十二日的《深圳青年報》發表，又震悚了高層。因《深圳青年報》還發表了方勵之的〈政治改革的關鍵是多黨制還是一黨制〉、劉賓雁的〈中國一直在進行著一場無聲的充滿血和淚的大辯論〉、〈我贊成小平退休〉等一系列文章也遭整肅取締。

王若望寫的更尖銳直露的批判文章，就只能投寄香港報刊了。一九八六年九月，王若望在《鏡報》發表政論，「中國文化開放與封閉之爭」，指出中共以「第二、第三梯隊」的名義培養接班人，挑選出來的絕大多數是高、中層幹部子女，這是封建家天下觀念的翻版，是父傳子子傳孫的血統意識的復活。此文也惱火了中央的保守派，成為王若望「資產階級自由化」的罪狀之一。

五、激蕩歲月

一九八六年底中國進入了激蕩的歲月。

十一月三十日，方勵之擔任副校長的中國科技大學率先起事，學生不滿區人大代表候選人名單，紛紛張貼大字報，要求按照選舉法接受學生選民的提名。十二月五日下午，科大學生第一次上街遊行，隨後引發全國二十九個城市一百五十六所大學學生遊行，其中上海和南京的規模最大。遊行的肇因是對政治改革滯後的不滿，上海示威遊行中流傳很廣的兩首詞反應了學生的心態。

永遇樂

民主烏有

千古江山，「英雄無覓」，袁世凱處。
民主自由，風流總被雨打風吹去。
寬鬆寬容，人民做主，純係子虛烏有。
想當年，北大代表，被穿小鞋如鼠。

億萬同胞，蒙賜人權，贏得雙手黃土。
十餘年前，望京猶記人民慘遭屠！
可堪回首，假民真主，一片群魔亂舞。
憑誰問，青年醒矣，尚能欺否？

南鄉子
人權東流
何處有神州，滿眼民主俱是愁，
往往來來多少事，悠悠，不盡人權付東流。
壓制有無頭？空喊民主幾時休？
熱血青年齊聲吼，NO！NO！我們不是劉阿斗！

那天，王若望和羊子一起去看電影《芙蓉鎮》，回家時正好遇上大學生的遊行隊伍，他們就一路跟著詢問情況，一位研究生陪著他們詳細解說。

晚上，遊行隊伍冒著嚴寒從人民廣場至市政府大門，幾乎示威了一個通宵。當時，學生還比較幼稚，有工人和教師等想一起參加遊行，學生還把他們「驅逐」出隊。

王若望雖然覺得遺憾，卻理解學生的做法。這是市政府威嚇學生的結果，也是中共的一貫做法。單純的學生運動可以容忍，是「好商量的」，因學生的願望是好的，是純潔的，一旦社會上的人參加進來，就是黑手啦，是一小撮壞人啦，遊行的定性就變了，就有鎮壓的藉口了。

震撼全國的上海學潮，無疑是重大的歷史事件，官方報紙卻裝聾作啞不作任何報導，王若望決定自己來寫，他白天上街觀察現場，晚上跟幾個朋友一起湊情況，據此寫了兩篇報導，「上海學運的真相與背景」，「上海學生遊行目擊記」，他用化名在香港《信報》十二月二十四和二十五日上發表，上海學潮的情況立即傳遍海外。

……

王若望一面抽煙一面回顧十年來的往事，不知不覺抽得滿屋子煙霧騰騰，他不由地嗆了幾口，就去開落地鋼窗，一竄寒風撲面沖來，吹散了室內的濁氣，王若望感到冷得爽適。

這十年來，他走得磕磕碰碰，時而被全國主要報刊「除名」；時而被有些單位拒絕「出鏡」，但算起來，還是一九四九年後最順暢的十年，儘管他還沒痛快寫出想寫的，還沒任性說出想說的，但就這樣收斂著寫，打折著說，還是成了開除他黨籍的「罪狀」。

王若望走到寫字臺前，他拉出椅子坐下，再戴上老花眼鏡，臺上有一堆書報雜誌，他順手拿起一本《爭鳴》看起來。《爭鳴》是香港出版的政論雜誌，專門報導揭露中共掩蓋的內幕和真相，議論中共的政策方針，被中共定性為反動雜誌禁止進口。奇怪的是，禁止老百姓訂閱這本雜誌，又准許部長級以上的幹部人手一冊，參考閱讀。王若望的《爭鳴》都是朋友輾轉帶來，只能有一期沒一期地看，自然每冊都成了珍本。

他正看得入神，保姆唐阿姨過來問，「王先生，水開了，要給你泡杯茶麼？」

王若望站起身，「好的，昨天朋友送我一聽杭州龍井，你去給我泡一杯吧。」他說著走近裝飾櫃拿出茶葉罐，突然想起今天的報紙還沒看，就對唐阿姨說，「唐阿姨，我自己泡茶，你去樓下把郵箱裏的報紙拿來！」

唐阿姨應著走出門。

王若望沖好茶坐下，唐阿姨右手拿著一疊報紙雜誌，左手捧著一瓶牛奶回來，「王先生，今天怪了，《人民日報》先到，《解放日報》反沒來。」說著把《文匯報》和《人民日報》和《青年一代》雜誌放到茶几上。

王若望心想，唐阿姨不識字，今天倒把《人民日報》和《解放日報》分得清清爽爽，大概是每天拿報紙認熟了，笑著讚道，「唐阿姨很聰明啊，拿拿報紙就識字了。」

聽到這話，唐阿姨肉裏眼的上眼皮往上猛一跳，握牛奶瓶的手不由一顫，嘴裏不利索地說，「王先生，你，你要喝牛奶嗎？」

王若望見唐阿姨有點慌神的樣子，也沒太介意，只說現在不想喝，吃茶就行了。

「王先生，燒中飯前我有點空，你能不能現在給我讀一段《聖經》？」唐阿姨怕王若望誤解她是識字的，巧妙地藉機糾正。

給唐阿姨讀《聖經》是王若望每天的功課，他很樂意做這件事。不過，今天他急於看報，想知道報紙上怎麼說他，但唐阿姨要燒飯，就應道，「好啊，我先給你讀一段。」

唐阿姨趁去廚房放牛奶的機會平下心，然後拿了《聖經》回來，翻到昨天讀畢的地方，取走書籤，交給王若望。

王若望整了整鼻樑上老光眼睛，怕唐阿姨聽不懂，一字一句地慢慢地讀起來——

耶和華啊，你是伸冤的上帝，伸冤的上帝啊，請你發出光來。
審判世界的主啊，求你挺身而立，使驕傲的人受應得的報應……

讀過《聖經》，唐阿姨去燒中飯，王若望喝了幾口茶，拿起報紙看起來。屋子裏的光線不亮，他抬頭往窗外看，天際陰霾昏濛，太陽好半日不露臉，半空輕浮著淡淡的雲氣。報上批判他的文章不值一駁，但報紙絕不給他辯護的版面，哪怕一則補白大小也不給。

他起身走近窗前，眺望遠處，鱗片樣沒盡頭的破舊瓦頂漫漶不清。「耶和華啊，惡人的誇勝要到幾時呢？要到幾時呢？耶和華啊，他們強壓你的百姓，苦害你的產業。」唸叨著剛才讀過的

《聖經》中的句子，他想起三年前訪貧問苦時看到的情景。

那次，王若望剛當選區人大代表，為履行職責，和另外幾位代表一起去瞭解民情，地點就在離他家一里遠的肇嘉浜路，那裏有不少貧民窟。有一戶人家住的屋子頂上蓋著油毛氈，四壁是蘆葦抹上泥巴，只有一扇大門是木料做的。屋裏只有三樣傢俱，一條板凳，缺了一隻腳的缸，作為盛水之用，還有一只馬桶，不斷散發出臭味。沒有電燈，白天靠蘆葦牆的缺口借光，晚上點蠟燭。另有一戶，全家五口人住一間木板房，裏面只有五平方米大，他們六人進去就擠不下了，兩人側著身子往裏走，他只能留在門外。

這不過是上海窮苦人家的一個縮影。但時任市長汪道涵在全市人代會上做總結報告，內容包羅萬象，講得花好桃好，就是不提上海存在的問題，就算他不知慘不忍睹的貧民生活，上海人均住房面積不到三平方米，全國倒數第一聞名遐邇，他不會沒聽說過，這麼大的民生問題怎麼入不了市長的視野？

王若望憑著高級幹部的地位，住上現在的房子無衣食之憂，但他不能心安理得，他心繫勞苦大眾，他要替那些無權無勢沒發言權的人吶喊，但他又一次為自己的吶喊付出了代價，他又一次失敗了。

六、總書記的下場

王若望有一種不祥預感，開除他的黨籍只是開始，還有更大的事情將要發生。

結果，說來就來，還超過他的料想。

次日，王若望在早新聞上聽到更吃驚的消息，中共中央宣佈胡耀邦辭去總書記職務。

王若望早就知道胡耀邦處境不妙，中央裏的極左派一直在圍攻胡耀邦，太上皇鄧小平也不滿胡耀邦的開明，原以為不到一年就要開十三大了，胡耀邦怕是不可能連任了，沒想到鄧小平如此迫不及待，還有幾個月都熬不住，把學生遊行歸罪胡耀邦，藉機撤了胡耀邦的職。

昨天，王若望可以對自己被開除黨籍若無其事，今天卻難以對胡耀邦被迫辭職無動於衷。他不過是一介文人，無論遭受怎樣的處罰，對整個社會的負面影響有限，但真心改革的總書記胡耀邦下臺，對中國改革進程產生的後果無可估量，中國必將再次倒退。

王若望這才意識到，自己的命運和胡耀邦休戚相關，回顧自己一次次「闖禍」，都虧胡耀邦的保護才挨到今天，要不他早就被處理了。

有幾件事王若望一直感銘在心。

王若望在湖南文聯演講中公開批毛，省文聯主席康濯向胡耀邦打小報告，說王若望大放厥詞，攻擊英明領袖毛主席，胡耀邦回答說，王若望是我黨的老近衛軍戰士，他說話比較直率，但屬於正常批評的範疇。

未幾，王若望那篇〈春天裏的一股冷風〉發表，《河北文學》主編田間向胡耀邦告狀，指責王若望文風刻薄，不注意文藝界的團結。胡耀邦邀請田間和「歌德」作者赴京面談，指出「歌德」文章確實不符合三中全會的精神，並又一次稱讚「王若望是我黨的老近衛軍戰士」。

胡耀邦的這個談話發表在中宣部內部刊物《宣傳通訊》，王若望看後頓覺受恩不淺，「老近衛軍戰士」的稱謂是對他的最高讚賞。

王若望那篇〈談文藝的無為而治〉也驚動了黨中央，《紅旗》為此事犯了錯誤，主編熊復請示胡耀邦如何善後，胡耀邦看了文章後提了幾條意見，「不必公開批評，不要作者檢討，《紅旗》是我黨的機關刊物，由黨中央機關報認錯沒有先例，影響也不好，作為一家爭鳴，讓他去『鳴』，好在問題不大。」胡耀邦保護了《紅旗》，也再次保護了王若望。

最難忘的是，王若望發表〈兩極分化之我見——與鄧小平同志商榷〉一文，得罪了鄧小平，一九八六年十二月十五日，胡耀邦視察上海回北京，送別他的上海市委書記芮杏文詢問，「王若望的問題怎麼處理？」王若望這次闖禍非同尋常，是拂逆太上皇的敏感問題，胡耀邦面臨極左派的掣肘壓力，卻一如既往地寬大為懷，指示芮杏文說，「黨內批評幫助就行了嘛！」

王若望又憶起當年，在延安的黨中央搞「搶救運動」，一下子抓出很多「特務」，不少無辜者被迫害致死或自殺。胡耀邦時任總政治部組織部長，毛澤東派他下去調查，他查明那些「特務」是在酷刑下被迫認罪的，毛澤東這才做出審幹九條規定，提出「大部不捉，一個不殺」，胡耀邦挽救了大批的幹部，被稱為敢於頂撞權威的包龍圖。

幾十年來，胡耀邦始終擁有一顆赤子之心，一貫抵制反對極左狂浪，遇事力倡民主善待諍言，秉持正直的道德良知處理政事，具有如此高尚品質的中共領袖不可多得。

一九四九年中共奪取政權後，王若望從市總工會幹部到文學雜誌的副主編，大大小小的官做了不少，但讓他最自得的職務只有兩個，一個是上海靜安區人民代表，另一個就是中國作家協會理事，這兩個職務都通過名副其實的選舉產生，而這兩次選舉都由胡耀邦主導推動。

一九八四年五月，上海區級人代會換屆，胡耀邦允許上海試點進行民主競選，然後推廣到全國。選舉規定，候選人由所屬部門的公民投票確定，上面不再指派預定；候選人公示後發佈各自的競選綱領，並鼓勵選民質疑批評，最後實行一步到位的直接選舉。

王若望被推舉為候選人。因為是貨真價實的選舉，他非常嚴肅認真地積極參與。他去二十三個街道發表競選演說，滿懷信心地表示，「區一級民主選舉是建設民主國家的基礎，沿著這條路走下去，就能把打擊民主害怕民選的傢伙趕下臺，老百姓在貪官汙吏下活受罪的日子就要結束了！」選舉期間，他接受美國和法國的記者採訪，在回答他們的提問時說，「這次的選舉只是第一步，離西方民主還有一段路要走，只要我國的政局穩定，往後三、四年可能追得上西方國家。不過，萬一有野心家出來搗亂，民主化的進程就會中斷，又恢復過去的專制時代。」

然而，事情的走向是後者而不是前者，上海區級選舉的成功經驗沒推向全國，新任各區人民代表的作用也無疾而終，胡耀邦還為這事遭到王震、胡喬木等左王的圍攻。

在第四屆作協代表會議上，經胡耀邦同意，憑選票決定作協領導，王若望高票當選理事。在畏民主如畏虎的鄧小平眼裏，不受組織控制的選舉是大逆不道，左王們乘機誣告選舉存在舞弊現象，自然又是胡耀邦的一條罪狀。

這只是涉及王若望的兩件事，事實上，從如何處理民主牆和魏京生、清除精神污染及反對「自由化」等一系列問題上，鄧小平一直與胡耀邦漸行漸遠，最終利用上海等地學生遊行事件栽贓胡耀邦，公然宣告和真心改革的胡耀邦分道揚鑣。

自己受過尚能保持樂天本性的王若望，這日卻心事重重。他沉悶地吃完晚飯，然後托著一杯茶陷入沉思。不到九點，他就捧來「凱歌」半導體收音機，調節到短波頻率收聽美國之音，他想從外面瞭解上層的動態。果然，美國之音的頭條新聞就是分析胡耀邦下臺事宜。

「據內部人士透露，今年一月四日，鄧小平召集彭真、趙紫陽、薄一波、楊尚昆、王震到鄧家密談，在胡耀邦本人不在場的情況下，做出了罷免胡耀邦的決定……」

王若望正準備點一支煙，聽到這裏狠命把煙捏斷，他「嚯」地站起身，和誰爭辯似地對羊子說，「你聽見了嗎？這不是一場宮廷政變嗎！是鄧小平一手導演的政變！」說完，走到窗前。窗外是不見星月的夜幕，無盡的黑洞般蒼穹試圖傾覆這座城市，但萬家燈火不甘被吞沒，雖然稀疏微亮卻頑強地灼灼發光。

羊子怕王若望過於憂憤失望，就走近他的身邊說，「我忘了告訴你，你知道我們廠裏人對你『出事』的反應嗎？」

王若望轉身問羊子，「對了，這正是我最想瞭解的，因為怕你為我的事受氣，我不敢問你，你說，廠裏同事怎麼說你？」

「這兩天，我怕碰到別人的斜眼目光，推自行車進廠門時微微低下頭，避免和人打招呼。沒料到，平時熟悉的同事老遠迎上來熱情招呼，連和我沒說過話的同事也主動問候我，我一路進廠門，一路儘是，『馮工（程師）你好！』『馮工多保重！』『馮工，天冷，不要受涼！』這些話當然不只是安慰我，也是安慰你。我感到社會的風氣變了，人心也變了。換到過去，我的背後早被人戳破了！技術科的同事知道公安在我們家門口三班倒，給我鼓勁說，『王老可不能服軟呀，要是王老服軟，上海灘就沒有人頂著了，這多沒面子呀！』你看，上海民眾對你寄予多大的希望。」

王若望高興道，「你說的信息比啥都好，幾年來中共一再迫害我，我受夠了，也看透了中共本性。鄧小平打倒我，我無所謂，也不在乎！但我不能不在乎民眾的看法，我就是為民請命才挨整的，只要老百姓理解，做再大的犧牲我都心甘情願。現在我安心了，是的，民風變了！人心變了！」

言罷，王若望又哼起京劇來，是《徐策跑城》的段子——

湛湛青天不——可——欺，是非善惡人盡—知，

血海冤仇終—須—報，且看來早與——來—遲。

七、人生的峰巔和深淵

過了兩天，是一九八七年一月十八日下午，王若望正在家裏睡午覺，突然有人猛敲門，原來公安局的警察找上門來，他們「接」王若望去徐匯分局談話。

到了公安分局，警察向王若望出示了兩份文稿，一面讓他仔細看，一面確認，「這是你寫的吧？」

竟然是他用化名在《信報》發表的文章手稿。

王若望後悔莫及。通常，他寫的手稿由羊子謄抄兩份，一份投搞，一份留存，羊子還跟他開玩笑說，萬一底稿被發現就說她寫的，還提醒他，稿子寄出後立即銷毀草稿，但他卻隨手扔進了廢紙簍。廢紙簍的草稿紙怎麼到了公安人員手裏呢？

平時，廢紙簍由唐阿姨收拾，滿了就倒入大塑膠袋，拿到廢品回收站賣。難道唐阿姨是內

應？王若望突然想起，那天不識字的唐阿姨說漏了嘴，分清了《人民日報》和《解放日報》，被他讚揚後反應異常。王若望恍然醒悟，問題出在唐阿姨身上！唐阿姨是里委幹部介紹來的，毫無疑問，她被收買了安插在他家，她翻查所有的廢紙簍，把他的草稿通通交上去。

唐阿姨對王若望一向恭敬順從，在王若望眼裏是個虔誠的基督徒，沒想到她會做這種事，他最終被她矇騙了。公安局真是過於重視王若望了，他不過是一個手無寸鐵的文人，何需用如此卑污的花招對付他？

面對自己寫下的白紙黑字，王若望坦承下來。公安局的警察開始教訓他，一直說到夜深。警察先以為王若望在認真聆聽，後來見他雙目緊閉，警察嚇了一跳，以為他受驚昏厥了。已是午夜二點了，警察趕快打電話給王若望樓上的市委宣傳部的一位副部長，副部長立即趕到公安局，一看，原來王若望在椅子上睡著了。

警察詫異道，「咦！儂倒篤定，不打招呼就睡覺了？」

王若望淡淡地說，「我又沒做壞事，心底坦蕩，餓了吃，睏了睡，是身體的自然反應。」

警察被他說得哭笑不得，只得半夜三更送他回家。

王若望回家一看，三個房間被翻得亂七八糟，里委會女幹部和一名女幹警監守著羊子。見他回來，女幹警就教訓他倆要老老實實做人，不許亂說亂動，否則，他們的問題會升級成敵我矛盾。警察扔下這些警告撤走了。

這天下午，羊子提著朋友送她過年吃的魚蝦興致勃勃回家。她進門不由吃了一驚，屋裏來了幾個著便裝和警服的陌生青壯年，卻不見王若望坐在寫字臺前。她問唐阿姨，「老王呢？」一個警察說，「我們是徐匯分局的，老王去分局談話了。」她才知道公安抓走了王若望。

當時，羊子首先想到手提包裏的厚筆記本，上面記著《美國之音》的內容，是專給可靠的同事閱讀的。她想去衛生間銷毀，已經來不及了。又想到家中有幾十封認識和不認識的人寄來的慰問信，還有記著朋友地址的通訊錄，怎麼辦？過了一會兒，有個警察送來了《搜查令》，要羊子簽字，她簽字時自覺手有點發抖，但面對錄影機鏡頭她強制自己，不能發抖！應該理直氣壯地簽字！

警察要羊子交出鑰匙，羊子說，除了大門，所有抽屜和櫃門都不上鎖的，你們可隨意搜查。自此，翻箱倒櫃開場了，幾個年輕警察查出香港刊物時，還各自拿了一本看了起來。最後，警察抄去兩麻袋的書、稿、信件和通訊錄。羊子提醒他們，「抄走的信件和通訊錄涉及的朋友都是無辜的，希望你們不要麻煩他們。」警察說，「這個就不必你操心了。」

聽了羊子的講述，王若望點頭說，「是啊，我們反正就這點事，再查也加不上啥罪名，就怕連累了好心的朋友！不知這事何時了結？」

事態還在進一步發展，一月二十日，公佈中共安徽省紀委決定，開除方勵之的黨籍；一月二十五日，中共《人民日報》機關紀委決定，開除劉賓雁的黨籍。

不久，王若望看到一份中央內部文件，內容是鄧小平召見胡耀邦、萬里、胡啟立、趙紫陽、李鵬等人的講話。他指責胡耀邦在反對資產階級自由化問題上表現軟弱，還專門談了方勵之和王若望的問題，說，「我看了方勵之的講話，根本不像一個共產黨員講的，這樣的人留在黨內幹什麼？不是勸退的問題，要開除。……上海的王若望猖狂得很，早就說要開除，為什麼一直沒有辦？上海群眾傳說中央有個保護層，……」所謂中央的保護層就是指胡耀邦。

鄧小平氣勢洶洶地說，「四項基本原則必須講，人民民主專政必須講。……沒有專政手段是不行的。對專政手段，不但要講，而且必要時要使用。」此言一出，他的鐵腕面目暴露無遺。鄧小平還得意洋洋地自誇，「我們不是把魏京生抓起來了嗎？難道中國的名譽就壞了嗎？既然抓了就不放，中國的形象並沒有因此而變壞嘛，我們的名譽是一天比一天好起來。」

王若望心裏冷笑。鄧小平不打自招，反證了魏京生的先見之明。一九七九年三月魏京生在西單牆貼出大字報「要民主，還是要新的獨裁」，一針見血地指出，「鄧小平要民主嗎？不要。……人民必須警惕鄧小平蛻化為獨裁者。……鄧小平的行為已表明他要搞的不是民主，他所維護的也不再是人民的利益，他正在走的是一條騙取人民信任後實行獨裁的道路。」四天後，魏京生即遭逮捕並受十五年重刑。

王若望反省到，當時，許多知識分子還責備魏京生，認為鄧小平是改革派的旗幟，在鄧小平和保守派華國鋒爭鬥的關鍵時刻，不能把矛盾對準鄧小平，否則有可能把鄧小平推向保守派。事實上，鄧小平的一切言行都圍繞自己的權力，為了向華國鋒奪權，他可以支持民主牆，也會以改革派自居。正如魏京生指出的，鄧小平一度騙取了人民的信任。一九八四年三十五周年國慶日，鄧小平在天安門檢閱遊行隊伍，北大的學生還自發打出標語「小平，您好！」。

不過兩年時間，鄧小平就露出壓制學生運動的暴君嘴臉。如果說，一九八六年底的學運是一九八九年民運的預演，那麼，鄧小平處理王若望等人，就是六四屠城的初試和前奏。

鄧小平還是一個睚眥必報的小人，對點中他死穴的魏京生是如此，對勸他退休的胡耀邦是如此，對公開與他商榷的王若望也是如此。

王若望和鄧小平明裏暗裏沒少交手，一來一去打了幾個回合。

一九五七年，王若望被打成右派，鄧小平是反右辦公室的主人，當然脫不了關係。當時鄧小平發了一條指示，對有右派言行的老黨員也不可手軟，一個月後，王若望就戴上了右派帽子。毛澤東定了個按比例劃右派的方針，鄧小平積極貫徹擴大範圍「提拔」右派，上海作協一位黨組成員為王若望說了幾句好話，也在「右派補課」時中招。這就是鄧小平的戰術，先抓幾個「要犯」，再縱深拉網，韓信點兵多多益善。

文革後，王若望當顧問的「人權研究協會」也引起了鄧小平的反感，他在一九七九年的一個報告中提及，「上海有個所謂『人權研討會』，其中有人誹謗毛澤東同志，打出大幅反革命標語，鼓吹『萬惡之源是無產階級專政』，他們認為資本主義比社會主義好，因此中國現在不是搞四個現代化的問題，而是應當實行他們所謂的『社會改革』，也就是搞資本主義那一套……」鄧小平發話半個月後，協會中的幾位同仁就被逮捕。

王若望在演講中比喻共產黨的用人原則是「武大郎開店」，就是只用能力比自己低的人，使有思想有遠識的人才上不去，造成一代不如一代的狀況。

有人收集王若望的這些講話，用特大字體鉛印「王若望近期言論簡報」送鄧小平，以示王若望影射（矮子）鄧小平的證據，當時，鄧小平就有意開除他的黨籍了，是胡耀邦幫他講了話，才躲過一關。

儘管王若望是不怕天不怕地的「橫豎橫」，但中國的天由共產黨獨霸著，中國的地由太上皇鄧小平橫行著，鄧小平用強權輕易地褫奪了王若望的話語權。

不過，共產黨和鄧小平可以統治中國的天地，但統治不了中國的人心，一名華東師大學生，得知一號文件的內容後，立即表示退黨。王若望被開除黨籍後，收到五十多封慰問勵志信件。最有趣的是，有些信件上的位址只有「上海」兩字，他也照樣收到，可見郵遞員也是寫信人的知音。

一封來自北京的明信片上寫著，「千萬不要輕率地接受平反。」

一位讀者多次匯款給王若望，一次比一次多，後來還寄了十公斤紹興乾菜。

旅美作家聶華苓，通過幾次轉手寄信給王若望，對他的命運表示關注。

還有不少人上門拜訪王若望。有一次，一位友人乘計程車來，車子抵達王若望家門口時，計程車司機問，「這不是王若望的家麼？你去拜訪他啊？」友人說「是」，司機說，「那我不收你的車錢了，只是請你代我問王若望好！」

王若望的一位朋友是上海人藝的話劇演員，宣佈開除王若望黨籍後的一個週末，朋友夫婦邀請他去作客，他到那裏一看，朋友還請了其他五位客人，連主人共八個人正好一桌。主人燉了一隻肥大的老母雞作湯，客人各自帶來一、兩樣拿手菜，這是深冬裏一個熱氣融融的「派對」。

那種時候，王若望當然成了聚餐的主角，大家關心地詢問開除他黨籍的事，請他談自己的感受和中國的局勢，他談得暢酣盡興，還比平時多喝了點酒，即使朋友不說揄揚的話，這麼多朋友請他就是最大的犒賞。

回家的路上，王若望再次感受到「時代變了」！當年，在毛澤東的暴政時代，他被打成右派和現行反革命，鄰居和朋友都視他如瘟疫，唯恐避之不及，哪敢請他上門作客。

王若望從沒這麼自信安坦，他仰望冬日黑幽幽的廣袤夜空，星星雖然遙遠疏朗，但格外的晶亮有神，他似乎能感到星星在眯眯微笑。

「時代變了！」中國人不再是文革前的馴服工具，更不再是文革時逆來順受的賤民，中國人已經能明辨是非，心裏已經有自己的一桿秤了。這次鄧小平失算了，他身居深宮不知人心已變，在他眼中是「共產黨渣滓」的三位知識分子，在廣大人民眼裏卻是「中國的良心」。共產黨驅逐

「中國良心」，等於自挖良心自絕於人民。鄧小平的鐵腕酷政，刺激了老百姓的逆反心理，被中共開除的王若望、劉賓雁、方勵之頓時名滿天下，他們被批判的言論和思想廣為宣揚。

歷史演進就是這樣的無情，社會輿情就是這樣的弔詭。

一九八七年成了鄧小平的滑鐵盧，是他一九七七到一九九七年堂皇生涯的分水嶺，一九七七年前，他為自己奪權和保黨，以改革者的形象出現，矇騙了中國人；一九七七後，從整肅胡耀邦和王若望等人開始，他的暴君形象愈益清晰。

一九八七年初的那一刻，鄧小平把王若望判入深淵，讓人們看到王若望的高貴人格和閃光人性，「失敗」的王若望勝利了，他由此到達了人生的峰巔；而儼然大判官的鄧小平弄巧成拙，被民眾剝下「改革總設計師」的偽裝，看清他內心深處的卑下和凶蠻，「勝利」的鄧小平失敗了，由此從峰巔滑向深淵。

革命首先企圖實現引起革命的反叛精神；然後革命又迫使自己否定反叛精神以更好地肯定自身。

——加繆

第二章　在共產黨這條船上浮沉

一、遙想上船的經歷

如果你急切地等待春天，上海的冬天是漫長的，即使過了春節還有二月三月的倒寒流。

王若望的大名在全國傳揚後，他公開活動的餘地被封鎖了，出門的時間少了，再加西北風不斷狂捲，他基本上只待在家裏。不能說他沒有遺憾，也不能說不感到寂寞。想想一九四九年後的近四十年間，他真正能工作的年份不足一半，也就是從一九四九年「解放」到反右這七、八年，加上文革後的一九七九年到一九八六年的八、九年間。即使這兩個階段，他在工作中也沒盡興發揮，也沒少受各種限制，極左分子對他的批判也沒斷過，但這些攻擊反而提高了他的聲譽，放大了他的言行對社會的影響。

現在，他被徹底消聲，有限的那點作用也不能發揮了，世事不用他再操心，他可以靜下心來「養精蓄銳」了。這些年到處奔忙，一直沒時間看書，這次可以閒適地讀幾本了。

他把準備閱讀的書臚列出來：《資治通鑒》、《昭明文選》、《聊齋志異》、錢鍾書的《管錐編》、吳晗的《明史》；西方的一些名著譯作，托爾斯泰的《復活》和《安娜卡列尼娜》、狄更斯的《匹克威克外傳》和《奧列弗爾・推思脫》、羅曼羅蘭的《約翰・克利斯朵夫》和《愛與死的搏鬥》、巴爾扎克的《歐也妮・葛朗台》和《邦斯舅舅》等。

他又翻出寫到一半的回憶錄草稿，現在有時間可以續寫下去了。

一天，王若望拿出要看的書，合上書櫥時瞥了眼書列前的幾件工藝品，其中有一艘黃楊木雕的烏篷船，他用手指輕輕點了點船艄，船悠悠地搖晃了幾下，然後，他輕輕地合上玻璃櫥門。玻璃門上映出他一頭白髮，他起手撫摩了一把，心裏歎了聲「歲月不饒人」。

按中國的習俗，他今年虛歲七十，已是古稀之人了。十五歲那年，他坐著烏篷船從常州來上海，又在上海參加革命登上共產黨這艘船，那情景猶如昨日，一晃已經是五十四年前的事了。

此後半個世紀，王若望在這艘船上顛簸浮沉，一路行來，直到這次開除黨籍。

儘管沉重，儘管迍邅，但他無怨無悔。倘若時代和社會要求他這樣擔當，即使讓他重生再世，以他的性格還會蝢蝂樣走一遭。

王若望走近落地窗，把一扇半開著的推直，冷風更強勁地颳進來，他好像有意測試自己的承受能力，迎風走進陽臺。他雙手支在水泥圍欄，眺望遠遠近近熟悉的街市，他在這座城市生活了四十多年。新亞藥廠離他現在的住地不遠，不用半小時就可走到，那是他甫入上海的落腳點，也是他人生的真正起點。

離廠幾十年後他又回到同一個地方，這是生命中小小的因緣。誠然，外面還是他當年看到的風景，但他早已不是當年的那個人，上海也不是當年的上海。經過四十多年暴風驟雨的沖刷磨洗，上海或者說中國改變了嗎？答案是肯定的。但一切都變好了嗎？變成他當年憧憬的景象了嗎？僅以他本人的經歷和感受來說是否定的。

那麼，當初登上革命戰船是一個無可挽回的錯誤？走進共產黨隊伍更是一條不可原諒的歧途？他一時難以回答，因為，當時他還是一個十五、六歲的少年，是不知不覺捲入革命洪流的。

一九三三年秋，他進新亞藥廠學徒，一切從那裏開始。

那時，藥廠實行學徒住宿制，王若望和七個人同住一室。工友們下了班就下棋打撲克，他卻辦了一張《申報》圖書館借書卡，一有空就去借圖書，下班後身子蜷曲在裝藥的大紙箱，挨著牆壁就著燭光讀到深夜。

他不滿足自己看書看報，還有心提高工友們的閱讀興趣，就在廁所間的牆頭辦起了壁報。起先，他拿來寫字間職員看過的報紙，剪下有價值的內容貼上牆，每星期出一次。受到工友們的歡迎後，改為每星期兩次，他給壁報起了一個漂亮的刊名《新亞園林》。

當時，日本人剛佔領東北四省，工人們受壁報影響開始關心國難，王若望看到了壁報的價值，幹勁更大了，他開始自己寫文章貼在《新亞園林》上。有一篇〈豁拳閒話〉，諷刺蔣介石屈從日本，給放棄東北四省的張學良加官晉爵，文章受到工友們的稱讚，他抄了一份寄給全國性大報《新聞報》，竟然刊登了，這是他排成鉛字的第一篇文章。

他驚喜萬分，再接再厲，又寫了幾篇發在報刊。他一下子在廠裏出名了，連坐辦公室的職員都對他刮目相看。有一天，會計屠先生把他叫去，約他明天上午去屠家，說有一位親戚想會他。

王若望遵約前往，見到了屠先生的堂弟屠廷容。屠廷容三十歲不到，穿一件竹布長衫，一條淡格子的西裝褲，一副知識分子的面孔和打扮。屠廷容問王若望對時事的看法，王若望傾訴了對國難的哀痛，表達了對蔣介石的義憤，屠廷容問他，「你知道紅軍嗎？」見他搖頭，向他解釋說，「紅軍就是共產黨的部隊，他們打勝了，我們窮人就得救了。」這是他頭一次聽到紅軍和共產黨。

此後，屠廷容經常和王若望秘密約會，給他看左翼作家聯盟辦的《文藝新聞》，向他灌輸「左聯」的無產階級文藝方針，他受到吸引，很快入了聯盟。一個月之後，屠廷容又介紹他加入共青團。入團不久，他就受組織委派脫產搞地下工作，領導楊樹浦四、五家紗廠的團支部搞工人運動。

一九三四年五月，英美煙廠資方準備淘汰老廠，不顧工人死活擅自關廠，由此引發工潮。老廠和新廠工人聯合罷工，王若望等人前去聲援，不幸，因叛徒出賣，王若望被國民黨警察逮捕，經過審訊被判處十年徒刑。

西安事變後，國共兩黨建立抗日民族統一戰線，國民黨根據協定釋放所有的政治犯，王若望於一九三七年七月提前六年出獄。

出獄後王若望被送到延安，當時「陝北公學」剛成立，他進公學成了第一批學員，並擔任大隊指導員，一星期後，公學總支書記介紹他加入了共產黨。

如果說，王若望投身革命不無盲目性和偶然性，那麼，他對共產黨的認識也是入黨後逐步加深的。

二、先吃幾個下馬威

王若望差不多整天伏在寫字臺上，不是看書就是寫作，累了，他就站起身，走到窗前伸幾個懶腰，再點上一支煙，慢慢地吸著思索著。

當手上的筆追述到延安時，王若望會下意識地抬起頭，望一眼牆上掛著的一幀條幅，是曾任毛澤東秘書的李銳去年（一九七六年）贈他的一首詩，詩曰——

當年意氣小資產，一隊輕騎大砭溝。
四十來年君不改，滿頭辮子讓人揪！

王若望酬答李銳的詩云——

憶昔窯洞識同儔，輕騎一隊足風流。
敢效諍臣志不老，贏得辮子掛滿頭！

條幅上的題詩記錄了他在延安的生活，以及和李銳等人一起搞壁報引出的風波。

入黨不久，王若望就吃了一個下馬威，事因他在陝北公學開學典禮上的闖禍。那天，臨時搭建的舞臺上掛了兩盞汽油燈，陝北公學各大隊編演一兩個餘興節目。王若望是文娛活動的活躍分子，自編自演了一個祝賀開學的雙簧湊熱鬧，他戴著高帽子站在舞臺前面，一個人隱藏在他身後專說吉利話，他打各種手勢配合。

台下前幾排坐著李維漢、秦邦憲、羅瑞卿、張國燾、徐特立等中央首長。誰知餘興節目剛結束，徐特立就登上舞臺氣呼呼地說，「我要說，我要說，不說就是對黨不負責任。」徐特立過於激動和憤慨，說到這裏打了個頓，全場一下子鴉雀無聲，都急著想聽下面的話。「今晚演的這個雙簧，太不嚴肅了。我認為這是醜化我們的黨，雖然說的內容都非常正確，代表我們黨的思想，但由前臺戴高帽子的代表黨的形象，臉上還抹了白粉，我看了感到十分不舒服。……這個政治影嚮呀十分惡劣。」

王若望已卸了裝，坐在觀眾席後排，聽了這話臉上發燒，羞臊難當，他一心專注讚美自己的黨，沒仔細考慮表演形式，無意中竟然醜化了黨。至於戴高帽子怎麼就醜化了黨，他沒弄明白。但批評者是毛澤東的老師徐特立，應該是沒錯的。

校長成仿吾上臺結結巴巴做檢查，「徐老當場指出我們的錯誤，說得很好，我沒有過問每個節目，首先是我政治上不嚴肅，今後一定正視這個問題。」

王若望生怕同學回頭朝他看，真想從強光燈下溜出會場。

他有生以來頭一次遭點名批評，又是這樣的場合，徐特立又是那樣的大人物，他受到巨大的精神壓力，在同學眼裏幾乎成了罪人，弄得好多天抬不起頭，混有虛榮的自尊一下子毀了。他心裏還有一份委屈，他想不明白，自己用大眾喜聞樂見的形式表演，內容又是歌頌共產黨，怎麼就醜化和侮辱了共產黨？

後來王若望才弄明白。一九二七年毛澤東寫了《湖南農民運動考察報告》，高度讚揚湖南農民揪鬥地主士紳，懲罰的方式就是戴高帽子遊街。難怪徐特立衝冠一怒，如此高帽子怎能戴到共產黨頭上？當然，到了文革，毛澤東的紅衛兵發揚光大，全國戴上高帽子的人成千上萬，湖南農民運動不過是小巫了。

陝北公學辦了兩個多月結業，王若望被分配到中央青年工作委員會，去安吳堡培訓來延安的青年，他擔任第八大隊長兼黨支部書記，管轄兩百多名學生。

是時，康生剛從莫斯科回延安，他賣力介紹史達林清洗托洛茨基分子運動。因為是蘇聯老大哥的經驗，中共內部迅速傳播仿效，也開始抓捕托派分子。安吳堡也揪出了托派分子，王若望把它視為「新實驗」的戰果，寫了〈國防教育的新實驗〉一文，發表在漢口剛創刊的《新華日報》副刊，讚揚介紹這個所謂新實驗。

這是王若望第一次上當，他一直銘記著這個歷史汙迹，從中接受一個深刻的教訓，洗腦可以使人蒙昧，蒙昧也容易被洗腦。

不久，王若望被派往西安和寶雞領導工運，一度擔任寶雞中心縣委書記。一年後，他又被調回延安擔任青年工作科長，並在延安城北的大砭溝安家落戶。

大砭溝山頭上是一排排窯洞，窯洞前有一片平坦坡地，形成三、四米寬的平臺，是連接各窯洞的通道，又是室外的生活區。冬日，住在洞窟的人在這裏曬太陽；夏夜，大家聚集在這裏乘涼。年輕人在此暢所欲言，不是談論國事，就是議論延安生活中的陰暗面，平臺成了民主廣場。大家戲稱是延安的「海德公園」，類似齊桓公時代的稷下。

有一個問題引起大家的共鳴，就是延安缺乏自己的新聞，各機關已有的壁報千篇一律，小報抄大報，內容貧乏無聊。有人提出壁報應有自己特色，要反映本單位群眾的思想動向。作家陳企霞建議大家自己動手實踐，王若望在新亞藥廠辦過壁報，提議把內部看的壁報搬到大砭溝來。

在中青委宣傳部長胡喬木的支持下，取名《輕騎隊》的大砭溝壁報編輯部成立了，陳企霞任主編，王若望和童大林為副主編，李銳等四人任編委。壁報的面積有兩個四方桌大，每週出版一次，貼在高達兩公尺的木牌架子上，矗立在大砭溝與通往延安城大道的三岔路口，第一期於一九四一年四月出版。

王若望在創刊號上發表雜文《友情》，批評延安當時存在的一種現象，即看人下碟，依對方級別的高低表示不同的熱情，批評黨組織生活刻板嚴峻，呼喚人性的復歸。

延安的學生爭先恐後來大砭溝來看壁報，許多中央首長和著名學者也來看壁報，《輕騎隊》下幾乎成了經久不散的集市。《輕騎隊》大受歡迎，朱德總司令建議出油印版，從第六期開始刊行。延安的知名作家艾青、蕭軍、蕭三、丁玲、王實味、劉雪葦、康濯、李季等踴躍給《輕騎隊》投稿。

《輕騎隊》的成功出版，影響了其他部門，中央黨校、馬列學院、中央研究院、魯迅藝術學院紛紛仿效，各種供大眾看的「街頭壁報」相繼出現，又以中央研究院王實味主編的《矢與的》最著名。

《輕騎隊》以揭示延安問題的風格見長，成績斐然，卻遭受各種冷箭，有人指責《輕騎隊》一味諷刺發牢騷，形成自我否定的壞風氣，違背毛澤東在文藝座談會上講話的精神。

《輕騎隊》出到第九期，胡喬木找王若望談話，第一句話就說，「看來，你那個壁報必須停辦，我也沒有辦法。」

王若望問，「是哪篇雜文犯了錯誤呢？我們可以在下一期刊出糾正的聲明。」

「不行！」他的態度很堅決，「這可不是一般性的錯誤，這是反黨，比起『野百合花』來更嚴重。」

王若望追問，「好吧，你就直說是哪篇文章，我也好接受教訓嘛！」

胡喬木低聲說，「第七期上有一份讀者來信，揭發抗大四中隊支書檢查學員的家信，壁報上刊登出來，說明黨中央准許下邊這麼做，影響極壞。你再承認做錯了，豈不是欲蓋彌彰？我認為乘此機會下馬，落個清閒。」

《輕騎隊》發表這份讀者來信，本意是防止其他單位再犯類似錯誤，這是愛黨的行為，卻被康生上綱上線定性為反黨。

幸虧毛澤東也是《輕騎隊》的熱心讀者，曾在油印《輕騎隊》的空白處「題詞」：「此報人人愛看」。事後，毛澤東自己早忘了這句「御批」，胡喬木卻拿了當令箭給康生看，《輕騎隊》才得以從輕發落，中宣部勒令《輕騎隊》和其他壁報停辦。

《輕騎隊》創刊一年就此夭折。

這是毛澤東的「在文藝座談會的講話」滅殺創作自由的始作俑，是共產黨在意識形態領域製造輿論一律的濫觴。

《輕騎隊》生生被野蠻地閹割了，王若望幾次走到消失了壁報的空蕩蕩木架子前，望天發問，偌大的延安為何容不下一塊街頭壁報？悲情從心裏湧起，他從溝裏撿起一顆碎石，把大木牌當紀念碑，用石子尖角在上面刻下一句叛逆者的悼詞——

「輕騎隊精神不死！」

三、「山東王實味」

《輕騎隊》引出了《矢與的》，王若望又聯想到辦《矢與的》的王實味。可以說，王實味的殺身之禍就是從《矢與的》開始的。王實味發表在壁報和報紙上的雜文，一開始就引起左派分子的不滿。到延安整風期間，王實味在《矢與的》上批評中央領導李維漢，從李維漢的態度說到黨內家長製作風，號召人們「睜大眼睛來辨正邪」，「軟骨病本身就是一種邪氣，我們必須有至大至剛的硬骨頭！」這些鋒芒畢露的批評轟動了延安。

王震看了壁報說，「前方的同志在為黨為全國人民流血犧牲，你們在後方吃飽飯罵黨。」他立即向毛澤東彙報。毛澤東當晚就提著馬燈來看壁報，他不從文中傾聽和接受下面的意見，而是發現了階級鬥爭的動向，捕捉到了階級敵人。毛澤東對陪同的研究院領導說，「這些內容很有教育意義，是很好的反面教材。」毛澤東很得意，就像練習射擊的人找到了靶子，「我們的思想鬥爭有了目標。」

毛澤東又讀了王實味的《野百合花》，諷喻「這是王實味掛帥了，不是馬克思主義掛帥。」王實味由此撞上了毛澤東的槍口，成為整風和思想鬥爭的鵠的。

蕭軍自以為和毛澤東關係不錯，上門去為王實味說情，想不到碰了個釘子。毛澤東對他說，「王實味的問題很複雜。他不是一般思想意識的錯誤，他有托派和國民黨特務嫌疑……」

王實味由此成了延安的頭號敵人。

一九四二年延安開展整風運動時，王若望正在棗園秘密受訓，躲過了一劫。訓練結束後，他離開延安去山東，在山東分局城市工作部工作。

王若望到山東不久，地方上開始搞整風，分局宣傳部長召開民主座談會，要求大家「知無不言，言無不盡」，組織上一定做到「言者無罪，聞者足戒」。王若望在會上作了兩個半天的發言，集中批評分局書記黎玉寫的一本小冊子，指出文中的論點保守偏狹，還處處為自己評功擺好，有些內容吹得天花亂墜。

整風領導小組還辦了一個《民主壁報》，鼓勵大家踴躍投稿。王若望發揮辦《輕騎隊》的經驗，為每期壁報寫雜文和文學評論，還圖文並茂的配上漫畫。琳琅滿目的壁報總是擠滿熱心的讀者。他在雜文中提出一個敏感問題，上層領導專制意識濃厚架子十足，培養和助長了下面唯唯諾諾的奴性。

王若望的批評有理有據，說出了別人深有同感的癥結，頗具說服力和鼓動性，他的發言和刊文贏得了普遍讚譽。但領導卻受不了如此直通通的批評，反誣王若望的言論違反了整風精神，整風領導小組為扭轉他的影響，決定把他拎出來批鬥，還物色「受矇蔽」者到會上向他開火。

批鬥王若望的大會開得異常猛烈，會場內外貼滿批判他的大、小字報。有人翻他的老帳，說他是延安《輕騎隊》發起人，在延安整風中已被揪出尾巴，最後狡猾地溜走了，又來山東販賣《輕騎隊》的反動貨色，使《民主壁報》成了《輕騎隊》那樣的反黨壁報。王若望憂恐不已，這些意見非同小可，表明黨中央向這裏通報了他在延安的「罪行」，這次要拿他開刀，把他揪出來嚴懲。

會上，好幾個人用過激言詞攻擊他，拿他與延安的王實味相提並論，喊出「打倒山東王實味」的口號。

如此一來，王若望成了「山東王實味」，他的問題升級了，延安的王實味已被關入大牢，「山東王實味」也免不了遭監禁。

在緊要關頭，王若望接到通知，山東分局第一書記羅榮桓找他談話。他覺得此去吉凶難卜，儘管心裏滿是不平和委屈，但也得做好英雄赴義的精神準備，因此上路時心情十分悲悵。

羅榮桓兼任一一五師政委，他接到一份告發王若望的材料，說王若望有國民黨特務嫌疑，是反黨壁報《輕騎隊》的副主編，這次借整風狂批分局書記和好幾個部長，是鑽進黨內打著紅旗反紅旗的國民黨特務。材料還羅列了王若望的一些可疑行迹，他對敵佔區報紙有濃厚興趣；他訓練自己翻牆越垣的本領，準備開小差逃跑，再加上「山東王實味」的帽子，提議移交軍區鋤奸部處理。

敵後沒有固定的監牢，送去鋤奸部八成是死罪。

羅榮桓審閱了材料，馬上看出了問題，「王若望坐國民黨牢直到國共合作才出來，怎會充當國民黨特務？道理上說不通啊！」聯想到肅清改組派和AB團錯殺了許多人，嚴重影響了紅軍的壯大，他覺得不能再重犯那樣的錯誤，不能再鎮壓無辜的同志。

羅榮桓決定見過王若望後再下結論。

當時，羅榮桓患著一種古怪的毛病，王若望被傳令兵帶進去時，他正歪著身子躺在竹榻上。面對決定他命運的羅政委，王若望繃緊神經撐住逼人的精神壓力，兩腿有點不受控制地發軟。羅榮桓勉強坐起來，從眼鏡架上打量了王若望幾眼，然後伸手示意他坐下，他悸動的心方鬆弛下來。

羅政委批評王若望說，「你把矛頭指向中央分局領導，就是攻擊山東整個黨組織，這種傾向很危險。」羅政委告誡他，要正視問題的嚴重性，好好學習整風文件，改造小資產階級的狂熱性……」

羅榮桓批評的措辭雖然嚴厲，但把王若望的問題歸結於「小資產階級狂熱性」，就否定了敵我矛盾，已經減輕了王若望的罪名。民主座談會一結束，王若望被調往分局黨校學習，黨紀處分也免了，一場駭人的整人風波終告平息。

羅榮桓主持正義，大喝一聲刀下留人，王若望才倖免於難，從死亡線上逃生。

王實味卻沒這麼幸運。一九四七年七月一日，王實味被除奸隊斬首後推入深井，這天是共產黨自定的誕生日。共產黨已經以肅反等名目戕害了無數同志，王實味不過是共產黨血祭的又一個犧牲，也是以言獲罪上斷頭臺的第一人。

當年，王若望和王實味同命相憐，他怕戴上「山東王實味」帽子，不願沾上王實味的名聲，也慶幸自己能躲過王實味的下場。多年後重新省視，對比自己和王實味的經歷，他不能不承認，當初，領導送他「山東王實味」的帽子沒錯，他和王實味實在太相同了。

王若望和王實味在一九三七年差不多同時到延安，又同時入陝北公學學習，一個擔任指導員，一個擔任大隊長，又同在那年入黨（王實味曾被開除過一次，這次是重新入黨）。兩人同樣秉持言論自由理念辦壁報，都在壁報寫雜文呼喚人性和人情，耿直批評延安的不正之風。王若望直指山東分局書記黎玉等地方幹部，王實味對準李維漢等中央領導。有一次，王實味甚至公開大罵，「江青裝著捉蝨子，揎起褲子，讓大兵看她的大腿，真不要臉！」

兩人的情侶竟然也被同一人纏上，柯慶施的妻子李錦和柯慶施鬧離婚時，向王若望表露了愛意。同時，柯慶施又想染指王實味愛上的姑娘薄平。一次，薄平在窯洞外用英文唱《馬賽曲》，王實味對她說，「你要唱就在窯洞裏唱，你瞧老柯（慶施）那雙賊眼，你每次出去唱，他不是出來打水，就是上廁所，這是故意出來看你。他配看你嗎？」

四十年後，王若望被開除黨籍，兩人又增加相同的一條，都兩次被共產黨開除。王若望和王實味是共產黨內的一對孿生孽子，王若望在命懸一線時脫身，是僥倖活下來的「王實味」。王實味冤死整四十年了，還帶著「托派」的帽子，中央至今不肯為王實味平反，王實味的靈魂至今沒有安息。

王若望早就籌思寫一篇紀念王實味的文章，活下來的「王實味」要替死去的王實味伸冤，要還原那段歷史真相，要揭露共產黨濫殺無辜的罪惡，不然，他覺得對不起死去的王實味。

然而，歷史常常開倒車，時光走到一九八七年，共產黨不自審昭雪王實味冤案，還繼續野蠻地絞殺言論自由，不斷製造新的冤案誅殺異端。活下來的「王實味」又一次因言獲罪，又一次失去了公開言說的權利，更遑論撰文為王實味伸冤！

四十年了，共產黨何時才能走出獨裁禁臠，何時才能走上人類文明的軌道？

四、在陽謀的陷阱中受擒

然而，就像王實味就是王實味，「山東的王實味」也終究是「山東的王實味」，江山易改，本性難移。一九四二年在山東九死一生的王若望，沒能跳過一九五七年的陷阱，那是毛澤東親自設下的天網，專門捕捉有異端思想的知識分子，快人快語的王若望如何逃脫得了？

一九五六年，毛澤東到各地煽風點火，動員民眾大鳴大放。當時，王若望還沒擺脫對毛澤東的迷信，對他的講話信以為真。王若望的勁頭被鼓起來了，他早就對現實不滿了，蓄在心中的牢騷被激發出來，他接連寫了「步步設防」等擊中時弊的雜文。

是時，王若望在《文藝月報》當副主編，同為副主編的唐弢好像得到什麼內部消息，私下勸告王若望小心，暗示號召鳴放中隱藏某種玄機。王若望沒領會唐弢的美意，還認為他形勢跟得不緊，思想解放不夠。

果然，鳴放很快轉向清算，王若望立即成了出頭的椽子。

上海市委文教書記張春橋化名「徐匯」在一九五七年七月三十日《人民日報》發文，「王若望是誰家的香花」，凶言惡語地指責，「你王若望的『步步設防』，就是違反了我國憲法。」

王若望這才記起唐弢的警告，後悔自己莽莽撞撞投了羅網。為了擺脫打棍子戴帽子的危險，他連忙寫了一篇檢討文章給《解放日報》。沒門！《解放日報》不予刊登。上面要拿清算的把柄和證據，不給「犯錯誤」的人任何反悔喘息機會。

不久，上海召開全市反右鬥爭大會，市委書記柯慶施到會講話，他公開點王若望的名說，「上海有個頂活躍的王若望，這個人不是右派？誰是右派？」他的話在上海就是聖旨，等於在政治上判了王若望死刑。

一九五七年十月，王若望被定性為「大右派」。

「大右派」的頭一條罪狀就是公然提倡「黨內有黨，黨外有派」，指責他的言行是煽動分裂黨。

真是無稽之談，他們好像不知這話出自反右導師毛澤東。毛澤東號召鳴放不久，康生來上海造勢，他在「文藝會堂」召見文藝界人士，傳達毛澤東的名言，「黨外無黨，帝王將相；黨內無派，千奇百怪。」他說沒有牆，沒有派反而不正常。王若望受康生講話的啟發，寫了〈一板之隔〉等支持「拆牆」的文字。

風向轉變後，《解放日報》頭版頭條刊文，「王若望提出黨外有牆的主張」，把黨外有牆的「錯誤」言論栽贓到王若望頭上。作協為此掀起批鬥王若望的高潮，他在會上申辯，「這兩句話是康生同志說的，到會的作家都聽到的吧？怎麼賴到我的頭上？」台下群眾卻以高亢的口號壓倒他。

最反常的是姚文元，起初他認同王若望的「步步設防」，在五月七日和八日兩日的《文匯報》發表〈一點補充——與若望同志交換一點意見〉，文中說，我認為〈步步設防〉提出的問題很好，也是很必要的，「現在我們要進行既反對教條主義又反對機會主義的兩條路線的鬥爭，但首先是要著重反對教條主義……我們需要更多的批判教條主義的文章……」姚文元對王若望的文章表示了肯定和認同。

此刻，姚文元一看主子張春橋挑頭批判王若望，王若望又成了右派，就立即轉變立場殺向王若望。他先寫〈反黨野心家的四個手段——揭露右派分子王若望的陰謀活動〉發表在八月二日的《解放日報》，又寫〈走哪一條路——批判王若望幾篇文章中的反黨反社會主義言論〉。因為背後有張春橋撐腰，姚文元把文章交給王若望任副主編的《文藝月報》（刊於一九五八年第八期），上門挑戰的氣勢不容置疑，王若望不能不發。文章提出「王若望的五把刀子」，把批判胡風的「五把刀子」嫁接到王若望身上，調門比『誰家的香花』更尖刻，意指王若望也是胡風反革命集團成員。

姚文元歷來是翻臉如翻書的小人，他早年是胡風的崇拜者，還寫了一本《論胡風文藝思想》，熱情歌頌胡風是「最優秀的理論家」。書稿還沒送出版社，反胡風運動開始了，他立馬「反戈一擊」，成了反胡風的急先鋒。

姚文元和王若望還有一番瓜葛。

「解放初」，姚文元擔任盧灣區團委工委宣傳部副部長，並經常在《青年報》、《文藝報》、《解放日報》發表文章，但他給王若望任副主編的的《文藝月報》投稿屢屢被退。王若望認為他的詩歌散文缺乏文學性，學術論文堆砌馬列政治術語加火辣辣的罵人，所以都不予刊用。姚文元的退稿積多了，王若望請他來編輯部面談，指出他文章中的問題。姚文元做出一副虔誠模樣，提出是否修改一下再發表，言外之意只要上雜誌就好。王若望看出他有極強的虛榮心，沒有依從，由此和姚文元結下了樑子。

一九五五年初，一次，上海文藝界召開批判胡風大會，在文藝界沒影響的姚文元最後發言，宣讀他擅長的扣帽子打棍子的「姚式」大批判文章，受到時任《解放日報》社長兼總編輯張春橋的賞識。張春橋和市作協一位領導人先後打電話給王若望，推薦姚文元的發言稿在《文藝月報》發表。王若望不得不重視兩個大人物的力捧，但看了文章不滿意，就喚姚文元來雜誌社，建議他刪除口號式的文字。經過修改的〈胡風歪曲馬克思主義的三套手段〉終於在《文藝月報》一九五五年三月號上刊出，姚文元經此在全國文學藝術界出了名。

這就是姚文元變色的來由。他先好評王若望的〈步步設防〉，因為王若望刊發了一篇讓他成名的文章，又轉臉猛批王若望，是跟張春橋的風，也是洩王若望「作梗」拒登他文稿的憤。

姚文元因狠批胡風被張春橋相中，於一九五六年底進《文藝月報》當理論組編輯，反右運動開始後，當上了市委宣傳部副部長，負責作協整風辦公室工作，成了上海作協的「總督」，右派王若望自然成了他整治的對象，他不但用文字審判王若望，還代表組織直接找王若望「清帳」。

一次，姚文元把王若望叫去談話。他坐在作協辦公室東廳的一張太師椅上，一副小人得志的寵臣嘴臉，他向王若望宣佈，「你的黨籍被開除了！」

王若望冷冷地說，「按照黨章，開除黨籍要黨支部開會黨員舉手通過才行啊！」

姚文元神氣活現地說，「這是市委做的決定，市委書記說了算，你抬出黨章來有啥用？」這是王若望第一次被開除黨籍，從此成「黨外人士」！作協黨組同時撤銷了王若望的副主編職務，把他調去圖書館工作，剝奪了他發表答辯文章的權利，還將他的月薪從一百七十六元減到一百一十六元。

隨後，王若望被趕到農村下放勞動。組織勸誘王若望的妻子李明與他離婚，威脅她說，「你必須做出選擇，是繼續做黨員還是要王若望？」李明直截了當地回答說，「我們有這麼多孩子，我不能不要王若望呀！」

李明由此精神惶惑神經錯亂。不僅妻子受連累，王若望的三弟王鶴和小弟雷華受株連也被打成右派，在海軍服役的雷華從青島駐地被押送回老家，交群眾監督改造下田勞役。

孟子曰：「澤梁無禁，罪人不孥。」即不能禁止人民在水中捕魚；不得株連犯罪者的子女，孟子所說犯罪者是真有罪，而「右派分子」卻是莫須有啊！

王若望被送到市郊陳家橋勞動改造，挨上「大饑荒」年頭，村長同情他，以供不起糧食為由把他退回原單位。他又回上海作家協會圖書館。

一九六二年四月，周恩來和陳毅在廣州會議上作文藝工作報告，提出了「三不主義」（不打棍子，不抓辮子，不戴帽子）的寬鬆政策。王若望聽到這個消息，又生出時局好轉的幻想。《上海文學》主編葉以群勉勵他重新拿筆，他很快寫出了小說〈一口大鍋的歷史〉，刊於《上海文學》一九六二年七月號。小說通過農民如何苦心保住一口大鍋的故事，諷刺大煉鋼鐵砸掉鐵鍋的愚民鬧劇。

張春橋嗅出了小說中的異味，向市委書記柯慶施通報，柯慶施在一次會議上興師問罪，說王若望剛摘了右派帽子就翹尾巴，寫了一篇抹黑大煉鋼鐵的小說，你們可以找來看看，他寫得多麼惡毒巧妙。

王若望原以為，有周恩來的寬鬆政策的講話，他可藉發表文章為自己正名，又可突破遵命文學觸及時弊，寫出大躍進的荒唐。為保險起見，他特意給小說留下一條光明的尾巴。孰料，這條光明的尾巴未能幫他逃過厄運，周恩來的講話又成了有「陽謀」意味的開明幌子，他再次上當。

反右中經受的一系列遭際，使王若望開始認識開除他的這個黨，認識人莫予毒的黨魁毛澤東，並深刻地反省自己的過往。

十五年前，王若望還是毛澤東的一個信徒，十分崇敬毛澤東，認定毛是共產黨和中國革命的英明領袖，為此真誠地寫了一本《毛澤東的故事》，謳歌毛澤東。反胡風反革命集團的鬥爭興起後，王若望儘管心存疑慮，總覺得啥地方不對，對運動的形式也不以為然，但出於對毛澤東的迷信，他還是緊跟形勢，寫了〈從《五把刀子》看胡風的真面目〉等十篇批判胡風的文章。

這次毛澤東號令大家鳴放，王若望再次受騙當上右派，他才看清毛澤東慣用的詭計謀略。

當初，毛澤東給王實味戴上「托派」、「國民黨特務」帽子，是置王實味於死地的元兇。當王實味因這些罪名被殺害後，毛澤東又黃鼠狼哭雞假惺惺說，「你（們）還我一個王實味！」毛澤東在延安一手製造王實味冤案，不過是小試牛刀，為他馴服知識分子積累經驗，他不想讓王實味速死，不過是留著活口「做反面教材」。登上金鑾殿大權在握後，他終於遊刃有餘了。先是「胡風反革命集團」，次年是「丁（玲）陳（企霞）反黨集團」，再次年，就是這次反右，一大批知識分子被抓上祭台示眾。

用割韭菜的方法打擊異見分子，一茬又一茬地割下來，「殺人如草不聞聲」，割得「韭菜」們噤若寒蟬不敢冒頭。毛澤東用這手毒招，把異端思想扼殺在萌芽狀態，泯滅一切獨立人格和自由意識，篦除一切良知和人性，使民眾變成溫馴愚昧的群氓和奴隸。

王若望愈為自己過去的愚蒙汗顏，就愈痛恨欺世盜名的毛澤東。然而，他也由此陷入無法逃脫的宿命。身處毛澤東的極權社會，你對毛澤東的本相看得愈清，對這個社會看得愈透，你的危險就愈大，災厄也就離你愈近。

五、終成毛澤東的叛徒和囚徒

文化大革命來了，王若望的更大禍難臨頭了。

一九六六年的夏天，紅色恐怖席捲全國。革命風暴所向披靡，「地、富、反、壞、右」等階級敵人首當其衝，風暴颳到哪裡，這類人就在哪裡挨抄家批鬥。

王若望的右派帽子已經摘了，但永遠摘不了「摘帽右派」這頂帽子。不同學校來的紅衛兵依次破門，四次衝進王若望家查抄，他只得一次又一次「開門揖盜」。到第四批紅衛兵再來時，看到他家僅剩過活的桌凳床板，無物可抄，才敗興而去。

紅衛兵和里弄專政隊把王若望家弄得「傾家蕩產」還不夠，還把他全家從五層樓的一套居室搬到八樓，與另一戶被抄的「壞分子」合擠一套。

禍及全家的物質懲罰過後，是更殘忍的精神折磨。

每個單位都建起了「牛棚」，專門關押「地、富、反、壞、右、走資派」等牛鬼蛇神，作協更是重災區，「牛棚」門上貼了一副對聯，「池淺牛鬼多，門小妖風大。」

最初，王若望雖是脫了帽的右派，但沒挨上走資派的邊，還沒進單位「牛棚」，當然也沒資格當造反派。於是，他貼了一張大字報，「我要自己解放自己！」就是要爭取做革命派。這一來，等於自套造反派的繩索。造反派看到「摘帽右派」跳出來，正好逮住他，宣佈他是牛而「不是人」，隨之關進牛棚。

王若望儘管失去做「人」資格淪為「牛」，但他絕不自輕自賤，他還要為別的「牛」抱不平。文豪巴金也關在牛棚，一天，造反派把巴金叫出來訓話，王若望挺身而出說，「他是六十多歲的老人，你們怎麼可以這樣對待他？」造反派聽了十分惱火，牛鬼蛇神竟敢管閒事，是不是骨頭賤討打？轉而把他拉出來批鬥。他們反剪他的雙手，用力壓他的頭，他奮力抵抗，掙扎著抬頭挺腰，因勢單力薄，最終還是被壓得腰彎到九十度。

王若望和老作家魏金枝在一起被監督勞動，他常代魏金枝幹些雜役。有一次魏金枝私下問他，「這些人（暗指毛澤東等人）究竟要把中國引導到哪裡去？」流露出對「這些人」的滿腔恚恨。這也是王若望對毛澤東的看法。

有一次，王若望接受外調（文革中流行的審查方式，就是審查甲時，去訊問和甲相識的乙），向來人提供康生在延安為江青和毛澤東拉皮條的事。外調的記錄要供述者簽名，再由機關委員會蓋章存檔。儘管證明上沒寫「拉皮條」三個字，還是成為他貶低偉大旗手江青的證據。

作協革委會頭頭是一位工人作家，他帶人把王若望拉到後院魯迅銅像下，先強迫王若望跪下，然後用腳踢用皮帶抽打他，嘴裏還怒斥，「你膽大包天，竟敢侮辱文革旗手和中央文革副組長！」王若望掙扎著爬起來，腰間又被踢了一腳，一個趔趄栽倒在魯迅像下。他無力起身，只能掙扎著轉回頭，用帶箭的怒目射向對方。

不久，南京大學的紅衛兵來找王若望，讓他寫南大校長匡亞明的材料，匡亞明和他一起坐過牢。他據實寫匡亞明對黨忠心耿耿，是久經考驗的革命家，並用中央文革小組顧問康生為匡亞明的題字佐證。

這下又無端闖下大禍。

造反派以此給王若望加上「惡毒攻擊無產階級司令部」的罪名。造反派頭頭凶聲惡氣地責問他，「無產階級司令部的首長怎麼會題字讚揚大叛徒？」

王若望爭辯說，「那是康生同志在三〇年代寫給匡校長的……」他的話還沒說完，左邊一個牛頭，右邊的一個馬面，又按倒他的頭，要他低頭認罪，其他造反派在一邊也是拳打腳踢，一邊打，一邊罵，「你好猖狂，還繼續攻擊無產階級司令部！還稱讚大叛徒是什麼校長！」

王若望強辯，「我是寫證明材料嘛，那個時代還沒有無產階級司令部哪！」

這幾句聲明又招來更凶的一陣毒打，打得他遍體鱗傷，口鼻流血。

王若望不再申辯，他明白了，頭號說謊者正是無產階級司令部，誰要說出與之對立的真話，他們就不惜以暴力來維護無產階級司令部的假面具！

王若望帶著渾身傷痛回家，吃了飯一個人坐著悶頭抽煙苦思。女兒北珍擔心地走近爸爸，怯怯地說，「爸爸你不會自殺吧？」女兒懼怕那樣的事發生，媽媽幾年前因爸爸的問題死去，他們不能再失去爸爸了。王若望拍了拍女兒的肩頭說，「不用擔心，我不會自殺，這是政治鬥爭，我沒做錯，為啥要自殺！他們給十根繩子我也不會自殺。」

王若望的子女不僅因他的問題受牽連，還跟著擔驚受怕，在外面遭同學鄰居的白眼和凌辱，難免對他有怨言。

一次，天蟾舞臺召開上海文藝界最大的批鬥大會，王若望也被押上舞臺挨鬥。那天，很晚了，還不見爸爸回來，孩子們在家焦心又害怕地等待著。

九點多了，敲門聲響了，孩子們一起湧上去，打開門，不是爸爸，卻是一對老夫婦。他們自稱是王若望的老戰友，互相摻扶著來看望王若望，他們沒見到王若望就存問他的孩子說，「你們要相信爸爸，他從小參加革命，他是好人。你們一定要相信他。」

送走了客人，孩子們理解了爸爸，也更憂心如焚了。王若望終於回來了，他跟平時一樣的平靜，看不出剛剛被批鬥過的樣子，只是頭上多了一頂帽子。脫下帽子孩子們才看出他被剃了陰陽頭。

孩子們告訴爸爸，有一對老戰友夫婦來看他。王若望聽了很高興，說大家心裏都有一桿秤，好人和明白人還是不少，今天他也碰上一個。他說，「我走出批鬥會場時，一位老工人走上來拉住我說，他剛才參加了批鬥會，聽到會上高呼『打倒王若望』才認出我。」這位老工人在解放初聽了王若望的報告找到了工作，生活好了，一直想感謝王若望，沒想到在批鬥會上找到了他。老工人再三安慰王若望說，「你要挺住，我們工人知道你不會是壞人，這樣的日子長不了，總會有出頭的一天。」

王若望說完，自信地對孩子們說，「你們現在應該明白了，也應該相信爸爸了。」說完還苦中作樂地唱起歌來，「誰願意做奴隸？誰願意做馬牛？」

到了一九六八年八月，王若望的問題又升級了，造反隊勒令他晚上不得回家。他被隔離，完全喪失了自由，他不明白又犯了啥「罪」，直到公安人員出現在他面前。

公安人員厲聲責問王若望是否詛咒過毛主席？王若望一口否認。公安人員再三勸誘他坦白，見他拒不鬆口，只得向他攤牌，「你有沒有一個叫張秀珩的朋友？你曾對她講過啥？」

王若望這才明白事由！

王若望第二次被抄家後，聽說朋友羅竹風被造反派打成叛徒遭軟禁，他就去羅家瞭解情況予以關心。他看到羅家也被抄得家徒四壁，只剩下一張毛澤東像掛在牆上，作孽者的畫像和空空如也的屋子形成鮮明對比。面對孤苦伶仃的羅竹風妻子張秀珩，他指著牆上首惡的肖像，含怒地脫口說了句，「要是他早點死脫就好了！」

張秀珩天真的以為，通過揭發王若望將功贖罪，可以解救自己的丈夫。於是就向組織告發了王若望的反動言論。她還加油添醋，說王若望辱罵了林副主席。

人心難測，人性在暴虐摧殘中無法堅守。

說起來，王若望還是羅竹風夫婦的救命恩人。

二十五年前，受山東分局鋤奸部長委託，王若望在膠東參與處理羅竹風夫婦等人的肅貪案。涉案的四十二人中已被處決了八人，羅竹風夫婦也是在獄中待斃的嫌疑犯。王若望認真審核材料，努力甄別糾正了這一錯案，救了他們夫婦一命。

誰曾想，張秀珩不記王若望的救命之恩，也不念王若望自身難保上門撫問之情，反而翻臉不認人地揭發王若望。王若望明白，當時，惡毒攻擊詛咒毛主席可是死罪啊！何況他還是個摘帽大右派，當然是罪加一等！

王若望見識過中共在江西和延安的肅反，熟悉中共迫害人的套路——愈承認罪愈大，連王實味這樣的硬骨頭，被折磨得近乎發瘋時，也不得不認下許多莫須有的罪名，最後成為殺害他的依據。

王若望抱定一個信條，就是「死不認罪」，在審訊員眼中就成了「死不悔改」。公安局決定拘捕王若望。上海市文聯為此專門召開群眾大會，在「對反動派必須實行專政」的橫幅下批鬥王若望。

文聯還指定王若望的子女參加旁聽。懂事的大孩子們覺得沒有好果子吃，都不願去，只有十五歲的幼女要去看個究竟。

大會主持人宣佈王若望的罪行後，讓張秀珩站出來揭發，也許害怕面對王若望，她頭上披了一塊黑紗，吞吞吐吐地說，「老王對我說了侮辱毛主席的話。」

王若望大聲反問，「啥時間、啥地方？」

台下是一片「該死，該殺」的吆喝聲，不容王若望申辯，兩名警察挾著王若望的兩隻臂膀上了警車。

唯一令王若望感到慰藉的是，他看到了會場上有不少群眾怒視那個戴著黑紗巾的張秀珩！

一九六八年八月，王若望被押解到漕河涇看守所，開始他第二次煉獄生活，這一關又是四年，直到一九七二年六月三十日才出獄。

出獄了，王若望還是刑滿釋放的反革命。單位先把他送到五七幹校，在那裏勞動改造了五個月。年底，為隨時準備和蘇聯打仗，毛澤東發佈指示，「深挖洞、廣積糧、不稱霸。」全國城鄉興起挖防空洞的高潮。挖洞是重體力活，王若望又被喚回上海，到防空工事幹苦力，勞民傷財的挖洞草草收場後，王若望再被趕去作協的牛棚監督勞動。

作協牛棚在曲藝劇團，牛棚設在樓梯下的雜物間，休息時腰不能伸直，最舒服的動作是伏案讀書。王若望作詞一首〈卜算子〉記其景——

不是愛低頭，伸腰便碰頭，人來人往頭上過，聞聲不見頭。
幾回碰破頭，青春變白頭，歲歲年年牛棚住，人而不如牛。

一九七六年九月九日，惡煞無可挽回地從天上掉了下來。下午，劇團裏集體聽廣播，在哀樂聲中宣告毛澤東駕崩。演員們真真假假哭成一片。王若望笑都來不及，哪裡哭得出來，又不像演員會表演「哭腔」。監督他的「牛頭」看了跳腳，強迫王若望手執「紅寶書」跪在毛像下，他被迫跪在地上，但屈膝不低頭，看著毛像披上了一條黑紗，他暗咒「暴君終於離開他留下的這個滿目瘡痍的世界了！」「鯀殛而禹興」，他看到了中國的希望，預感自己的牛棚生活即將結束。

次日，王若望還得被迫為死鬼做花籃，他拿到的都是乾癟的菊花，一個革命腔的女演員在樓上窗口見了，居高臨下地嚷嚷，「沒開的菊花不如紙花！」

王若望昨天下跪的窩囊氣正沒處發，便衝著那個女演員不客氣地說，「不要咿哩哇啦軋鬧猛嘛！」

這下子又闖禍了，看管先把王若望鎖進「牛棚」。女演員告到派出所，說反革命污衊她悼念毛主席是「咿哩哇啦」，藉機發洩對偉大領袖的怨仇。公安人員帶著拘捕證來劇團，準備以「破壞國殤」的罪名逮捕他。幸虧劇團革委會負責人讓在場的另一條「牛」作證，同為難友的「牛」圓轉地撇解，王若望說『不要鬧猛』，意思是悼念偉大領袖應該安靜肅穆，那個女演員沒領會，產生了誤會。

王若望為此險些多坐一次牢。

滑稽劇團的這幕滑稽戲，是囟神鬧中華的最後一幕，終於連同毛的屍體一起送入棺材。

就這樣，王若望在單位進牛棚勞動，在里委受居民小組長的監督管制，直到一九七八年底一九七九年初，他先後給摘去右派和反革命帽子，才終於回歸正常人。他以為這下子徹底解放了，絕沒料到十年後再次被開除黨籍。

王若望從一九三七年入黨，到一九八七年第二次被開除黨籍，整整跨越半個世紀。這段漫長而多難的經歷，使他明白，當初，他加入共產黨便是上了賊船，因為這個黨的所謂紀律如同黑社會的幫規，幫會成員一級壓一級，不允許有任何異議，更不能違背幫主旨意，毛澤東和鄧小平就是兩個幫主霸頭。不要說他這樣的黨員，就是國家主席劉少奇、黨的總書記胡耀邦都逃不脫毀滅的命運。

既然如此，這次鄧小平開除他的黨籍，正好成全了他，使他早日走下這艘百孔千瘡的賊船，不然，他還難以橫下心主動拋棄滑向窮途的沉輪，他畢竟在這條船上生活了大半生，難以了斷與它生死相依的糾葛，還有出之常情的留戀。

這樣想來，背在身上的一塊頑石被甩掉了，王若望感到從沒有過的輕鬆。他可以從容面對未來了。

殘年風中燭，
幾回吹未滅，
燃盡有限身，
照徹長夜黑。

——王若望自況

第三章 從一九八七「一一五」到一九八九「六四」

一、嚴冬中的一株勁松

冬天再漫長總要過去，太陽漸漸溫煦有神了，馴軟了陰冷潮濕的北風，沒有人力能擋住春色，天氣終於露出了暖意。

一九八七年春的一個無風的早晨，大約九點鐘左右，王若望換上一件加厚運動衫和球鞋出門跑步。第二次坐獄出來後，他對「身體是革命的本錢」這句話有了真切的體會，他能熬過四年的監獄生活，全憑還算硬朗的體質。如今「革命尚未成功，同志更需努力」，只要信念不改奮鬥不懈，就必須加強鍛鍊保有健康。

從此，除了颳大風下大雨，王若望堅持每天跑步，還經常去游泳，連冬季都不怠懈。被開除黨籍後，他閒暇的時間多了，每週去冬泳的次數也增加了。他隱約預感，自己難免還有不測，他要迎接未來的挑戰。

王若望出了弄堂，沿高安路繞衡山路經吳興路跑了一圈，回來時，大樓下站著一位年輕人，見到他，老遠迎上來打招呼。

王若望稍微吃了一驚，走近才看清是青年作家小陸，王若望用手上的毛巾擦著頭上的汗問，「小陸，你怎麼來了？」說著趕緊把小陸引上三樓。

王若望請小陸在書房兼客廳入座，小陸向王若望解釋說，前一陣他去北京參加全國青年作家代表大會，會間聽到王若望、劉賓雁、方勵之被開除黨籍，會議還為此補充學習領會反對自由化運動的內容。

他一回滬就來探訪王若望。

王若望歎道，「全國通報開除我黨籍後，你是文化圈裏第一個來看我的人，許多朋友和熟人可能為避嫌都不上門了……」他避開小陸的目光，失意地抬頭凝視天花板。

小陸寬慰道，「現在是風頭上，許多人不過是識時務暫時迴避，大家心裏還是明白的。到會的大多數青年作家都對鄧小平表示不滿，對你們表示了同情和敬意。現在畢竟不是文革時代了，過去是愈批愈臭，現在是愈批愈香，不過，經歷過文革的人心有餘悸，不敢公開站出來表態罷了。」

王若望臉上的陰翳頓時散去，「是的，你說得對，我理解他們，也不會計較，再說，不少素昧平生的市民來看我，我已經感激不盡了。」他從籐椅上站起來，走近窗口，指著地上的幾盆鮮花，「小陸，你看！這些花都是他們送我的！」

小陸望過去，朝南的窗下一邊是一盆文竹，翠嫩的葉子繞著繩子沿窗櫺往上爬，牽牽攀攀直抵窗頂；窗下的另一邊排著幾盆各色鮮花。

「一朵花就是一顆民心，帶著無聲的關愛和支持，看著這些花，我就不會覺得寂寞和孤單。無論是國民黨還是共產黨時代，我都在為勞苦大眾奮鬥，如今我寫文章批判現實，也是為民請命，能得到老百姓的理解，就是對我的最大的獎賞。」

陽光下，王若望的滿頭銀髮絲絲嶄亮，在綠色的文竹烘托下格外分明。小陸看著王若望說，「你拋棄優越的地位，自願成為『不同政見者』，是文人中的異數。你的價值與其說在文化圈中，不如說在普通民眾中。你是民眾的代言人。這也是鄧小平打壓你的原因。」

一老一少聊了一上午，小陸臨走時說，「王老，你要頂住，不要介意各種壓力，真理在你一邊，老百姓是你的堅強後盾。」

王若望哈哈笑開了，「你放心，我是戰爭年代過來的人，前線後方，幾度生死，再加國民黨共產黨的牢，幾進幾出，多少大禍小殃都過來了，今年這道坎哪能嚇退我？鄧小平有『四項基本原則』作緊箍咒，殺威棒，我有與之抗衡的四項基本對策，一是堅持鍛煉身體，二是每天讀書讀報，三是仍然安心寫作，四是保持心境開朗。」

這「四項對策」既是王若望的自律自勉，也是讓關注他的朋友放心的說辭。但以他那樣的景況，真正做到有點勉為其難。就說保持心境開朗，在自己的事上他可以心胸開闊放一邊，但看到他人受自己牽連就難以隱忍了。

寫字臺上有兩本雜誌就讓他看了不安。一本是廣州婦聯辦的《家庭》，一九八六年第八期刊登了羊子的一篇文章〈我的難題——我的老鄉王若望〉，講述夫妻和諧相處之道，不具任何政治色彩。不想，王若望挨批後，雜誌的記者和總編竟被迫為這篇文章寫檢查。

另一本是南京的文學雜誌《青春》，一九八七年第一期刊登了王若望的一篇文章，題目叫〈我身上的科學細胞〉，也不涉及政治話題。本來印刷廠已經印好準備發行了，但王若望被開除出黨的消息一公佈，上面趕緊通知收回雜誌，再花錢重印，前後損失四、五萬塊錢。為了封堵王若望的大名，這點損失不在話下。為了留作紀念，王若望通過編輯幾經周折，才從漏網的雜誌中覓得一冊。

前不久，上海《勞動報》的副主編也被撤職，因為他在一九八六年底發表了王若望一篇報導好人好事的文章，再加王若望的通訊錄上有這位副主編的姓名。

上海《康復》雜誌請王若望講養生之道，還給他拍了照片，也不能刊登。

最冤的是有幾家刊物為盈利發表他幾年前舊作，內容跟時局毫無關聯，但王若望「出事」後編輯被迫寫檢查，實在不知從何檢查起。上面說，就檢討當初為啥「趕熱鬧」吧。弄成了反自由化運動的笑料。

還有一件事也令人啼笑皆非。上海一家個體戶三黃雞店鋪為招攬生意，請王若望題詞。王若望怡然命筆，寫了「聞雞起舞」四個大字，小老闆如獲至寶地配上鏡框懸掛店堂。不料，生意好了沒幾天就趕上王若望落難，殃及池魚改成了殃及三黃雞，小老闆的招牌被砸店鋪遭封，雞飛蛋打一場空，足可載入「新中國」文字獄的奇聞錄。

二、無所畏懼的筆戰

在四面八方湧來的壓力下，國內報刊不可能再發表王若望的文章，對一個作家來說，沒有比噤聲更苦痛的事了。王若望決定衝破羅網，跨越禁區，國內發不了，就去海外表達見解，因不再受黨紀束縛，他開始用真名實姓，而且言論更勇猛更率真。

一九八七年春節前，王若望接受一位香港記者上門採訪，他毫無畏忌地暢談，繼續磊落地表達他的一貫思想，強調反自由化運動沒能改變他的理念，反而更堅定了他傳揚自由化的信念。他向記者分析國內形勢，再次重申自己的觀點，（一）目前國家最需要的是西化而不是文革化；（二）沒有資產階級自由化，中國就不能擺脫封閉愚昧的狀態；（三）反自由化的風颳得這麼快，實施民主為什麼這麼慢？（四）搞所謂「精神文明」運動，本身就是反精神文明。

四月中旬的一天下午，王若望騎自行車去圖書館，回來時在弄堂口碰上兩個里委幹部，她們一見他就快速交換眼色，然後目光一直追著他的背影竊竊私議。王若望覺得有點蹊蹺，不無疑惑地一步一步走回家。

王若望用鑰匙開門時，保姆俞阿姨迎上來，「王先生，吃累了吧？」俞阿姨說著接過王若望手上的提包，裏面裝著他借來的書。

王若望說，「騎這點路不吃累。」

唐阿姨的線人身分暴露後，王若望就辭退了她，這次接受教訓，不再通過里委介紹，上個月託可靠的朋友找來這位俞阿姨。

俞阿姨給茶杯裏添了點熱水，「王先生，喝點茶歇歇。」她把茶捧給王若望時地噢了聲，「王先生……」

王若望這才注意到俞阿姨的表情，疑問道，「你有事要跟我說？」

「不知怎麼說……」俞阿姨欲言又止地說，「王先生，你要當心啊！」

王若望說，「俞阿姨，到底發生了啥事，你儘管說，不用怕，也不要為我擔心，沒事的！」

俞阿姨這才解釋，剛才委幹部把她叫到里委會，支部書記要求俞阿姨暗中監視王若望，及時向里委和派出所彙報情況，俞阿姨覺得王若望是個好人，不作興做這種事暗算他，硬是不從。支部書記威嚇她，要沒收她的身分證，她說，「我是保姆，又不識字，也不去其他地方，沒有身分證有啥關係？」支部書記拿她也沒辦法，只得恨恨地訓斥她，「你沒有唐阿姨聽話，我們要她做啥就做啥，王若望給了你啥好處？那麼死心眼跟他走！」俞阿姨說，「我是本分人，憑勞動吃飯，做不來歪事。」

公安先低劣地鼓搗唐阿姨做線人，現在又來收買俞阿姨，幸好俞阿姨是能辨善惡的好人，不然，王若望又要過二十四小時受人監視的生活。難怪剛才兩個里委幹部在他背後點點戳戳。

王若望覺得有點異樣，他最近沒做啥出格活動，為啥對他加強防範？

次日上午，王若望伏案寫累了，點上一支煙走到窗前稍歇，突兀發現對面樓裏的窗口多出一樣東西，仔細看好像是一架攝像機，凸出的鏡頭似火銃正對著他。這次確鑿無疑，公安對他的監視升級了，到底發生了啥事？

到月底，有人從香港輾轉帶來一本雜誌，是第四期中文版《PLAY BOY》，王若望看了才知事出有因。雜誌上有一篇文章「逐出黨門後的王若望」，是那位春節前採訪他的香港記者寫的，關於王若望的消息被捅到了海外，引起了中共當局的緊張，現在加強監控，是阻止王若望再和海外接觸。

王若望覺得十分可笑，公安如此費盡心機防範他，是殺雞用牛刀了。實際上，他們做的是無用功。他的武器是手上的一支筆，他的陣地是一張寫字臺，他不必「出格」仍然可以戰鬥，公安能拿他怎麼樣？還不是防不勝防！

想用監視阻嚇他去海外發表文章，只會激起他回擊的勇氣。

其時，「逆反」已是中國人的普遍心理，是「五人幫」的謊言教會民眾的，如今成了民眾對抗中共的無聲利器。這次「反自由化運動」引起的反應尤為明顯，被迫辭職的胡耀邦得到深切的同情和擁戴，被開除出黨的王若望成了英雄，而鄧小平的英名從此不再。

王若望出黨後收到各種慰問，許多人還不懼風險上門送鮮花，這在過去是不可想像的。面對人心向背的輿情人意，中共既怕又恨，卻不思反省，反而繼續與民意為敵，再祭出老一套手法給民眾洗腦，墨魚吐汁似地抹黑大眾的「逆反心理」。

三月十二日《光明日報》發了一篇〈論逆反心理〉，文論看似氣壯如牛，但作者只敢膽小如鼠的用了一個「梁華」的化名。

〈論逆反心理〉的作者無可奈何地哀吟，在反自由化的運動中，「我們愈宣傳強調正確的東西，有人越表示厭煩和反感；我們愈批評錯誤思想和言論，有人就表示同情和支持。」「在今天，對正面宣傳四項基本原則，對嚴肅批評自由化思想表示厭煩、反感，乃至愈宣傳愈不聽，愈批評愈歡迎，這樣一種不分青紅皂白，不講是非標準的所謂『逆反心理』顯然是一種很不正常的現象，一定要認真扭轉。」

此文給王若望出了一個闡述「逆反心理」的題目，他為此寫了一篇〈論中國人的「心防」——評梁華的〈論逆反心理〉〉。文章指出：

……中共反覆批「逆反心理」，無意間洩漏了一項機密，即人民普遍對中共政治運動的反感與抵制。面對如此現狀，中共保守派不思悔改一意孤行，以民眾的「逆反心理」自圓其說，把自由化反不下去的責任歸咎於民眾，責難公眾發生了心理變態，以此為自己的不得人心尋找解脫，也給心存疑慮生怕搖錯旗喊錯口號的人壯膽。

……為什麼從一九八七年第一天起，人們就大呼，「寒潮來了」，「萬馬齊喑了」呢？因為一九八七年初，中共以破壞安定團結為藉口，鎮壓遍及全國大城市的學潮，採用的正是林彪，四人幫的一套做法。

……這次反自由化與過去也有相異之處，就是，過去歷史上的整人運動，還印有「毒草」原文和放映毒草電影給大家看，這一回只是摘錄挨整人講話的片言隻語，這種「節約」非但不說明中共當局的進步，恰恰相反，這是由於目前的領導人比當年的毛澤東更虛弱，更無信心。這種「區別」反映了無形卻強大的「心防」存在。

香港半月刊《百姓》準備出〈王若望特輯〉，王若望又寫了三篇文章託付朋友把稿件帶往廣州。因進出王家的人都被眼目監視，朋友在上海機場就受到盯梢，到廣州後無法同港人聯絡，稿件最後又回到了王老手中，幾經周折才送出去。

三、不屈的「橫豎橫」精神

惱人的黃梅季節來了，粘濕凝滯的空氣開始憋人。

一天晚上，有兩個人踏著昏暗的路燈光走向王若望家。儘管天氣還沒熱到乘涼的地步，他們進弄堂去王家的途上，卻見兩三個「老阿姨」「老阿伯」樣的人物坐在椅子上「乘風涼」。老阿姨老阿伯警惕地審察他倆，還咬著耳朵用眼睛追著他們的背影進樓門。

來人是香港雜誌的記者，他們來採訪出黨後的王若望。

在這樣的敏感時期，又處在如此嚴密的監視下，對門窗戶還有攝像機監控，記者探問王若望是否願意接受採訪，王若望爽快地對來客說，「你們不必介意，儘管按你們的計畫做，作為一個公民，我為國家前途的擔憂，骨鯁在喉，不吐不快。文革時期我在監獄蹲了近四年，吃過野蠻殘酷的法西斯的苦頭，還看著同室幾位年老體弱者受不住迫害死去，有一位是躺在我懷裏斷氣的，我傷心極了。我向死者發誓，有朝一日我能活著出去，一定用我的餘生，代那些過早死去的人傾訴一肚子冤屈，我活一天就要為他們講一天。何況我也快要死了，還有什麼可怕的？」

王若望蹈節死義的氣骨打消了記者的顧慮。

採訪在王若望的書房兼會客室進行。

記者注意到，房間只有十幾平方米大，一張大寫字臺和幾個書架占了不少地方，使房間有點擁擠，寫字臺上鋪滿了文件、報章及參考書籍。一盞粉紅色的小日光臺燈照著臺面，投射到坐在桌前的王若望臉上，照得他神采煥然。儘管銀髮揖揖，在記者眼中根本不見古稀人的老態。

記者詢問王若望，開除他黨籍的真正原因是什麼？

王若望說，就是算他一九七九年以來的老帳。自一九七九年起，他反思一九四九年以後、尤其是文革的災難，挖掘造成國家政治落後、經濟倒退、人民貧困的問題，根源就是黨領導的錯誤，特別是毛澤東及他確立的一黨專制的錯誤。這就戳到了極左派的痛處，打中了他們的要害，他們把王若望看成眼中釘肉中刺。

房間裏有著黃梅天特有的燠熱，王若望穿著長袖白襯衫，亢奮地講著，不知不覺身上出了細汗。不遠處有一台台扇，外罩一隻漂亮花布套子，習慣節儉的王若望為了省電不捨得開，就順手拿起插在書報架上一把蒲扇。

王若望搖了幾下扇子，又用扇子做了一個跳躍的動作說，「我一直宣講，中國的社會主義跳過資本主義階段，違反了馬克思主義的社會發展規律，需要『補課』，就是採取資本主義的生產方式，鄧小平就此給我戴了一頂『資產階級自由化的老祖宗』的帽子。」

記者問王若望，這次變故是否改變了他的觀點？王若望揮扇用力一劈，彷彿揮刀猛砍，高昂地說，「這點壓力就想改變我的主張，辦不到。」洪亮的聲音，抖擻的精神，令記者看到諤諤一士的可敬風貌。

七月中旬的一天，市公安局的小車一大早就來了，他們把王若望帶到局裏談話，王若望不知又違反了那條法，反正他沒按公安的要求收斂自己，有的是把柄給他們抓。

公安詢問了他最近的情況，婉轉警告他不要再為海外報刊寫文章。王若望這才想到，已是《百姓》上市日，上面肯定看到〈王若望特輯〉了。他心裏高興，毫不示弱地提醒公安，他不是黨員，但仍是一個公民，一個人民的作者，有寫作的權利和自由，他不因別人叫他寫就寫，也不因別人不讓他寫就不寫，更不能阻止他向海外報刊投稿！

雜誌的出版惹惱了中宣部的「左王」，有人暗示上海市委將懲處王若望。有好心人擔心王若望的處境，責怪《百姓》用刺目的「王若望特輯」作標題，為他惹來麻煩。王若望卻滿不在乎地說，「這樣不是很好嘛，我王若望說真話，講的是事實，我沒啥可怕的，還要感謝《百姓》呢！大不了再坐牢，還能把我怎麼樣？為講真話坐牢，是光榮的。」

王若望擲地有聲地話語，掃去了勸說者的憂慮。

九月初，風聲更緊，王若望從司法系統獲悉，上面可能以「造謠誣衊及煽動攻擊」等罪名起訴他，司法界的一位朋友勸他避風頭暫離上海，王若望考慮再三接受了朋友的建議。

朋友介紹王若望去找老友海甯水文站金站長。時值中秋，王若望正好以觀潮為名去海寧鹽官鎮小住，在那裏安心寫自傳《自我感覺良好》。

金站長是一位俠義之士，聽了朋友的介紹十分讚服王若望。他為王若望準備了一個舒適的看書寫作的環境，使王若望在那裏安心住了二十多日。幸虧趙紫陽及時中斷了反自由化運動，追加處罰王若望的事不了了之，王若望才離開鹽官。

王若望前腳走，上海市公安局連同浙江公安廳進駐鹽官查探。他們審訊金站長等邀請過王若望的人，追問是誰安排王若望來海寧？他為啥來海寧？他在這裏幹了些啥？寧靜的古鎮驟然弄出一場「階級鬥爭」，金站長為此被革職。

一九八七年十一月，在美國的中國民主教育基金會選出王若望為當年的傑出民主人士，基金會董事長黃雨川與王若望聯繫，商量請他赴美國領獎的事宜。王若望向上海作協及市委宣傳部提出書面申請，要求批准他出國領獎。宣傳部的一名副部長登門通知他，「不予考慮。」組織的刁難壓不服王若望，卻越發增加了他沒有人身自由的現實感受，使他認清這個制度的腐朽和殘忍，激起他更強烈的反抗專制的決心。

十月份，王若望的一位年輕朋友去美國，這位朋友也是參與民運的活躍分子。這些年來，上海熱心民運的人士暗中和王若望聯繫，王若望是一面不張掛的旗子，上海的民運和人權鬥士都團結在王若望的身邊。

當時，在美留學生已建立一個民運組織「中國民主團結聯盟」，還辦了一份民運刊物《中國之春》。王若望請朋友帶信函給他們。他在信函中表明自己的心蹟，一、堅持反對中共專制追求自由民主的政治立場；二、認同《中國之春》和中國民聯在重大政治問題上的觀點；三、上海民運和人權活動與《中國之春》建立常規性的聯繫，彼此確立溝通合作關係。

此前，上海的民運人士和民聯私下已有聯繫，王若望出面加入，使兩者的合作有了進一步的發展。

中秋過後，天氣開始微涼。當局不讓王若望出國領獎，他就繼續安心寫作，每天堅持練習書法。

一天下午，王若望按時去住在一樓的周女士家。

周女士是書法家，王若望今年初開始跟她學書法。她的書法不尊法帖自成一體，這一條正合王若望的個性，就請她當老師，學習不拘一格盡興發揮的書法。

按周女士的指點，王若望像小學生樣學起來，在一撇一捺上下功夫，從「人、刀、尺、日、月」等簡單的漢字寫起。王若望看書寫作累了，就用羊毫在舊報紙上練字，上午一個小時，下午一個小時，每週一次拿著作業請周女士指導。

這天，王若望第一次用宣紙寫字，一連寫了好幾張，最後挑了最滿意的一幅請周女士鑒定。進周家後，王若望不及入座就展開手上的字幅，像小學生期待老師認可，「周老師，我今天試寫了一張字幅，你看看合格不合格？」

周女士往後退了一步，正了正自己的眼鏡，說，「不錯，基本合格了。」說完讀起了字幅上的內容，「殘年風中燭，幾回吹未滅，燃盡有限身，照徹長夜黑。」周女士瞭解王若望，短詩的內容一目了然，正是王若望目下景況的寫照，她繞過這話題笑道，「你的條幅像模像樣了，還具名『自由居士』，好個『自由居士』，這是你的號？」

王若望呵呵笑道，「是的。」

周女士指著角上觸目的鮮紅鈐印，把臉湊近字幅說，「你還弄了個圖章，上面的字我認不太出？」

王若望輕鬆地答道，「這是我的別名『橫豎橫』！」

周女士忍不住大笑起來，「王先生，你真是『橫豎橫』啊！」笑完饒有興趣地問，「王先生，說起你這個雅號聞名上海灘，我早就聽說了，不知誰給你起的？」

王若望說，「說起這個雅號的來歷，要歸功於文革了！文革初期，造反派都有孫悟空的本領，可隨便把人變成牛，我也沒逃脫，被關進牛棚。每天上班幹掃廁所之類的雜活，負責監督的造反派嫌我做的不乾淨，我就犟頭倔腦地頂撞。造反派就責問我『王若望！你是不是橫豎橫了？』我就藉機發洩『我就是橫豎橫（王若望）』，這三個字在上海話中混淆不清，從此，『橫豎橫』成了我的別名在牛棚裏傳開了。」

周女士被王若望的妙言逗樂了。

一九八八年初冬的一個下午，街上抹了一層融融的陽光，王若望穿了件對襟棉襖騎車去單位。他在會計處領了工資，又去資料室借書。他推門進去，見幾個同事正在寫橫幅，為市作協召開的一個作品研討會做準備。

見到王若望，同事們熱情地噓寒問暖，問他賦閑在家做啥？聽王若望說在練書法，就打攛鼓兒請他露一手。王若望也不謙讓揮毫寫起來，大家一致讚好，還紛紛請他賜墨。他知道自己不夠書法家的資格，同事們是抬舉他，是對他遭受不平的慰藉。他就有求必應地寫字贈給同事。

這時老同事陳家驊也進來了，王若望對他說，「你來得正好，今天湊巧為大家寫字，也給你寫一張。於是，王若望把自己出黨後寫的一首詩抄錄下來——

平生不苟合，何敢效狂人；
臨江懷謫客，無官一身輕。

陳家驊舉起條幅看著，心裏嘖嘖稱讚，好個「平生不苟合！」好個「無官一身輕！」這就是曠達不憚的王若望，他和王若望共事幾十年，最瞭解王若望的個性和處世原則，短短二十個字道出了王若望的心聲，展示了他寵辱不驚的大將風範。

四、志同道合的來客

儘管許多熟悉和不熟悉的人惦念著王若望，和他情感相通心心相連，但政治高壓和他所處的受監視環境，使大多數人有心無膽不敢輕易上門。

王若望卻不改豁朗心情，他覺得眼下的境況比坐牢強多了。偶爾有朋友上門，他不亦樂乎，沒人上門他也自得其樂，抓緊時間讀書寫作練書法。儘管他閉門修煉，但關注社會的熱情不減絲毫，依然靈通各種變革信息。

一九八八年夏天，王元化負責創辦《新啟蒙》雜誌。雜誌編委都是鼓吹「自由化」的學者和專家，包括著名理論家王若水。《新啟蒙》出刊前在上海開籌備會，王若水從北京來上海，王若望聞訊前去賓館會王若水。

聽說王若望來了，不少與會者擠進王若水的房間來湊熱鬧。

王若望和王若水握手時笑著說，「人家都以為我們是兄弟倆，其實我們今天才第一次見面。」

王若水微笑道，「大家沒說錯，儘管你出生在江蘇，我出生在江西，但五百年前我們肯定是一家。」

王若望戲言道，「五百年太遠了，就在今天，我們不是難兄難弟麼？」

王若水應和道，「我是搞理論研究的，難免『陽春白雪』，王若望有一副好口才，把枯燥理論轉化成通俗演講，向『下里巴人』宣傳普及；我們雖沒簽定合約，但卻有鍾期會伯牙之妙。」

兩人一遞一句的詼諧對答，既是彼此寒暄，又是向其他人自我介紹，在座的聽了忍不住笑起來，誰都明白他們這些話的意思。

不知就裏的人誤認他們是兄弟，不僅他們的名字只差一字，近十年來，他們的名字經常被放在一起。他們一個在文學界，一個在思想界，但不約而同地從事同樣的工作——反思文革，啟蒙大眾。

一九八〇年代初，王若望在講演中痛斥毛澤東時，王若水和周揚一起，在理論思想界提出「人道主義和異化問題」，批判毛澤東的錯誤和個人崇拜，指出公僕變主人等社會主義的異化現象，王若水因此在「清除精神污染」和「反自由化」運動中挨批。

去年，王若望因斗膽忤逆龍顏被開除黨籍，不久，王若水也被組織勸退出黨。

這次，王若水出任《新啟蒙》編委，繼續參與時代急需的啟蒙工作。他向王若望介紹了《新啟蒙》宗旨，就是不屈服於權勢，不媚時阿世，發表既嚴肅又有創見的論文，在推動理論研究的同時，從文化高度探討社會現實問題。其中隱含的主題是「以前的啟蒙反對的是封建主義，現在的啟蒙反對的是披著社會主義外衣的封建主義。」

王若望聽了很高興，「反自由化」後文化思想界趨於沉寂，如今許多同道重振旗鼓繼續努力，他雖然沒參與，卻樂見同仁們成功，願《新啟蒙》成為推動自由民主的宣講台。

兩位「自由化分子」自由歡談了近兩個小時，度過了一個愉快的晚上。

十月二十二是星期天，那天羊子休息在家。

下午，一輛小汽車開進弄堂，車上坐著上海市作協主席茹志娟，她親自上門「拜訪」王若望。碰巧王若望出門了。羊子大感意外，王若望出黨後，第一次有高官來訪。

茹主席坐定後對羊子說，「有一件事，請你無論如何幫個忙。」

羊子覺得奇怪，王若望「下野」了，茹志娟是在臺上的上司，怎麼倒過來要我們幫忙？不解地問，幫啥忙？

茹志娟這才說出事情的原委。原來臺灣作家柏楊來上海，他通過市作協求見王若望，茹志娟撒謊說王若望出差去了。茹志娟請王若望和羊子配合，萬一柏楊打電話來，就圓謊說王若望不在上海。

羊子說，「萬一柏楊問，不在上海，到哪裡去了？」

茹志娟教唆道，「就說他出差去了。」

「我可以這樣做，問題是我又不認識柏楊，電話上怎麼分辨出他的聲音？」

茹志娟沉吟著說，「也是的，不過你可以先問他是誰？你一定要幫我這個忙！」

羊子為難道，「他來電話我可以這樣做，如果他上門來呢？」

茹主席「唉」了一下說，「這一點倒沒有想到！』靜默了一會才說，「這樣好了，如果他找上門，你就告訴他說王若望剛剛出差回來。」

王若望知道茹志娟防堵柏楊的事後，生怕羊子有誤，特意關照說，「萬一柏楊找到我們，打電話過來，你千萬不能回絕人家。人家從臺灣趕來，特地登門拜訪，就是從道義上支持我們，我們不能因怕事而拒絕人家，那樣做，我們不是太沒骨氣了？也太讓柏楊失望了？」

王若望對茹志娟的做法很氣惱，「堂堂作家協會主席，你不敢站出來支持我王若望也就罷了，竟然還在背後搞這樣的小動作，我想這種小計謀根本瞞不了柏楊，只會讓他恥笑。」

王若望和柏楊未曾謀面，卻一直「心有靈犀」地在神交，雖然陰錯陽差，兩人從相反的道路走來，但最後殊途同歸。

王若望一九三七年參加共產黨，反對國民黨統治，一九五七年因寫雜文走上反對共產黨專制的不歸路，為此遭受牢獄之災。柏楊比王若望小一歲，他一九三八年加入國民黨，一九四六年與友人在瀋陽創立反共報紙《大東日報》，一九四九年隨國民黨退守臺灣，一九六〇年起寫雜文批判國民黨的專制，一九六七年在翻譯美國連環畫時，因將「Fellows」（夥伴們）翻譯為「全國軍民同胞們」，被以「共產黨間諜」及「打擊國家領導中心」的罪名判處十二年徒刑。

近年，柏楊雖身在臺灣，跟大陸卻沒少「糾紛」，也是大陸「反自由化」的一個焦點。一九八五年，柏楊的《醜陋的中國人》在大陸出版，此書深刻揭示了華人性格和集體文化的缺陷，批判了中國人醜陋的國民性。那幾年，從普通百姓到作家學者，人人爭說《醜陋的中國人》。一九八六年底中國學運爆發後，中共遷怒柏楊的《醜陋的中國人》，全面禁售此書。

次日早上，王若望從書櫥裏拿出《醜陋的中國人》，他要再瀏覽一遍。王若望贊同柏楊繼承魯迅精神，辛辣剖析和自審我們民族的缺陷，但不完全同意柏楊的觀點。柏楊在反思中國人的國民性時，過多地責備人民，王若望卻認為中國的問題出在專制制度，應歸咎於毛澤東和鄧小平那樣的獨裁領導人。

王若望剛翻了幾頁《醜陋的中國人》，電話鈴聲響了，他拿起電話聽到一個熟悉的聲音，「王老，是我，今晚有一位客人來拜訪你，請你不要出門。」王若望知道，柏楊通過朋友找到了他，立即說，「謝謝你，我一定等他！」

王若望立即打電話給羊子，說家裏有客來，讓她請假提早下班。

傍晚，柏楊和妻子張香華坐著計程車上門，還帶來一位日本朋友迫田勝敏，迫田勝敏是《東京新聞》駐上海記者，大約四十多歲的年紀，因為事先約好了，彼此都不感到突兀。

柏楊向迫田勝敏介紹王若望，「我們兩人有很多的相同點，我從小加入國民黨而被國民黨開除黨籍，他從小加入共產黨而被共產黨開除黨籍。他比我大一歲，羊子比香華也大一歲。我們都因說良心話犯下滔天大罪，不同的是，我現在解放了，他還在受難中。」

羊子請客人在一排沙發上坐下，然後為客人斟上茶。

柏楊挨著王若望坐著，未開口先感歎，「唉，找你們找得好苦，今天再不見面，明天我就回臺灣了。」

然後，他就說起了尋找王若望的過程。

柏楊二十日到上海，此行的目的是商討在大陸設立文學獎的事，順帶看望被中共除名的王若望。

柏楊抵達上海的翌日，上海作協為他舉辦了座談會，會後他向茹志鵑提出，作協能否安排他拜訪王若望先生？茹志鵑說，「當然可以！可惜，他不在上海。」柏楊問，「到什麼地方去了？」茹志娟說，「他回山東老家了！」柏楊十分惋惜地說，「非常抱歉，我沒有辦法去山東。」

深刻洞悉中國人性的柏楊，更瞭解共產黨德性，他不相信茹志鵑的話。回錦江飯店後，柏楊打電話給《百姓》總編胡菊人，詢問王若望家的電話，胡菊人說不知道王家的住址和電話，但他認識一位駐上海的日本記者。最終，通過日本記者的朋友幫忙，柏楊才聯繫上王若望。

王若望說，「原來如此，難怪茹志娟昨天來我家打招呼。」

羊子敘述了經過，提到茹志娟讓她撒謊說王若望出差，王若望大聲對柏楊說，「柏楊先生，我剛剛出差回來！」

苦澀的中國式諷刺小品讓在座眾人苦澀地哈哈大笑。

柏楊不解道，「她對我說你回山東老家了！怎麼又忘了？這就是代表官方的作協主席？為什麼要做出這種事！」他猛然意識到迫田勝敏在一邊靜靜傾聽。什麼都瞞不過這位日本中國通，便轉過頭，滿面愧怍地對他說，「迫田先生，十分抱歉，這就是我們中國人的醜陋面，把說謊當成美德。不但自己說謊，還要求別人說謊！」迫田勝敏沒回話，好像偷聽了別人的私房話，歉意地躬身點頭。

王若望轉過話頭關切地詢問柏楊，想辦的事辦好了沒有？

柏楊歎息道，「這次我總算領教了，在大陸辦一件好事有多麼難？我是『剃頭擔子一頭熱』，有點自作多情了。」

柏楊準備出資十萬美金再加他在大陸的版稅設立一個文學獎，事先作家聶華苓已經和茹志娟商議好了，所以，柏楊興沖沖地來上海。

柏楊始料不及的是，在自由世界一個小時可以辦妥的事，在大陸卻是百般煩難。柏楊在上海僅滯留四天，茹志娟周密安排他的行程，只請他參加一個小說座談會，卻安排他參觀幾個無關的工廠，還有一位年輕作家隨同，使他基本上處於隔離狀態。自茹志娟謊說王若望不在上海後，柏楊就辭退了這位「嚮導」。至於設立文學獎的事，柏楊再三催促，茹志娟不予回應，反而建議他把這筆錢用來贊助上海作家，令他難以理喻。

事後，柏楊才知道，上海作協把他當敏感人物接待，所以，柏楊到上海的當天，記者們一擁而上，但次日的報紙沒報導一個字。他不解地詢問這事，得到的回答是，「相關新聞要到二十五日（也就是他離開上海後）一齊發。」他出資設立的文學獎好事多磨，也與他的敏感身分有關，大概是沒法命名，儘管柏楊宣佈不以他的名字設獎。

張香華與在大陸的哥嫂四十年沒見面了，這次哥嫂特地從外地趕到上海相見。奇怪的是，茹志娟不允許他們與柏楊和張香華同坐轎車，讓他們自己去找柏楊下榻的錦江飯店。

來王若望家前的下午還發生了一件怪事。柏楊在上海結識的一位復旦大學教授，安排他一點半去復旦參加一個座談會，說好復旦派車來接，可惜等到三點還沒人來。柏楊以為對方搞錯了日期，打電話去詢問，復旦方面更惱火。原來就在復旦的車子準備出門接柏楊時接到茹志娟的電話，茹志娟說柏楊以為今天沒活動，其實我們早為他安排好了，他在上海的日程排滿了。最離譜的是，茹志娟最後說，「這是柏楊先生叫我傳話，他們夫婦就坐在我身邊。」

這真是一部《醜陋的中國人》的活報劇。

柏楊唏噓到，「多麼可怕，我到現在還沒想通，茹志娟怎麼知道我堅持要找王若望，又怎麼知道復旦大學有這樣一個座談會？儘管臺灣解嚴前也有過這種現象，但大陸的現狀還是超過我的想像。」吃過國民黨專制之苦的柏楊，這次領教了共產黨組織的神通和共產黨專制的威力，對王若望的處境更加感同身受。

王若望和柏楊相談甚歡，次日，王若望寫了詩〈贈柏楊〉記此事：

十年隔海共文羅，今古清流禍自多；
一夕燈窗如舊識，古稀豪氣豈多磨。

寂寞蝸居來足音，慕名久念伯牙琴；
欲逢恰比蓬山遠，幸得一葦渡險津。

短短一首小詩，感喟悲涼，道盡王若望和柏楊為代表的中國知識分子的窘厄命運。

如果中國還不至於滅亡，則已往的史實示教過我們，將來的事便要大出於屠殺者的意料之外——這不是一件事的結束，是一件事的開頭。

——魯迅〈無花的薔薇之二〉

第四章　白髮在血色中傲立

一、山雨欲來風滿樓

一九八九年來了。

每個大事件的發生都有先兆，只是在大事件來臨前很難確認，直如大地震前頻發的振動，一波又一波的襲擊，從一年前就開始了。

一九八八年六月，中央電視臺播放電視片《河殤》，立即引起一場激烈的爭論，有人撰寫批判文章，指責《河殤》全盤否定中國傳統文化。王若望很關注這場討論，他連看了兩遍《河殤》。一次，他看完報紙上的有關評論，摘下老花眼鏡，用手指彈了彈報紙對羊子說，「你看寫這些批判文章的人，根本沒看懂《河殤》，就是批判也沒批到點子上。他們不知道，《河殤》作者是拿黃河作象徵，通過反思中國傳統歷史文化，用黃河寓意中國的愚朽勢力，言下之意就是中國要政治改革，首先得衝破頑固保守派的阻力，引進西方（就是藍色海洋文明）的自由民主制度。」

王若望讚道，「長江黃河不會講話，把它作為反面人物，它也不會出來打倒你，這正是作家的聰明之處！」

不過，中央台上映《河殤》，透出一個信息，說明中央有接受新觀念新思潮的誠意，有推進政治改革的願望。王若望隱約感到這件事跟趙紫陽有關，他繼任總書記後採取的一系列措施比較開明，撤銷鄧力群負責的書記處研究室最讓人叫好，那是極左派把持的堡壘。端了保守派掌控的老巢，削弱了反改革的勢力，也防止了「反自由化」的擴大，降低了運動造成的負面影響。

王若望也從中獲益，一九八八年七月份，當局撤銷了對他的「監視」，公安局歸還了上年抄走的東西。十一月份，他還參加了第五次文代會，因代表早在一九八五年由各文藝協會選出，表明組織上沒剝奪他參會的權利。

王若望明白，在中國這樣一個人治社會，一切取決於領導的思想和水準，有銳意改革的胡耀邦在，社會就走向開明開放，有通情達理的趙紫陽在，「反自由化運動」最終沒持續下去。

然而，鬆動不過是鬆動，離真正的自由還遠得很。

一九八八年底，哥倫比亞大學邀請王若望去講學。一九八九年一月，王若望的申請獲得了上海作協的認可，但市外事辦公室和市公安局相互推諉，外事辦告知王若望，以個人名義出訪，應由公安局按私訪辦理護照；公安局辯稱，王若望的申請文件係公務人員專用，公安局礙難處理。王若望提出申訴，「出國是公民的基本人權，公安局無權任意剝奪。」但官方不予理會。

因早有預料，王若望聽其自然，他有更多的事要關心。

進入一九八九年後，北京就像火山爆發前的深處岩漿，各種事態在加熱湧動。他每天從美國之音聽取消息，對許多重大的事件還進行詳細記錄分析。

一月六日，方勵之致函鄧小平，要求「值建國四十周年和『五四』運動七十周年之際在全國實行大赦，釋放魏京生及所有類似的政治犯」。二月十三日，詩人北島策劃牽頭，吳祖光、冰心、張潔、張岱年、蕭乾、李澤厚等三十三人簽名連署，致函全國人大和中共中央，贊同和呼應方勵之的公開信。二月二十六日，許良英發起首都科教界人士致中央領導公開信，呼籲加速政治體制改革，錢臨照、王淦昌、施維嵐、葉篤正等四十二人參加簽名。

王若望在筆記上寫道，「方勵之沒有被開除黨籍嚇到，繼續挑戰鄧小平的權威，北京文化藝術界和教育科技界的著名人士也跟上來了，政治改革已經成為大家的共識，對中央形成了巨大的壓力。不過，從鄧小平的行事風格看，他不會輕易接受知識分子的忠告。當年，因他主導了反右，就不願徹底平反，他親自下令重判魏京生，怎肯輕易放人，被他開除黨籍的方勵之提出呼籲，他更不會屈尊俯就了。不過，對於鄧小平這樣的獨裁者，就是要捋捋他的龍鬚，摸摸他的老虎屁股……。」

一月二十八日，有社會影響的一批知識分子聚首北京「都樂書屋」，組織發起「新啟蒙沙龍」，蘇紹智、王若水、李洪林、金觀濤、張顯揚、包尊信、胡績偉、李銳等一百多人與會。方勵之到會即興發言說，「和共產黨鬥，我們應該採取各種方式進行，過去我想到在黨內鬥，就在科技大學鼓勵大家入黨，看來這種方式不行。現在我們要從黨外、體制外進行鬥爭，要有更多的實際行動。」

王若望聽到這條新聞大感振奮，黨內主張改革的著名人士也站出來了，他們公開呼籲政治改革，可為黨內的改革派造勢。

當然，頑固派絕不肯輕易就範，到訪中國的美國總統布希舉行答謝宴會，邀請方勵之夫婦出席，但夫婦倆一踏出家門就被警察攔截，一直被扣押到宴會結束，在中美間引發了一場外交風波。《世界日報》就此事電話採訪王若望，他說，「中央做出這種事，完全不顧最基本外交禮儀，作為中國人我感到羞恥。不過，這也讓布希先生親眼看到北京警察違反人權的現狀。」

北大三角地有一個很活躍的「民主沙龍」，由學生自發組織定期聚會。四月份，學生提出建立「團結學生會」的議題，公開表示要學習波蘭團結工會，領導學生開展校園民主運動，爭取廢除現有的北大學生會，成立「北大團結學生會籌委會」。

接踵而至的新動向，是進一步推動改革的催化劑，王若望看到熹微的曙光再現中國大地，明朗的春天又回到人間。他輕鬆愉快地記著這些大事，心中的暗影漸漸散去，只要有朋友上門，他就宣講這些報紙上禁刊的內容，他滿懷信心認為，中央放任這些事件發生，並且能廣為轉播，表明他們面對現實，有意讓人們透些自由的空氣。但願北京宣導政改的東風吹遍全國，在北京萌芽的民主種子催開神州的鮮花，由此啟動一場偉大的歷史性變革，王若望急切地等待著。

二、一個耀眼的巨星在黎明前隕落

就像一場已經上演的交響曲，序曲和前奏一陣又一陣起伏宕響，只等待震撼人心的高潮激越轟鳴；好似地平線上的晨曦漸次光明炳燦，正翹盼不遠處的東方出現皓皓旭日。

誰也沒有料到，人們最後看到的是，旭日沒有朗朗升起，煌煌一顆巨星卻黯然隕落；人們最後聽到的演奏高潮竟是哀樂，還由此拉開一幕浩然雄闊的史詩悲劇。

一九八九年四月十五日中午，王若望放下飯碗小憩，他在沙發上半躺下，再抖開一條薄毯子蓋在身上，不一會兒就迷迷糊糊盹著了。

五斗櫥上的「三五牌」鬧鐘敲了兩下。驀然，窗外傳來一陣震耳的哀樂，王若望驚醒了，他睜開眼，一下子清醒過來。哀樂來自隔壁人家，是廣播電台裏的聲音，肯定是重要人物去世了，不知是誰？王若望去拿半導體收音機時還漫不經心，他估計是老人幫裏哪位大佬故世了。論年齡，鄧小平八十五、陳雲八十四、彭真八十七、李先念八十，誰入土都不奇怪。但從最近的信息分析，鄧小平還在精神十足地當太上皇，手握軍權運籌帷幄，倒是陳雲患白血病多年，拖著半條命可能說走就走。不管是誰，為中國的民主大業計，這些阻礙改革的老人幫，死一個好一個，他們多活一天中國就多受一份累。

王若望擰開收音機旋鈕，等哀樂放完後才聽到，「中央人民廣播電臺快訊，中共中央政治局委員胡耀邦今天凌晨去世……」收音機從他的手上滑落到大腿，他一下子木然了，死死地盯著那口鐘愣神，鐘上的時間一瞬間凝固了。他怎麼也沒料到會是胡耀邦去世，從沒聽過任何胡耀邦患病的消息，怎麼突然就走了？

想到胡耀邦對他的庇護，為放縱他這樣的「自由化分子」擔罪名，王若望感到心口一陣發緊。他猛地站起來，身上的毯子和收音機都跌落到地上。他顧不上去拾，疾步走到窗前，他胸部急速地一起一伏，大口大口地吞吐窗外的新鮮空氣。

不知什麼時候，外面已經在下雨了，是清明時節的濛濛細雨，無聲綿密地輕輕飄下，潑在窗玻璃上的雨點慢慢往下流淌，宛如無數傷心人灑落的淚水。王若望感到自己的臉也濕了，用手抹了一把，自己也下淚了。

老天還算有情，在靜靜地為胡耀邦哭泣；老天又是那樣的冷漠，不能為胡耀邦伸冤。他是被逼死的，是被迫害屈死的，是無處講理鬱悶死的。老天啊，你真的不講公理嗎？「好人不長久，禍害活千年。」該死的不死，不該死的死了，你薄待我們的好書記，你是和中國人過不去啊！災難深重的中國人到底哪裡得罪了你？你為啥如此懲罰中國人？

這天下午，王若望就這麼哀迷地時而呆坐時而呆立，一遍又一遍反覆聽電臺新聞，好像在確認這個消息的真偽，更像在期待「誤報」的道歉，直到羊子回家。

羊子在工廠辦公室聽到廣播就開始憂心重重，她知道王若望會受到怎樣的打擊，就謊稱家裏有急事請假提早下班。

羊子懸著不安的心進門，一看，還好，王若望站在寫字臺前揮毫，沙發上攤著一張大字橫幅「耀邦千古」下款是一行小字「黨外老近衛軍戰士王若望敬輓」，那個「外」字架在「黨」和「衛」之間的一個倒三角上，顯然是補上去的。是的，「我們黨的老近衛軍戰士」是胡耀邦給王若望的「封號」，如今他出黨了，只能自封「黨外近衛軍戰士」了。

王若望和羊子招呼了一聲，又低頭繼續在一張白紙上寫，羊子走上去看，他在抄臧克家的一首詩，已經抄到一半：

有的人
有的人活著，他已經死了；
有的人死了，他還活著。……

王若望手上的羊毫不是蘸著濃墨，而是蘸著他激憤的熱血，每一撇每一捺浸透了自己的感情，羊子看到他的筆墨比平時更粗重有力：

有的人　他活著別人就不能活；
有的人　他活著為了多數人更好地活。
騎在人民頭上的　人民把他摔倒；
給人民作牛馬的　人民永遠記住他！
……
他活著別人就不能活的人，　他的下場可以看到；
他活著為了多數人更好地活著的人，群眾把他抬舉得很高，很高。

羊子看著，鬆了口氣，王若望藉這首詩抒發了對胡耀邦的悼念之情，也排解了哀愴鬱怒的心情，他不會被悲傷壓倒，只會更勇敢地繼續胡耀邦的未竟事業。

次日是星期天。羊子一早買來疏菜包子和鹹豆漿，是王若望喜歡吃的早點，但他吃得不像往日那麼香，一副食不知味的樣子。羊子知道他心情沉重，也不去催他，沒等王若望放下碗，電話鈴響了。羊子趕緊去接，是陸鏗從香港打來的，羊子舉著話筒對王若望說，「找你的。」

王若望走去接過話筒，知道陸鏗為胡耀邦逝世的事找他，兩人知道彼此的心情，沒作問候就直奔主題。陸鏗說，「王先生，想不到胡耀邦突然走了！我昨晚一夜難眠。」

王若望說，「我也是，這事實在讓人難以接受。」

陸鏗說，「胡耀邦被廢黜後我一直有塊心病，總想哪天再見他一次，當面向他表示歉意。他走了，我永遠失去了這樣的機會。我很後悔，當初，我如果順從胡耀邦的要求，刪除有些敏感犯忌的內容，胡耀邦就可能會避免下臺，他不下臺，就不會這麼快離世。」

「我想那件事肯定對胡耀邦有影響。」

他們說的是一九八五年的事。胡耀邦接受陸鏗的採訪，胡耀邦心底坦誠有問必答，談到王震是湖南瀏陽同鄉，他笑言，「他是北鄉的，我是南鄉的，我們可能南轅北轍。」談到鄧小平掌握軍權時，他說，「照顧到軍內歷來論資排輩習慣，就讓鄧兼任軍委主席了。」他沒明確說鄧小平不能退休，還說因為軍隊事務不多，安排鄧小平任軍委主席，而不是鄧小平安排他當總書記，這不是揭開中共的黑箱秘匣？解開了太上皇的龍袍？鄧小平聽了此話大怒，指責胡耀邦「洩露國家機密」，這也成為罷免他的一條罪狀。

事後，陸鏗悔言自己「一言喪『邦』（胡耀邦）」。

「千不該，萬不該，我不該意氣用事，堅持新聞從業者的原則，忘了胡耀邦的處境，中國不是民主國家，甚至不是當年的國民黨時代。中共黨內的鬥爭那麼兇險，我的一意孤行最終害了他。」陸鏗還在受良心的譴責，「胡耀邦是好人啊，平易近人沒有一點架子，是一位毫無機心待人寬厚的君子。」

王若望撫慰陸鏗說，「我也給胡耀邦添過麻煩，不過，鄧小平要打到胡耀邦也不僅是這兩件事，共產黨整人的方式就是『欲加之罪何患無辭』，你也不必過於自責。」

「是啊，木已成舟，再追悔也沒用，我們只有繼承胡耀邦留下的政治遺產，推進中國的政治改革。我就為這事給你打電話，請你給我們《百姓》寫篇懷念胡耀邦的文章。」

這正是王若望想做的事，當然一口答應下來，他擱下電話就開始寫稿，斷斷續續一直寫到很晚。

文章的題目是〈悼念一代平民政治家〉——

胡耀邦同志突然逝世的消息，使我震驚、悲痛，一個美好的希望失落了。我只有仰天長嘯，天不假年，為甚麼偏偏讓我們黨的「兩間餘一卒」的改革派的旗幟過早離開人間!?真正死非其時呀！

……胡耀邦總書記生前致力改革，身體力行，深入窮鄉僻壤，為改革鞠躬盡瘁；憂國憂民，捨生忘我，其高風亮節使海內外同聲景仰。他在黨內力排眾議，堅持正義真理，推動民主，一九八七年被黜而聲名益張！

……兩年多來，以胡耀邦之罷黜為起點，改革大業急轉直下，蓋大廈之將傾，必以自毀干城為前兆；黨國之失鹿，常以庸人專權為基調；試觀這兩年多中，政治改革方案始終不肯出臺，黨政幹部之腐化蛻變，一發不可收拾；經濟無序，道德淪喪，民怨如積薪，上焉者如坐針毯，束手無策，唯有徒托空言，以施暴或輿論控制圖一時之苟安，只要有一點風吹草動，敗象將難以遮掩……

這天晚上美國之音報導，昨天胡耀邦逝世消息一廣播，北京就有大學生擎著花圈去紀念碑悼念胡耀邦，今日北京更多大學出現自發悼念活動。上海的大學也動起來，復旦大學四百多學生開追悼會，會上有學生為胡耀邦鳴不平，有學生喊出口號「一定要爭取民主，民主是我們的」。西安郵電大樓廣場掛上了輓聯，「敢說敢幹公正堅韌不拔是您的精神，民主科學法制是我們永遠追求的目標。」

民眾忍無可忍，終於覺醒了，這些消息激奮了王若望的精神，次日他一早起床，顧不上吃早飯又繼續寫下去——

……胡耀邦之死訊有如一顆火種，點燃了國人要求改革政體、改善庸人、老人政治尷尬局面的熊熊烈火，加速了全國人民團結奮進的鬥爭熱情，鼓舞了年青人的鬥爭決心，這個氣候千載難逢，在執政者走進死胡同不能自拔之際，胡耀邦之死是一種觸媒，一種啟示，又是激勵國人的崇高力量，從這一點來說，胡耀邦雖死猶生，他的形象將永遠感召人們沿著他的未竟之志前進！

希望中共向國人公開檢討！

黑格爾有句名言，「一切巨大的世界歷史事變和人物，可以說都出現兩次。」十三年前的清明節，民眾為悼念周恩來在天安門向「四人幫」抗議示威；一九八九年春天，胡耀邦逝世可能重演另一場波瀾壯闊的群眾運動，人民已經在行動，力量已經在凝聚，它不是單純的歷史事件的複製，而是深入觸及了老人庸人政治的要害！中共明知的做法是順應民意，開放民主自由保障人權，撤銷對胡耀邦的處分，為一九八六年的學生運動正名，實行多黨政治，這樣，偌大的中國才不至淪為世界和亞洲的孤兒，避免被開除球籍的惡運。

胡耀邦同志一度是我的上司，我們見過幾次面，他因保護我和劉賓雁、方勵之等人而蒙冤，我為自己的「大名」與偉人綁在一條船上而感到榮幸。……他的死，好似利刃刺傷了我，我悲痛萬分欲哭無淚，久久不能平靜。

黨的一代平民政治家胡耀邦永垂不朽！

黨外近衛軍戰士
一九八九年四月十八日

三、六四民運在悼念聲中爆發

王若望的文章似預告，又似無聲的號角，學生運動果然朝著王若望解說的方向演變。

四月十八日早上，北大、清華和政法等大學近五千學生在人民大會堂前靜坐，他們悼念胡耀邦，並向人大常委提出七項請願——

一，重新評價胡耀邦同志功過，肯定其民主、自由、寬鬆、和諧的政策；

二，徹底否定清除精神污染和反對資產階級自由化，平反蒙受不白之冤的知識分子；

三，公開國家領導人及其家屬的年薪及一切形式的收入，反對貪官汙吏；

四，允許民間辦報，解除報禁，實行言論自由；

五，增加教育經費，提高知識分子待遇；

六，取消北京市政府制定的關於遊行示威的「十條」規定；

七，要求國家領導人就政府失誤向全國人民公開檢討，並通過民主形式對部分領導實行改選。

同日，上海的復旦、同濟大學的數千名學生聚集在市政府悼念胡耀邦，南京也有一萬名學生在鼓樓廣場舉行悼念活動。

王若望的心跟著激蕩起來。中國的學生歷來是民主運動的先鋒，這次也不例外。學生們提出的要求正是他想說的，否定反對資產階級自由化，替包括他在內在蒙冤的知識分子申訴，他們的行動必將振興全國人民的精神。

四月二十一日，《人民日報》發表〈維護社會穩定是當前大局〉的社論，指責新華門外靜坐的學生製造事端。社論引發了學生更大的不滿，北大學生開始罷課，北京十九所高校學生組成「臨時行動委員會」，上海、天津、南京等許多城市也爆發示威。晚上，十數萬學生走出校門，子夜時分陸續進入天安門廣場靜坐，並提出與總理李鵬對話，學運進入一個新的抗爭階段。

四月二十二日，中央召開胡耀邦追悼會，三名學生代表跪在人民大會堂門前，中間一人舉著寫著七點要求的請願書。天安門廣場坐滿等了一夜的幾十萬學生，當廣場上的喇叭宣佈追悼會開始後，學生自動肅立，齊唱國歌，有學生流淚，場景沉痛肅穆。

四月二十三日，北京成立了高校臨時學聯，向全國各高校倡議無限期罷課，事件焦點已由「悼念胡耀邦」變成「爭取自由民主」。

四月二十六日，人民日報根據鄧小平講話內容發表社論〈必須旗幟鮮明地反對動亂〉，把學運定性為「極少數人發起的反革命動亂」，社論激怒了學生，引發新一波的強烈反抗。當晚，長春、上海、天津、杭州、南京、西安、長沙、合肥等城市發生了抗議社論的示威。

四月二十七日，北京十萬人上街示威，要求推翻社論內容。

那些日子，形勢瞬息萬變，王若望吃不香睡不穩，整天懸著心跟蹤事態發展。他一邊為學生的行動叫好，希望共產黨接受學生愛國熱情，加快政治改革的步伐，但共產黨遲遲不回應學生的要求，又使他為學生捏一把汗，因為他太瞭解這個黨了。

果然，中共的「四．二六社論」，把學生的愛國行定性為「反革命動亂」，以中共的一貫思維，定性「反革命動亂」就是敵我矛盾，就為鎮壓埋下了伏筆。

感時憂國，王若望再也坐不住了。他知道在中國這樣的人治社會，如何應對這次學運，關鍵在太上皇鄧小平的態度，最後的定奪權也在鄧小平手裏。這是攸關中國前途和命運時刻，他決定以赤誠之心呈訴鄧小平，諄諄勸說鄧小平在中國歷史急變關頭，順應世界民主大潮，做推動歷史前進的偉人，而不要做歷史的罪人。

文章的題目就是〈致鄧小平的公開信〉——

小平同志，

值茲耀邦同志屍骨未寒，民怨沸騰，我黨威信滑至低谷，國事日非之日，我願以近衛軍戰士的名義，……以公開信方式，披肝瀝膽，拋棄個人之恩怨，甘冒斧鉞，掬誠向你陳述幾條意見，如你老能捐棄成見，傾聽一下我的一片肺腑之言，則不勝慶幸之至。

作為一個真正的馬克思主義者，應視青年人爭自由民主運動是推動歷史進步的契機，而不應視若洪水猛獸。毛澤東生前就告誡我們，「鎮壓群眾運動，都不會有好下場」，你對待八六年底學生運動談話和決策，違反了這條原則，不惜把忠誠改革的總書記胡耀邦攆下臺，不惜以最嚴厲的黨紀處分站在改革前列的知識分子。八七年以後，毛時代的惡劣做法和人人自危的局面又重新出現，黨在民眾中的威信一落千丈，你的榮名跌落得好慘。

記得當年，我任淮海戰場新華通訊支社社長，與你有過幾次接觸，那時，你平易近人，和靄可親，虛懷若穀，八〇年代初，你重回工作崗位時，提倡尊重知識。尊重人才，也得到了人民的擁戴。可惜，你登上毛生前坐過的寶座沒幾年，就完全判若兩人……

因耀邦同志不幸亡故誘發的學生運動，是兩年前你不當處理學生運動留下的後遺症，恕我冒昧，就是對你的那個錯誤決策的懲罰……

四月下旬一期《世界經濟導報》因刊佈了悼念胡耀邦的文章，其中有一兩句涉及一九八七年的事件，上海市委竟下令禁止其發行，……再次暴露了在報刊新聞設置「禁區」的現實。……以我這封信而論，在目前的文化背景下，也是句句違禁，只能在海外刊登出來，為此，可能被扣上裏通外國的大帽子。

由此看來，趕快重新評價胡耀邦，永遠撤銷反資產階級自由化，開放言論新聞出版自由勢在必行，它是深入政治改革，真心做到安定團結的發動機和開路機……

五月，戈巴契夫來訪，為避免在大罷課和示威遊行聲中迎接貴賓，黨中央深感不安心急火撩，急切把學生運動鎮壓下去，政府中不乏李逵式的軍人，施用武力鎮壓學潮的意見可能會占上風。今天《人民日報》殺氣騰騰的社論，證明了我的憂慮並非毫無根據，社論將「鬧事」升級為「動亂」，這就是一個凶兆，社論的題目「旗幟鮮明地」，是你口頭語裏常用的用字遣詞，至於「極少數別有用心的人，利用悼念耀邦同志散佈謠言，蠱惑人心，攻擊黨和國家領導人……」只須把「胡耀邦」換個名字，就和當年天安門事件中北京市委書記的講話毫無二致，當年，你老人家是「一小撮別有用心的反革命」的黑後臺。真想不到，時隔十三年，兩個歷史事件中的同一主角，竟對換了位置，這是歷史的喜劇，還是你老自己的悲劇呢？我真為你決心在錯誤的道上越陷越深而仰天長歎！

不過，我還是要向你老進幾句忠言，就在近鄰的南韓，下臺後的全斗煥在青燈古佛旁懺悔禮拜，為他統治時期使用軍警殘酷鎮壓光州和元山的群眾抗議示威，痛哭流涕，追悔不已，蘇聯的格魯吉亞的軍隊用利劍、擲彈筒和化學武器殺害要求民族自主的二十餘人，激怒了蘇聯各族人民，格魯吉亞的三名負責人灰溜溜的滾下臺。以上兩例，皆在亞洲，又都是近一年內的新聞，奉勸露出殺機的我國決策人，把以上最新消息作為前車之鑒，萬萬不可感情用事。

如果蘇聯與南韓跟中國國情不同，建議你學學臺灣的蔣經國總統，他在生命終了的最後一年，主動地做出高明遠見的幾項決策，為世人欽佩不已，臺灣與大陸同文同種，同樣實行的是一黨專政的終身制。你的身體得天獨厚，希望你運用舉足輕重的影響，為中華民族做幾件好事、實事，因此為後人景仰而流芳百世。現在，你老是走在歷史的十字路口，功臣乎，暴君乎，望乞三思而行，切不可一誤再誤了！

此信寄出，估計會有更嚴重的橫逆襲來，但我不忍看到光榮正確的中國共產黨日趨沉淪，自量我的這番苦口婆心的獻計獻策，會激起你憤怒也說不定，反正我已是置生死於度外，即所謂民不畏死，奈何以死畏之？請理解一個忠於黨忠於改革大業的老近衛軍戰士的心聲！

上海作家，公民王若望呈於四月二十五日

鄧小平是永遠不會回覆王若望的，或者說他通過手下，一直在用另一種手腕回覆。四月二十七日，王若望提到的《世界經濟導報》事件繼續惡化。那天早上，《解放日報》頭版報導，上海市委撤銷欽本立的《導報》總編職務，王若望瀏覽了開除的理由或者說罪狀，氣憤地把報紙擲在桌子，再狠狠拍了一巴掌，「豈有此理！」

胡耀邦去世後，《世界經濟導報》在京舉行悼念座談會，胡績偉、李銳等一百來人出席，《導報》用五個版面刊載各位的發言，不少人的講話內容犯了大忌，例如嚴家祺指出，中共最高權力更替是非程序化的，全憑最高領導的個人意志定奪，胡耀邦就是這種政治體制的犧牲品，女作家戴晴在會上說，「共產黨的總書記從陳獨秀到胡耀邦沒有一個有好下場！」

這些揭示真相的發言直擊中共要害，市委書記江澤民立即下令欽本立刪除這些內容，欽本立不從，《導報》名譽董事長汪道涵出面施壓，他才勉強同意。但改版為時已晚，報紙已經印出，欽本立由此犯下天條。

王若望瞭解欽本立，他們一九五〇年代初相識，他是撰稿人，欽本立是報紙編輯。一九五七年七月，反右運動進入高潮，毛澤東發出「文匯報的資產階級方向應當批判」的最高指示，文匯報總支書記欽本立的右派帽子本來難免，但黨外總編兼社長徐鑄成等一大批編輯記者都劃入右派，《文匯報》社上上下下一片白，市委領導為在萬白叢中保住一點紅，手下留情，欽本立才逃過一劫。

「漏網右派」欽本立十分同情右派王若望，一九六二年王若望剛摘去帽子，欽本立就派一位記者登門索稿，當時能在報上發表文章，等於恢復名譽。這是欽本立對他的無聲支持，他趕緊寫了一篇雜文〈小火表贊〉，刊於七月七日《文匯報》，此文標誌他寫作權利的恢復。孰料，這篇短文被市委指為大毒草，連累欽本立跟著作檢查。王若望心上壓了一塊鉛，他上門向欽本立賠罪道歉，欽本立一語雙關地說，「只怪我馬列水準低。看不出〈小火表贊〉有啥問題，我們共同接受這次教訓吧。今後你有小文章，我還是要登的。」

欽本立不把責任推給王若望，還鼓勵他繼續寫下去，在草木皆兵動輒犯禁的年代，只有罔顧個人安危的人，才有如此膽氣和魄力。在王若望挨整挨批，黨內黨外不把他當人看待的時候，欽本立給他的溫暖和信任，令他至今難忘。

這次，欽本立在橫流的滄海中又顯出了英雄本色，為爭取新聞自由，他以身試法挑戰中共新聞管制，無視新聞審查，頑強地反映人民的心聲。

欽本立和王若望在反獨裁道路走到了一起。王若望決定打電話支持老友，他在電話裏為欽本立打氣說，「你要頂住，不要倒下，真理在你一邊，學生和市民都會支援你的！」

欽本立加大聲量說，「你放心，我不會這麼輕易倒下的！我和導報同仁已經商討多次了，就是要以這次事件為契機，拓寬新聞自由的路，明天我們報社員工和新聞界朋友將上街遊行，抗議市委對我的處分！」

王若望說，「太好了，我完全支持，」王若望問了遊行地點後說，「明天我們在集合地見，我和你並肩站在一起！」

次日，上海各界社會人士第一次走上街頭，他們打出要求恢復欽本立職務及爭取言論自由的旗幟和橫幅標語。欽本立走在導報遊行隊伍的前列，王若望身披寫著「棱棱風骨」的黃布條，和白樺等走在作家隊伍的前列。

一九四九年後，王若望自願參加遊行，這是第二次，第一次是打倒四人幫時。王若望邊走邊振臂高呼，「支持欽本立！開放報禁，還我導報！」他在為欽本立吶喊，也在為自己吶喊。口號從他舒坦的胸中吼出，他感到從沒有過的暢快。

王若望的聲音融入千萬人的呼號中，學生遊行隊伍和社會各界人士的隊伍匯合在一起，整個上海響徹了抗議口號「新聞自由，導報無罪」；「北京熱潮，上海熱血。」懲處《導報》事件成為另一根導火線，成為八九民運從學生運動轉向社會運動的一個轉折。

五月十三日，北京學生發起絕食靜坐。五月十七日，嚴家祺、包遵信等一批知識分子發表《五一七宣言》，《宣言》明確指出，中國的問題，是「獨裁者掌握了無限權力，政府喪失了自己的責任，喪失了人性」。鄧小平是「一位沒有皇帝頭銜的皇帝，一位年邁昏庸的獨裁者」。必須結束老人政治，獨裁者必須辭職。

五月十九日凌晨，趙紫陽來到天安門廣場，他主張在民主法治的軌道上處理學運，試圖做最後的努力。他含淚向學生道歉、勸學生撤退、並承諾政府不會秋後算帳，表明了與頑固鎮壓派之間的分歧。

四、坦克的履帶壓不死民主精神

同日晚上，李鵬和楊尚昆在電視上頒佈《國務院關於在北京市部分地區實行戒嚴的命令》，鄧小平為首的頑固派拋棄趙紫陽，中央兩派徹底攤牌。軍隊開往天安門，鎮壓一觸即發，形勢十分危急。兇相畢露的戒嚴令非但沒有嚇倒學生和民眾，反而激起全國人民的抗議，學生奔赴各入城路口攔截軍車。

五月二十二日，上海舉行了聲勢浩大的抗議遊行，幾十萬民眾走上街頭。

那天，王若望少有的亢奮，很早就醒了。這樣的心情好久沒有過了。「解放前」他做黨的地下工作，每次接到去某地執行新任務，出發前他也是如此，只想著搏擊的刺激，完全忘了戰鬥的危險和生死。北京宣佈戒嚴，就是準備鎮壓的預告，北京、上海等全國各地的遊行，充滿了對抗決戰的火藥味。

上午，王若望看完當日的報紙就去臥室。他在衣櫥裏挑衣服，翻出一套隱條的棕紅色西裝，一件純白的長袖襯衫，一根暗紅格子領帶，一件穀黃色的羊毛衫。他穿上衣服站到鏡子前比試，見羊子進來，就問，「這樣搭配好看嗎？」

平時出門都是羊子為他準備衣服，今天他自己動手，可見慎重其事。羊子看他那樣子，忍不住笑道，「你不像去參加遊行，倒像是去參加宴會！你眼光不錯，看上去精神十足，幫你年輕了幾歲！」

王若望用梳子慢慢地整理滿頭銀髮，頗為得意說，「我本來就不老麼，還有足夠的精力和鄧小平鬥。今天上街遊行如同上戰場，我這個老兵哪能衣冠不整，那樣在氣勢上就輸了。」

羊子笑道，「好！好！你是黃忠上陣，英武不減當年！」

王若望又去五斗櫥裏翻，羊子急道，「你又找啥？把我擺好的東西都翻亂了！」

王若望說，「那年我去西藏，藏民送給我的那根哈達在哪兒？」

「你動嘴就是了，你自己找一天也不會找到。」羊子說著，從大櫥頂上拿下一只硬紙盒子，一根銀白色素綢哈達好好地躺在裏面。

王若望把哈達鋪展在寫字臺上，用毛筆蘸上濃墨，在哈達的正面寫上，「鐵石心腸，可悲可歎！」等墨汁乾了再反過來，在背面寫著，「救國救民，先救孩子！」

中午，王若望簡單地吃了一大碗麵條，出發前再到鏡子前整了整「全副武裝」的穿戴，隨後雄赳赳氣昂昂地和羊子一起去遊行集合點。

王若望隨著上海作協的隊伍從巨鹿路出發，他和吳強、白樺、戴厚英、徐中玉五人站在第一排，匯入文化藝術界的遊行隊伍。

欽本立率《世界經濟導報》同仁也參加了遊行。

遊行隊伍沿淮海路經大世界轉入南京路，從頭至尾長達八華里。大家舉著各種標語，「反對暴政！」「怒吼吧，上海同胞們！」「違反民意的領導沒有好下場！」「聲援北京、悼念耀邦！」「申張正義、全民抗爭！」「撤銷戒嚴令！」

遊行隊伍到人民廣場時，與幾千大學師生和幾千紗廠工人匯合。一些全國著名的作家在此站出來演講，先是白樺、戴厚英、徐中玉，接下來是王若望。他站到一個臨時拉來的木箱上，聲音洪亮地說道，「……我的歲數不小了，稱得上是老人吧，從巨鹿路到人民廣場，走了四十五分鐘，豈不是老牛拖破車？而中央掌握實權的人，都是比我還老的八十多歲的老傢伙，他們把個好端端的國家，變成為大屠殺的基地，不也變成十足的破車嗎？而且修理了三年五載，越修問題越多。莫非讓十二億人民一起乘著這輛破車進入社會主義天堂？」

聽眾爆發出一陣哄笑。

王若望最後強調，專制政府不會主動放下屠刀立地成佛，自由民主只能靠民眾自己去奮鬥爭取，而不能等待獨裁者恩賜。

王若望的演講贏得一片叫好。

那天，半道上下起了雨，群情依然激昂，大家拿出雨傘雨衣繼續行進到外灘市政府門前。隊伍沿著外白渡橋延伸至中山南路，摩肩接踵足有幾萬人，遊行者齊聲高唱國歌，「起來，饑寒交迫的奴隸！」這是上萬人的大合唱，浩蕩的歌聲又引得黃浦江上十幾條輪船的汽笛一齊鳴響，呼應岸上壯觀的遊行隊伍，形成了激動人心的熱烈場景。

「起來，饑寒交迫的奴隸！」王若望在人群中放聲高唱。他一路喊口號演說著走來，身子有點累，嗓子有點嘶啞，心下暗暗地歎息，年歲不饒人，畢竟七十出頭了，自己不再是老虎也能打的年輕人了。不過，環視周圍成千上萬覺醒的民眾，他無比欣慰。過去，他們敢怒不敢言，今天，他們意氣風發，勇敢地站了出來。他們中有來之工廠和機關的中、青年，更多的是衝鋒陷陣的年輕大學生。自己為之奮戰的自由民主事業後繼有人，王若望從沒有過的揚眉吐氣，如果鄧小平還有自知之明，就應該看到誰代表了真正的民意；如果他還想維護自己的形象，就該順應民心，以危機為契機，打開政治改革的大門，大陸就能像臺灣那樣和平過渡到民主社會，他將立下千秋功業。

鄧小平何去何從？王若望拭目以待，遊行隊伍的民眾也在拭目以待！

接下來的日子，天安門廣場牽動了全國乃至全世界人的心，聲援絕食學生和爭取民主運動同步推進。北京等地的工人成立了工人自治聯合會，另一方面，準備鎮壓的軍隊開的坦克被北京市民團堵在城門口。

形勢危急，劍拔弩張，學生不肯撤離廣場，中央不肯答應學生的要求，兩軍對壘處於膠著狀態。上海每天傳來北京的小道消息，空氣一天比一天緊張，每個人都感到離結局不遠了，但沒人知道到底以和解劇終，還是以血光劍影的崩裂收場。

那一陣，王若望整日坐臥不安，他多方打聽動向，報紙上透出的都是不利的信息，中顧委出面統一思想，難道中央在為鐵血處理做輿論鋪墊？有一點是肯定的，拖得愈久，愈凶多吉少，因為當局如願意與學生和解的話，早就答應學生了，倒是鎮壓需要時間調兵遣將，周密謀劃。他開始為學生揪心，憑他這幾十年的經歷，他知道共產黨不會輕易讓步，尤其是鄧小平這個人，他愈來愈像毛澤東第二了。

就這樣，王若望七上八下杌隉難寧地一日挨過一日，直到六月三日晚上，他打開電視，中央台的新聞節目頭條是北京市人民政府、戒嚴部隊指揮部發出的《緊急通告》——

全體市民們，首都今晚發生嚴重的反革命暴亂，暴徒們猖狂襲擊解放軍指揮員，搶軍火，燒軍車，設路障，綁架解放軍官兵，妄圖顛覆中華人民共和國，推翻社會主義制度。人民解放軍多日來保持了高度的克制，現在必須堅決反擊反革命暴亂。

……凡在天安門廣場的公民和學生，應立即離開，以保證戒嚴部隊執行任務。凡不聽勸告的、將無法保證安全，一切後果完全由自己負責。

「終於出手了！」王若望似自語，又似對羊子悲切說著，把正在吸的香煙重重捻熄在煙灰缸。中央台不可能有進一步的消息了，他趕緊去開美國之音，美國記者正在做各種現場報導，「坦克部隊已經進城，市民們試圖阻止」；「部隊強行突破民眾的阻攔，有不少市民傷亡」。十二點過後，遠處的槍聲傳到報導現場，市民和學生的哭喊聲，奔跑聲，咒罵聲，叫嚷聲混成一片，「他們真的開槍了！沒想到他們真的開槍了！木樨地那裏死了好多人！」「我以為是橡皮子彈，哪想到中彈的人渾身是血！他們用的是實彈！」「啊，畜生！人民軍隊竟然屠殺自己的人民！」「……」

一團惡氣擁塞上來，王若望感到有點氣堵，他勃然站起身，把收音機狠命地摔在沙發上，咬牙吐出幾個字，「畜生！劊子手！」他希望手上的收音機是一顆炸彈，可以投向鎮壓學生的坦克，可惜不是，面對向學生和市民開槍的野蠻軍隊，他啥都幹不了。

他頹然倒在沙發上，默然閉上眼睛，兩行淚水從有點渾濁的眼眶裏滾落下來，為控制自己的情緒，他雙手擱膝把頭埋上去，他要壓住自己的悲憤，不讓自己的胸腔爆炸。

儘管他早就預感到這樣的凶兆，但還是幻想，這次能出現意外，出現一個圓滿的結局，至少雙方打個平手，如一九七六年天安門事件那樣，由士兵把學生驅趕出天安門。然而，鄧小平卻採取了下下策，不但下令開槍，還用坦克喪心病狂地屠殺自己的子民，終於露出了他的屠夫本性，天地不容，罪不可赦！

這一晚，美國之音裏的槍聲響到半夜，他睡下去後，好幾次被夢中的槍聲驚醒。

次日，他從早到晚，一整天不開口，不和羊子說話，也不和保姆俞阿姨說話，只是機械地吃飯，機械地喝茶，機械地抽煙。羊子也說不出話了，更想不出減輕他憂傷的話，她知道王若望的心境，哀莫大於心死，他要說的話都說盡了，對於喪失人倫底線的屠夫，已經沒有論理的意義了。

許久，王若望只是佇立在陽臺上觀戰。街上到處是騷亂，盛怒的上海學生上街抗議北京屠城，他們設置路障阻塞交通，他們攔截火車要北上抗議。他為學生勇毅的犧牲精神動容，又深知，面對武裝到牙齒的獸類，赤手空拳的學生於事無補，只能招致更大的犧牲。

用坦克輾軋和平情願的學生和市民，暴露了反動派的虛弱，武力鎮壓只能得逞於一時，無法長久維持。這一刻，英勇的學生和市民暫時失敗了，但添上仇恨的反抗火種埋在心裏，到它重燃時，就是燒毀中共獨裁制度的地火和熔岩。

為了平抑自己的滿腔怒火，王若望從魯迅全集中翻出〈紀念劉和珍君〉和〈無花的薔薇之二〉，然後拿出毛筆抄錄他熟讀的名言。濃烈的墨汁潑在白紙上，他的手微微發抖，一橫一豎上到處是齒蹟，那是滾過天安門的坦克刻在他心上的烙痕，宣洩著他痛徹肝膽的無盡義憤——

現在，聽說北京城中，已經施行了大殺戮了。

如此殘虐險狠的行為，不但在禽獸中所未曾見，便是在人類中也極少有的……

假如這樣的青年一殺就完，要知道屠殺者也決不是勝利者。

中國要和愛國者的滅亡一同滅亡。

如果中國還不至於滅亡，則已往的史實示教過我們，將來的事便要大出於屠殺者的意料之外——這不是一件事的結束，是一件事的開頭。

血債必須用同物償還。拖欠得愈久，就要付更大的利息！

抄於血色的一九八九年六月四日

在一個監禁正義之士的政府統治下，正義之士的真正棲身之地也就是監獄。

——梭羅〈論公民的不服從權利〉

第五章　第三次牢獄之災

一、直面紅色恐怖

六四！六四！長安街上的血流到了淮海路，打死北京學生和市民的罪惡子彈，也穿過了王若望的胸膛，他感到錐心的傷痛，超過料想的失敗滯抑著他的心緒，慘烈的犧牲齧啃著他的神經。更令他悵然焦躁的，是面對強暴他不能有所作為，猶如無力舉起矛戈殺敵的老兵，深重的自罰意識憋迫著他，使他的心理處於自戕狀態。

六月四日過後的那些天，王若望拿出書來看，書上的字都一個個從他眼中跑掉了，連平時養心的書法也難以鎮神。更多的時候，他或似呆非呆地坐著，或半幻半醒地站在陽臺上，只是一炬接一炬地抽煙，他要藉著香煙吐出胸中的鬱氣。

上海市政府組織了工人糾察隊，他們拆除學生設置的路障，維護社會治安。街上一片死寂，常在梧桐樹間穿飛的麻雀不見了，碧綠的梧桐嫩葉凝噎般顫動。一團團烏雲似怒潮奔騰而來，又似一叢叢黑山壓住城頭。陽光一明一暗地閃出雲層，太陽在雲山中時隱時現，直到快下山了，才迴光返照甩出一道道殷紅的霞蔚。殘陽如血潑灑在西邊天際，塗滿神州的每一處山河曠野。

羊子下班回家，看到滿滿一缸香煙頭，數一數總有三十幾個，遠遠超過一天一包的限量，王若望的煙癮遽然增大。她明白丈夫需要排解鬱結，也不去勸說，次日出門前只留下一包，把多餘的香煙都鎖起來。

翌日，剛過下午一包煙就抽完了，王若望在屋子裏搜索了半天沒有找到煙，他知道是羊子把煙藏了起來，便詭譎地自己擺了一個鬼臉，去廚房食品櫥裏拿出一只麥乳精罐子。平時，他把吃剩的香煙頭都裝在空罐裏，香煙不夠時就用香煙頭的煙絲自製。這是他窮困時養成的習慣，吸剩的香煙頭也是寶貝，不捨得扔掉，儲存在空罐裏廢物利用。

這天，他就捲了幾支「自製牌」，狠狠地吸起來。

六四前經常交往的朋友都不敢聯繫了，慘烈的屠殺震懾了手無寸鐵的民眾，大家都在觀望下一步棋。羊子下班帶回不少馬路謠傳，有說李鵬在人民大會堂被年青武警射殺的；有說鄧小平被楊尚昆架空甚至害死的；有說北京發生兵變，幾路大軍互相火拼的。五花八門，說得人心惶惶。

王若望惋懣地對羊子說，「真的這樣倒好了。可惜，散佈這些流言的不知中共內幕，或者這是他們的願望，如此動用軍隊坦克上街鎮壓，除了鄧小平沒人能拍板。」在深諳中共統治集團權力運作的王若望看來，這應該是毋庸置疑的常識。

不出所料，六月九日上午，鄧小平耀武揚威地出鏡亮相。他率領一幫軍頭和走卒在中南海懷仁堂接見戒嚴部隊高官，還裝模作樣地為死難軍人默哀，好像不是軍人屠殺學生市民，而是學生市民屠殺了軍人！真是豈有此理！過去的強盜土匪敢作敢當，殺了人就留下一張告示，堂堂正正地寫下「某某殺了此人！與他人無干！」鄧小平這個屠夫還不如強盜土匪。

電視上的鄧小平得意忘形，一副大獲全勝的暴君架勢，王若望恨不得砸了電視，假如鄧小平能夠和電視一起毀滅。「是的，暫時你勝利了，你沾滿鮮血的雙手可以繼續大權在握，一直握到死，但你將被釘在歷史的恥辱柱上，千年萬年，將和史達林、毛澤東等罪人一起接受正義的審判！」

鄧小平的出場，宣示鎮壓派擺平了一切，接下來是反革命清算。上面是中央撤銷趙紫陽職務，由江澤民取代，下面是公安部通緝捉拿知識分子、學生和工運領袖，電視上每天通報被逮捕的學生，紅色恐怖的殺氣一日比一日緊。

通緝名單中沒有王若望，但他這樣被視為「黑手」的人物，又直接上街登高一呼，肯定是必須清算的動亂分子。王若望的一位親戚認為他在家不安全，應該暫時外出避風頭，就介紹他去佘山小鎮的一位朋友家「避難」。

鄭先生是一位有膽識講義氣的人，他素來懾服王若望的人品和氣節，不怕受牽連熱情接待了王若望。王若望到達的當日，鄭先生還辦了酒席接風，王若望在農家自製的時鮮菜蔬和美味中感受真正的民意，六四屠殺激起的民憤和人心之向背盡在不言中。他由此堅信，坦克可以撞倒豎立在天安門的自由女神像，但撞不倒民眾渴望自由民主的信念，民主和自由一定會降臨中國大地。

鄭先生家是書香門第，屋裏存放著許多圖書，王若望藉此讀書打發逃亡在外的無聊日子。他讀了《顧亭林文集》、《三民主義》、《胡適文存》、《冰島漁夫》、《清史稿》、《拿破崙傳》等書。

王若望在鄭家住了一個半月。

從七月起，作協的領導找羊子談話，他們轉達公安部門的意見說，「叫老王回來吧，保證不會有麻煩，回來學習學習，檢查一下就行了。」王若望接到羊子的電話，以為風頭過去了，真的沒事了，就乘火車回上海。

王若望到家的翌日，上海作協的人就打電話向他表達問候，並請他明天去作協聽傳達文件。讓他聽文件也算好事，說明還保留著他的政治待遇，他毫不生疑地按時前往。

作協的一位女士接待了王若望，詢問了他的近況，他陳述了自己在佘山的生活。話猶未盡，兩名公安人員破門而入，他們向王若望出示了「傳訊證」，即刻把他押上警車，上車前王若望大聲高喊，「這是一場騙局，我是壓不倒的！走著瞧吧！」

到了公安局，一位警官接待了王若望，他態度還算和藹地說，「請你來沒啥大事，只是為了核實幾件證詞，你知道就講一句『對』，不清楚就說一個『不』，這件事與你無關，不過你出去以後要保密，因為這件案子並未了結。」

王若望說，「好吧，我一定據實回答。」

警官沒說啥就走開了，只留下一名警察坐在門口把門。約莫過了一刻鐘，那位警官回來了說，「不用核對證詞了，王同志，你可以回家了。」

王若望如釋重負地站起來，心想他遇上了難得的好警官，對他比較寬容禮貌。警官用警車送他回家，還有三個警察坐著另一輛警車跟在後面。

警官把王若望送進家門後宣佈，「從今晚起，對你實行監視居住，除非我們找你詢問，你不得擅自離家。你的大門外有警察值班。」警官說著，取出一張紙給王若望，要他在上面簽字。紙上印著，「本局政保處決定，為維護社會安定起見，茲令本市公民王若望接受監視居住，自一九八九年七月十九日至　月　日止。」下款印著市公安局長的名字。其中王若望的名字和前面的日期用筆寫著，後面的日期卻是空白。王若望感到不妙，也許是無限期的，就說，「請寫明結束監視居住的日期，我再簽字」。警察說，「按規定是在執行的第一天簽字，請簽下你的大名。」

王若望被迫簽了字，然後警官又宣佈，「除了上面指定的主人外，家屬和雇工能自由出入；外面親友來訪，須接受值班警察審查。監管日期的長短，就看你如何執行規章。」監視居住的罪名是「動亂嫌疑」。

警官退出以後，三名警察就在王若望家門口駐紮下來，他們二十四小時分三班在門外守著，王若望除了接受提審外不得出門。每次提審王若望的內容類似，不外乎八九民運期間參加哪些遊行，在哪裡發表了講演，還有給鄧小平寫信的事等。

提審的警官自知，論是非不是王若望的對手，就只追問記錄事情的經過和細節。警方知道，王若望在六四的作為都是公開的，他從不隱瞞迴避，他們不過是核實認定，並以此顯示威懾力。

幽居的日子十分難熬，王若望不做家務毋需出門買東西，但他每天要出去跑步或散步，每週去游泳一、兩次，怎能閉門不出？他請門口的警察通融，並向他們提議，可以跟著他去散步。但警察不予許可，他們解釋這是上級的命令，他們不能擅自違反。

王若望出不了門，小房間的自由還是有的，可以和別人打電話，但電話受到竊聽監控，他找人打電話就是給人添麻煩，他怎能盲動？他無法和外界聯繫，又不能「困獸猶鬥」，只好苦中作樂，除了看書練書法，他就經常唱京劇，以此宣洩怨氣。他唱得最多的就是「四郎探母」中的一個段子，「我好比籠中鳥有翅難展，我好比南來雁失群飛散，……」

在門外看守的警察聽了，互相議論，「這個老頭倒蠻有意思的，禁閉在屋裏還有心思唱戲，不知啥事讓他這麼高興？」

來客必須出示證件，還要在登記表上簽字方能入內。有位朋友進門第一句話就是「老王，你現在成中央幹部了，同趙紫陽的級別一樣，門口有『警衛站崗』，多『威風』哪！」王若望譏笑道，「確實很像，只有一點區別，趙紫陽的警衛是聽趙紫陽的，而我得聽『警衛』的。」

王若望不能往外走，只得往內走，經常去陽臺上透空氣，低頭看看下面的馬路和行人，仰面看看天上的雲彩和星月，以此感受大自然和市井人氣。

入秋後，晚上開始微涼。有一日，他穿著短袖汗衫坐在陽臺上，時間坐久了受了風，半夜開始咳嗽。次日，他向門口的警察報告病情，看病不在「禁出」範圍，兩名警察送他去醫院，他託生病的「福」外出「兜了一次風」。

王若望在囚禁中過了二十多天。到了九月八日上午，羊子去上班，出門時，他還毫無戒備，安然地對她說，「你看，公安局這麼多天不傳訊我，看來會很快撤銷門外的看守。」

好像是「應驗」王若望的話，下午就來了兩位公安，他們宣佈停止監管王若望，但不是恢復他的自由，而是處罰升級，讓他去參加學習班，還要帶上毛巾牙刷等生活用品，可見不是一、兩天的短期班。

王若望疑疑惑惑地下樓，剛跨出樓門，就碰上一副寒光刺眼的手銬，倏忽間手銬已勒住了他的雙手。哪有戴手銬去學習班的？號稱執法如山的警官，竟搞如此拙劣的謊騙把戲！王若望對警察正色道，「你們太費心了，我年過古稀，手無縛雞之力，要關要宰還不由你們，對我來說大不了就是一死，何苦對我耍這種花招！」周圍鄰里都在窗內默默張望，目送白髮揖揖的王若望上囚車。

當時的場面很氣派，光拍照攝像的就有四、五個人，攝錄王若望帶銬上囚車的全過程。奇怪的是，上了車反而把手銬給摘了。事後，在市委工作的熟人透露，當時鄧小平正在上海，上海當局把此錄影呈送鄧小平，讓鄧小平過癮地欣賞一番，以此邀功。

王若望又坐上了窒息人的囚車。文革時，他被按上現行反革命帽子，先在人群蜂擁的批鬥會挨鬥，會後也被押上這樣的囚車。

囚車的車窗玻璃掛著黑幕，押送的警察也知道在做見不得人的事。王若望哀歎，鎮壓者比被鎮壓者更虛弱。

二、無罪的囚徒

囚車開進一個院子，王若望走出來時不由一愣，這裏的房子怎麼這麼熟悉，難道是夢境？紅磚的外牆，墨黑的鐵門，獨缺一對狴犴，哦！原來是第一看守所，老相識了。不過，明明是另一種形式的監獄，卻稱看守所。

二十二年前，他作為毛澤東的囚犯被警車拉到這裏，見證和親歷了血淋淋的毛式紅色恐怖；今天他成了鄧小平欽定的囚徒二進宮，荒誕和悲哀的「舊地重遊」，儘管與重遊風景地的心情決然不同，但感覺完全相同。這就是中國二十二年來的「進步」！

此刻，王若望不由想起顧亭林晚年對清廷的慷慨陳詞，他一邊往大門走，一邊無聲地輕吟「七十老翁何所求，正欠一死，若必相逼，則以身殉之矣。」他以此自勉，也以此向強權表達視死如歸的信念。

兩天後，王若望接受第一次審訊。一個戴眼鏡的審訊員按例先問王若望姓名、籍貫，然後提出一個不成問題的問題，「你可知道這次為啥拘留你？」

王若望答道，「這個問題你應該去問抓我的人！」

「你應該知道自己犯下的罪行，司法部門總不會無事生非地拘捕你吧！」

「這麼說，你知道我的『罪行』？那麼就請你告訴我，我犯了啥罪？觸犯了哪條法律！」

審訊員說，「你不會不知道自己的犯罪事實，我們給你機會，並依據你的認罪態度量刑！」

王若望明白這又是誘降的陽謀，答道，「我根本沒罪，是有權力的人不遵從國家的法律，把我這個清白人關進來，該反省的應該是決定關我的人。」

「你的意思是我們不按法律辦事？」

「你說你們按法律辦事，那請教審訊員先生，按刑法上的條例，殺人者償命，這一條現在還有效嗎？」

「我國的刑法非常完備，當然繼續有效囉！」

「在馬路上公開殺人，那一定要判他死刑吧！」

「你扯遠了，這個問題和你所犯的罪行無關，還是回到你自己的犯案上來吧。」審訊員看出王若望別有用意。

「我沒離題，既然我國的刑法完備有效，那麼按照刑法的條例，殺人者必須償命，但現在的情況是，公開殺人的兇犯逍遙法外，而像我這樣抗議殺人的人卻有罪，這不是完全判顛倒了？你說，我能認這個罪嗎？我如果認了罪，不但褻瀆了自己，也是不尊重中國的法律！」

面對王若望的嚴正論理，審訊員無言以對，他摘下眼鏡，遲疑了兩、三分鐘才說，「你是含沙射影攻擊黨的領導人？玩弄顛倒的正是你這個頑固分子！」

王若望規勸他，「我請求你做個清官，真正按法律的條例公正辦案，我不信你會昧著良心站到昏官那邊去。」

審訊員說，「你別忘了自己的身分，哪有犯人到這裏來教訓警官的？我會把你剛才侮辱公安人員的話，作為新的違法言行報上去。」說到這裏，審訊員按一下警鈴，便來了一位警察，押送王若望回監房。

接下來的幾個月，沒人再來審訊王若望，看守所的大牆內不再提審他，大牆外的宣傳機器卻開足馬力對他缺席審判。

《人民日報》刊出〈王若望其人其事〉，文中先不得不承認「八〇年代的上海灘，大概沒有人不知道有一位大名鼎鼎的作家王若望的」，然後筆鋒一轉，「王若望的文章，看標題就知道其傾向性，而且膽量極大。他不是政治家，卻大談特談各種政治問題；他不是經濟學家，竟然到處談經濟問題。當然他所談的一切，都是站在資產階級自由化的立場上的。」

文章指責王若望不尊重黨在文藝方面的方針政策，尤其痛恨毛澤東〈在延安文藝座談會上的講話〉，「在王若望眼裏，黨不重視的東西就發展，黨一重視它就會像烈日下的幼苗一樣枯萎。」

文章「揭露」王若望在「六四」中的罪名，王若望說，「有一點可以肯定，這次學生運動起來了，是壓不下去的。……這場運動的本質是政治運動。」五月廿一日，「王若望對其同夥說，形勢大好，我特別期待今天有更大的變化，工人參加了，市民參加了，他們（指黨和政府）的日子不會長久了。」

上海《文匯報》也用半個版面批判王若望，指控王若望「用民主改革的口號『污染青年的思想』」。還抹黑說「王若望是個有名無實的作家，他的名氣不是由於傑出的著作，而是由於所謂的『民主鬥士』。他甚至攻擊鄧小平同志『垂簾聽政』，說『十一億人民聽命一位帝王的時代已經過去了。』」文章最後暗示，「王若望最終將受到法律的懲罰。」

不久後的一天，王若望又被押上囚車。途中，為了不讓他知道去向，警察不顧他的抗議，強行給他帶上一個黑頭套。這次，囚車把王若望移送到一個不掛牌的拘押點。

王若望進去後很快知道，這家看守所還關押著不少參與六四的學生領袖和知識分子，看守所當局怕他們互相串通，把他們分在不同的牢房。王若望被關在二十一號監房，他進去時已有三人在「住」，一個三十多歲，兩個五十左右的年紀，獄中規定囚犯不能互探案情，不過，沒過幾天他就知道他們都是經濟犯。

王若望一進去就等當局進一步審訊，可以儘快宣判了結案子，他不希望重複文革中不宣判的「無期徒刑」。但三天過去了，獄警沒來提審；一週過去了，獄警還沒來提審；一月過去了，還是沒來，他估計當局是用冷處理的方法逼他認罪吧？

三、國民黨的小囚徒

王若望漸漸和同監的人熟了，那個年輕人見王若望一頂雪白的頭髮，七十上下的年紀，看上去是有文化的長者，心下生疑，他不像幹偷雞摸狗勾當的老漢，為啥坐牢？好奇地關注了他一兩天，才開始有一句沒一句問王若望犯了何罪？

王若望說，我沒罪，不過抓我的人認為我有罪，罪名就是我寫的文章和講演說出了他們怕聽的話。

「原來你是作家啊，怪不得我看你就不像是犯人。」

五十多歲的甲犯說，「怎麼不是犯人，這叫政治犯！」

年輕人說，「我們弄錢，被逮住了認命，逮不住可以快活幾天，你為啥要寫政府不喜歡的文章，難道為了幾塊稿費坐牢？」

王若望想，他們都是六四前進來的，不知外面發生了大事，暫時理解不了他所做的事，就風趣對他說，「就像你說的，你看到錢手就癢，就忍不住出手，被抓住，就是經濟犯。我是看到社會有不平的事，就忍不住要說出來，或寫出來，我們彼此彼此。」

「可是，你這麼大年紀，太不值了吧？」

「不瞞你們說，我從十五歲就開始坐牢，習慣了。」

「十五歲就坐牢？你跟我們開玩笑吧？」

「這裏是牢房，哪裡是開玩笑的地方，你們看過電影《三進山城》嗎，我是三進三出牢房的『慣犯』，不過第一次坐的是國民黨的牢。」

聽到這話，大家立即對王若望刮目相看了，五十多歲的乙犯中年人說，「那麼你是老革命囉？」

年輕人困惑了，「坐國民黨牢的人，怎麼又坐共產黨的牢？」

王若望呵呵苦笑了一下，「你問我，我去問誰？」

「我看過小說《紅岩》，他們在國民黨的牢裏可以搞絕食鬥爭，江姐還和姐妹們一起繡紅旗，這都是真的嗎？」

王若望說，「都是真的，我在牢裏就參加過絕食鬥爭。」

此後的幾天，在同牢房的人請求下，王若望斷續對他們講了第一次坐牢的「有趣」故事。

說起坐牢我確實是老資格了，我是一九三四年進國民黨牢房的，那年我還不滿十六歲，當時，我入團已一年，正在做地下工作，一直處於各種危險中。一次，組織委派我去工廠煽動罷工，由於叛徒出賣被逮捕了。

我先進專審政治犯的市警察局三科，再進龍華警備司令部軍法處看守所，最後被判十年，關押在漕河涇第二模範監獄。判十年以上的都是重刑犯，得「享受」套幾公斤重腳鐐的待遇。

這是受罪的一面，也有快樂的一面，當然是苦中作樂的『樂』。第一件是參加「八卦大學」。「八卦大學」是我自造的名稱，不是專門研究易經的大學。監獄裏有一個地下圖書交流網，圖書的內容和種類五花八門，文藝類、經濟學、哲學、中外歷史、聖經、佛經，還有商務印書館的「萬有文庫」、「世界文庫」和大學叢書，甚至還有被認定為赤化的禁書，諸如馬克思恩格斯的著作，介紹蘇聯的出版物，可以說應有盡有。

你們問那麼多書哪裡來的?當然通過非法管道獲得，家屬每月一次探監時可以帶書來，如果是剪報和禁書，就給幾塊錢買通看守放行，出獄的人都把書留下，使監房裏的地下圖書愈積愈多，每個號子裏有人專管，在規定時間裏傳遞到別的號子，保證做到人人手頭有書可讀。

坐牢的人被迫與家庭一刀兩斷，與社會也失去了聯繫，拋棄七情六欲，雖然殘酷難忍，卻也免受干擾，可以專心致志地學習。坐牢前，我高小畢業又讀了一年師範就輟學了，沒想到在牢裏補習了文化。正當求知心切記憶力強的年齡，所有流通到我號子的書我都讀，扎扎實實讀了許多。監獄裏啥犯人都有，在學習中遇到問題，就向有學問的人請教，學業日日長進。在看大量中文書的同時，我還騰出時間學外語，語種視同號的外語老師而定，通曉俄文的，我就學俄語；會英文的，我就學英語；我還學過日語、世界語等。真是不似大學勝似大學，所以，稱為「八卦大學」名副其實。

第二件事，你們在《紅岩》讀到的絕食鬥爭，我們監房也鬧過一次。事情的起因是，一個新上任的典獄長剋扣囚糧，他給我們吃糧倉底層儲存很久的倉腳米，就像米渣，吃下肚沒有米飯的味道，引發犯人得腳氣病。正巧又發生一個刑事犯被工廠管理員打死的事件，釀成絕食鬥爭的導火線。

由政治犯帶頭向監獄當局提出四個要求，一、要求換食大米，飯要煮熟煮乾，不得剋扣囚糧和菜金，小菜品種要常更換；二，改善醫藥治病水準，緊急救治腳氣病患者；三、不得打罵犯人，要求法律保障；四、犯人帶鐐已滿一年者，即予開鐐。

我們附帶提出政治要求，在救亡共赴國難的全民奮起中，儘快釋放所有的政治犯！

我們把絕食鬥爭的消息送出去，《新聞報》刊登了一則短訊，《立報》刊出了呼籲書，《生活知識》開闢了專欄報導，漕河涇犯人集體絕食的消息在上海傳開了。

典獄長慌了手腳，不得不答應我們的要求，給我們調換大米品級，保證改善伙食；令看守管理人員善待服刑犯人；責成醫務處迅速治療預防危害健康的傳染病。堅持了三天的絕食也像《紅岩》裏一樣以勝利收場，我腳上的鐵鐐也取走了。

後來，我們一百多個政治犯被轉到蘇州的「反省院」，到那裏後我們又鬧了一次絕食，也取得了預期的勝利。

講這些時，王若望常沉浸在往事的回憶中，有時會情不自禁地哼起在上海和蘇州監獄中學來的〈囚徒之歌〉——

囚徒，時代的囚徒！我們並不犯罪，
我們都從火線上捕來……憑它怎樣虐待，
熱血依舊在沸騰，鐵壁和重門，
鎖得住自由的身，鎖不住革命精神……

黃飯和臭菜，蚊蠅和虱蚤，
瘦得了我們的肉，瘦不了我們的骨……

四、共產黨的老囚犯

王若望講這些軼事時，同監的人都聽得津津有味，彷彿在聽活生生的《紅岩》人親自講述，講到精彩處，年輕人還不時提問。只有五十歲的甲犯一言不發地聽著，直到王若望的故事講完了，他才在晚上睡覺時悄然問王若望，「老王，以你的坐牢經歷評判，坐國民黨的牢和共產黨的牢有啥不同？」王若望低聲地回答：

聽了我的故事你還不明白？像我說的「八卦大學」，我們現在能辦嗎？當初我們監獄集體絕食，現在誰敢出頭組織？即使有人出頭，有人敢跟上來嗎？最大的不同是，國民黨不搞思想改造，就是不給犯人洗腦。整個漕河涇監獄只有一個教誨師，相當於現在的政治輔導員，教誨師的工作是檢查犯人的書信，發放教會的《聖經》等教義和佛教印刷品。結果，他在檢查我們的左翼出版物時，像蠶寶寶落在桑葉堆，自己先一本本過細的咬嚼，然後再蓋章放行。最終，這個教誨師自己成了馬克思主義者，這種事現在的監獄會有嗎？你看，我們這裏只許看老毛的書，連《聖經》也不允許看，這是洗腦，不是勸人為善的教誨。

典獄長為啥慌了手腳？他生怕犯人絕食死亡影響烏紗帽，他還是有所畏懼。今天，共產黨的公檢法為所欲為草菅人命，他們管轄下的犯人好比螞蟻，你絕食不吃飯，正好節省糧食，弄死一些犯人，他們連眉頭都不會皺一皺。

從漕河涇監獄轉移到蘇州反省院那次，我們一百多個政治犯站在車上，經過大馬路時舉起戴手銬的拳頭高呼口號「打倒賣國投降的南京政府！」「中國共產黨萬歲！」圍觀的路人達萬人。今天敢喊類似口號的囚犯，早就吃「花生米」了！

在我看來，對犯人的處置不同還在其次，共產黨和國民黨的最大區別在對犯人家屬的態度上。當年我坐牢，國民黨根本不通知我的父母，也不會有「反革命家屬」，我父母也沒受任何來自政府的壓力。我不寫信告訴父母，他們永遠不知我在坐牢。現在是啥情況，我不說你也知道了，一個反革命，會帶出多少反革命家屬？

甲犯聽了，在暗中不停地低頭歎氣。

有一天晚上，甲犯為王若望操心說，「你進來三個多月了，還沒提審你，拖得這麼久，不知他們葫蘆裏賣啥藥？」

王若望說，「我是橫豎橫了，做好了死的準備，沒啥可怕的。說到審訊，我還有一個最深的體會，就是國民黨要你的真口供，共產黨要你的假口供。」

由「口供」引出了王若望第二次坐牢的話題。

那是文革初期的一九六八年八月，我被押送到漕河涇看守所。記得第一次受審，我踏進十多平米房間就吃了一驚，脫口而出：「咦！我好像來過這裏？」

審訊員不知我說的含義，自以為是地冷冰冰說，「怪不得你屢教不改，原來你是累犯！」

說起來，真是編小說的材料，這裏是當年國民黨審問我的地方，我身下坐的也是當年硬木椅子，我總覺這張椅子這麼眼熟，低頭往左右掃視，看到扶手上有兩個洞眼，是用來穿繩子縛囚犯手的，是犯人的專用椅，防止犯人搏擊警官。

我抬起頭自傲地對審訊員說，「你說累犯也沒錯，只不過上次我坐的是國民黨的牢，是三十多年前的事，我為信仰遭逮捕，就是為了建立今天這個共和國！當時，國民黨承審員就在這個房間審問我，沒想到，今天在同一個地方我又受共產黨審查。」

審訊員聽出我在發洩不滿，挖苦我說，「是的，過去你是老革命，但現在你成了老反革命了，像你這樣脫化變質的人我見得多了，本來我可以打開你的手銬，你給我擺老資格，我就不客氣了，沒法對你仁慈了。」——然後，他用手指著牆上「坦白從寬，抗拒從嚴」

的標語說，「既然你是慣犯，你應該懂得這條標語，跟我老老實實坦白自己的問題，爭取寬大處理才是上策。」

我掃了一眼牆上的標語，他們把「坦白從寬，抗拒從嚴」當對聯貼在毛像左、右兩邊，我心裏好笑，那種貼法好像暗示毛不夠坦白，迫毛老實交代！這種標語是叫人上當誘供的陽謀，我才不上當咧。

我知道審訊員要啥口供！我的罪名也和毛畫像有關，我去看望一個被抄家的朋友，我同情她的遭遇，指著她家牆上的毛像說「要是他早點死脫就好了！」她揭發我咒毛，還誣告我污衊林彪。好心得惡報，我成了現行反革命，還被逼承認無中生有的事。這就是我說的「國民黨審問共產黨員，要的是真口供；共產黨審問共產黨員，要的是假口供」的來由，我只好採取一概否認的態度。

我的「頑抗到底」激怒了公安，現行的把柄抓不到就翻歷史老帳。按文革時的邏輯，從國民黨牢裏活著出來的人，十有八九是叛徒，我能提前釋放，只有一種解釋，鐵定是爬出狗洞的變節者。他們派人內查外調我的坐牢史。當年和我同監的難友不少做了大官，其中有的當了省長、副省長，有的當了軍區司令，他們一致證明我的清白。

公安沒有抓到我的罪證，定不了刑，就把我當未決犯，既不起訴也不判決，讓我一直在看守所待判。當年，國民黨判我十年徒刑，因國、共合作抗日才幸獲大赦，實足未滿四年，我以為占了便宜，時隔三十一年，共產黨代替國民黨「追訴」我欠的宿債，一個老共產黨員受自己的黨補足刑期。

起初，我還不太在乎，以為判不下來就是定不了罪，拖一陣就得放人。但一月又一月，一年又一年，沒有盡頭地坐牢，倒成了遙不知底的無期，真不如判個幾年還有盼頭。

在此期間，我還得承受恐怖的鎮懾，尤其是節日，看守所大牆外是「每逢佳節倍思親」，但在大牆內，我們是「每逢佳節必殺人」。中國歷史上有「秋後處斬」的成規，就是順應天時，在秋冬樹木凋零的季節行刑，否則要受天罰。而共產黨不懼天神，他們專挑五一節、國慶日、春節等大節日殺人立威，還到處張榜公佈死刑犯，以此造成恐怖氣氛。有時要殺的「雞」不夠多，就來看守所找犯人「陪殺」，以壯大「雞」的陣容，強化「警猴」的作用。如此形成規律，犯人們每到節前就提心吊膽，不知下次又輪到誰做「替死鬼」。結果，那些日子，平時狼吞虎嚥的犯人都會吃不下飯。

就這樣，我一直作為未決犯坐在牢裏，直到林彪出事才出現轉機。一位有良心的審訊員同情我，他覺得憑我講一句話，又沒第三者作證，不應該定罪。這次他找到了幫我的理由，上報說，「林彪叛國出逃證明王若望罵對了，他的這條罪狀不能成立。」他建議對我教育釋放，我這才於一九七二年六月回家。

即便如此，我已經無辜坐了四年牢。

這還不算，出獄不等於我完全解放，我還帶著現行反革命帽子，還得老老實實夾著尾巴做人，因為我「反林彪」反對了，但反毛的言論還在，還是現行反革命分子，到一九七九年才徹底脫帽。

誰會料到，十年後我再次戴上反革命帽子，這把年紀了竟然第三次坐牢，罪名呢，還是說了社會的真相，寫了中國的實情，這就是當下的中國！不過，這也是命中註定的事。

王若望逗笑道：

在延安時，一次，一位教官點名，將我的名字錯念成「苦望」，他念錯一個字，害苦了我一輩子。

五、不屈的抗爭

一個月又一個月過去了，仍然沒人來提審王若望，難道當局真的像上次一樣，讓他一直作為待決犯蹲牢房？二十年前，他五十歲，還經得起危苦，如今已是快入土的老翁，經不住上回那樣的耗磨了，也許當局就是想用這種方法拖死他。

好在他是幾進幾出的「慣犯」，人間最不堪的酷刑和生死都見識過了，他黽勉自己沉住氣，把生死置之度外，做最壞的打算，期待「最好」的結局，「兵來將擋，水來土掩」，面對陰狠的冷處理，也要不急不躁，以「忍」耐力自恃應對。

又過了四個多月，就在王若望幾乎死心時，審訊員出現了，這次，審訊員直截了當地說，「你在這裏已經待了很久了，經過這麼長時間反省，應該認罪反省了！」

王若望答道，「該說的，上次我已經說了，沒啥要補充的。即使再關我兩三年，我也想不出犯了啥罪，只知道我的言行沒有觸犯任何法律！」

審訊員說，「你知道黨的政策，認罪態度和量刑相關，比如兩個犯同樣罪行的人，認識錯誤有悔改誠意的可以減刑，具備條件的甚至可以釋放。我是希望你學習這種人，坐牢可是一種難挨的苦役啊！」

王若望絕不鬆口，「你知道我是慣犯，難道會不知坐牢難挨？問題是不能承認自己沒犯的罪行。」

在唇槍舌戰的交鋒中，面對王若望的據理力爭，審訊員無言以對，只能語帶威脅地說，「既然你不見棺材不掉淚，你就繼續在牢裏待著吧，反正你習慣了。」

王若望入獄後，家屬每月十五日可送一次東西，但不允許與他見面，也不能通信，他提出要求說，「我不能違心地認罪，如果你們繼續強迫我無辜坐牢，我只能繼續忍受，不過，我希望得到在牢裏讀書的權利。」

審訊員考慮了一下，同意家屬探監時帶書來，不過禁止有關政治和時局的讀物。

羊子下次帶來司馬遷的《史記》和《毛澤東選集》，王若望知道羊子的用心，《選集》可以迷惑看守所長，可以滿足他把牢獄當教化院的目的。

當年，國民黨監獄允許犯人讀書，他還戲稱為上「八卦大學」，國民黨監獄還有「放風」制度，准許囚徒到場地上步行半個小時。這次，王若望入獄後沒放過一次風，由於長時間不見太陽，再加營養不良，不到一年，他的牙齒開始鬆動。

一日，王若望的牙齒一嚼就疼，無法進食，他向看守提出診治的要求，看守說，「我快下班了，明天再說吧。」次日他再提要求，看守又推到明天，使他連續三天不能吃飯，晚上疼得不能入睡。最後請一位牢友報告看守，才請來一位醫生，問他哪裡不舒服？一聽說是牙痛，即說，「我是內科醫生，沒法治牙病。」說完就走了。

到了第四天看守才讓王若望去「醫療室」，醫生檢查後診斷為牙周炎，必須拔掉兩顆牙，才能解除病痛。監獄裏沒有這個條件，只能用止痛片對付，他憑著頑強的抵抗力才挺過來。

有一次，輪到王若望監房的人理髮，他理完回來，有個孫姓年輕看守進來，見沒其他犯人，就問他，「你想家嗎？」他說，「想啊，又不讓我通信。」小孫表示願意為他帶信。

王若望起先還有點懷疑，看守都是警校畢業，經過嚴格政審挑選出來，他怕萬一不慎被引誘上當。不過，小孫平時已經流露對他的好感，總是微笑著和他說話，允許他們監房延長看電視。

王若望猶豫了一下，決定託付小孫，「我想從我愛人那裏獲得外面的消息，對我來說這是最重要的事。」小孫讓王若望寫明家庭地址和親筆簽名，以便取得家屬的信任，他當場塞給王若望一支鉛筆，王若望在紙上寫了，「我很好，請放心。請送點香煙來。」

小孫還向王若望通報，「這裏還關著四十多位政治犯，都因參加六四遊行被逮捕。」

王若望問他，「其中有文化界的名人嗎？」

小孫頓了一下說，「有一位是張偉國。」

原來《世界經濟導報》的駐京記者也被捕了。八七年王若望被開除黨籍後，張偉國幾次去看望王若望，他們互相交流對政局和時勢的看法，談得十分投契。囚禁在孤絕的囹圄，他多想和同道見一面。但牢房為防範政治犯交流，不予放風。難得有幾次好天，看守所讓犯人們去院子裏拔草，就算放風。王若望年紀大了，免予勞役，他倒願意去幹這份苦役，至少可以和張偉國等熟人照個面，或許還能說上幾句。但王若望的願望難以兌現。對比當年國民黨治下的經歷，他再次體驗到共產黨監獄的嚴酷。

王若望突然有了主意，彼此不見其人，但可以傾聞其聲。一日，王若望看著黃昏的天色，大聲地唱起了京戲，又是《打漁殺家》中的段子——

> 猛抬頭，見紅日墜落西下，……聽一言，不由我七竅冒火，
> 不由人一陣陣咬碎牙窩，江湖上叫蕭恩，不才是我，

大戰場小戰場，爺見過許多，爺本是出山虎，獨自一個，
何如爾看家犬，一群一窩，爾本是奴下奴敢來欺我……

王若望向張偉國通報自己，也藉此表達自己的心聲，順帶痛罵了獄卒走狗。
張偉國也得到傳聞，隔壁住著王若望，也苦於碰不上面，聽到王若望熟悉的唱戲聲，十分欣喜，他用流行歌曲回答王若望的問候——

送戰友，踏征程，默默無語兩眼淚，
……戰友啊戰友，親愛的弟兄，
當心夜半北風寒，一路多保重。
送戰友，踏征程，任重道遠多艱辛，
……山疊嶂，水縱橫，頂風逆水雄心在，
不負人民養育情，戰友啊戰友，親愛的弟兄，
待到春風傳佳音，我們再相逢。

王若望和張偉國用歌聲傾述共鳴，在獨特的交流中彼此鼓勵慰藉。

小孫通消息後不久的一日，看守喚王若望去審訊室，裏面坐著一位他沒見過的審訊員。審訊員好一會兒不說話，只用鷹隼般的目光逼視王若望，想在氣勢上壓倒他。

王若望心想大事不好，那個小孫可能暴露了，或者他本來就是設下圈套讓他上當，他也裝作懵懂無知地回視審訊員。

審訊員開口了，「你進來快一年了，總不能這樣拖下去吧，我是願意提早結案的，就看你能不能合作了？」

王若望答道，「做啥事才算合作呢？」

「很簡單嘛，只要你保證今後不參與政治活動，就能夠無條件釋放。」

虛驚一場，跟小孫的事無關，王若望懸起的心放下了，然後不緊不慢地問，「你說的政治活動比較含糊，反對或者擁護黨都在『政治』範疇吧？」

審訊員強忍下怒氣說，「你不要玩文字遊戲了，當然是指反對黨中央囉。」

「我還是那句話，你們應該捉拿審判殺人者，而不應該把抗議殺人者關進監獄。古人讚頌正直的法官是『明鏡高懸』，當今的警官只能說是『黑幕枉法』了。不過，我相信昏官總是極少數，你會主持正義不站在屠夫一邊的！」

審訊員耐心聽完他陳述後說，「看來你是不能保證今後不再參與政治活動了。不過我要警告你，肯定會判你刑，到那時可不要後悔！」

王若望答道，「即使寫了保證書，該判刑的人還是逃不掉。這樣的例子我見得多了。既然命中註定還有一場牢獄之災，後悔又有啥用？」

審訊員又說，「先前的審訊員介紹說，你長著一顆花崗岩腦袋，果然如此。」

未幾，又一次提審王若望。這次換了一位戴著四顆星帽子的審訊員，那人用手握判決權的語氣說話，王若望不免產生等待判決的緊張。

審訊員說，「我看過你的案卷，我還想給你最後一次機會，只要你口頭聲明不再參與政治活動，我們這就呈請上級部門對你寬大處理。」

王若望說，「口頭承認和書面承認有啥不同？如果用嘴巴說幾句違心話，不過是在你面前表現口是心非罷了，我相信你不會支持一個偽君子吧？」

「你不肯承諾，說明不想糾正老毛病，不願改過自新，今後還要參與政治，也就是拒絕政府給你的出路，不接受我們的一片善意。」

王若望說，「我非常心領你們的善意，但查一查我過去的歷史，你們應該知道，我可以不爭自己的名利，但要我不為人民說話做事我很難做到！」

審訊員無奈道，「這裏不是追敘歷史的地方，既然你決心頑抗下去，一切後果由你承擔。」

他拿起文件，站起來說，「好了，你等著判決吧！」

每一個受人敬愛的男人，背後都有一個使人同樣敬愛的女人。

——柏楊

第六章　愛情是一種永久的信仰

一、羊子的短信

經過這次鞫訊，王若望心裏有底了，他從審訊員的口氣中知道，他們願意有條件地釋放他，只要他屈服認錯，保證今後不參與政治活動，以此了結他的案子。

王若望明白，當局受到了來自國內外的壓力。

六四後，中共錯誤估計形勢，秋後算帳血腥清洗，大勢逮捕參與六四的學生市民，還恢復文革慣用伎倆，羅織罪名搞大批判。效果卻適得其反，報紙電臺批誰，誰就成為英雄。尤其是王若望這樣一介老翁，當局愈肆意詆毀他的形象，他不屈不撓的形象愈贏得欽敬，也愈暴露政府羈獄無辜老人的野蠻和無道，顯示了這個政權羊質虎皮的虛弱。

這是一場心理戰，王若望摸透了當局的謀略，就橫下心決不妥協屈服，政府不怕輿論壓力拘押他，他就有毅力死死頂住。

不久後的一天，輪到小孫值班，他打開牢門喚王若望出去，隨後往王若望手裏塞了一張折疊好的紙片，叮囑道，「看後撕了它」。

王若望拿出一本書，裝作看書的樣子把紙片攤開，上面是羊子的筆蹟：

《天地有正氣》已在「百姓出版社」出書；《第二次結婚》也在臺灣印行了，是柏楊夫婦介紹的出版社。你不是孤立的，全世界的正義人士都在關注著你，你一定要挺住，要樂觀地等待到明天，我等著你平安出來。

剛看了一部新加坡電影，裏面一首插曲正好表達了我此刻的心情：

從來不問明天有多遠，只知與你共有今天，
只要真情常在兩心之間，萬重難都可改變。
從來不知怎麼去埋怨，只是與你盡力去實現，
只要真情常在兩心之間，千般恨都會減弱。
切切地盼，夢難能圓，癡癡地望，與你相見……

小小的紙片，短短的幾句，寫滿了羊子深情的愛意。牢門隔不斷愛情，王若望的眼睛濕潤了。這些年，他能無畏地一路走來，愛妻羊子的支持和輔助不可或缺，他持槍上戰場，羊子給他

傳遞彈藥；他跌倒了，羊子扶他起來；他掛彩了，羊子為他洗擦傷口。羅曼羅蘭說「愛情是一種永久的信仰」，就他和羊子而言，「信仰」兩字又多了一層涵義，羊子對他的愛，不啻是一個女子對丈夫的愛，還是羊子對王若望反專制獨裁鬥爭的認同和支持，對王若望為之獻身的民主事業的尊崇，並願意為之竭盡全力攜手共進。

柏楊推薦出版的《第二次結婚》，就是講他和羊子戀愛結婚的故事。當年，柏楊讚賞羊子說，「每一個受人敬愛的男人，背後都有一個使人同樣敬愛的女人。」此刻，這本文集出版是對他的雙重慰懷，無論羊子還是柏楊都代表了中國人的良知和正義感，說明民心所向民心所在。僅此一點，就讓他寬心，不必怨悔為民主奮鬥的一生，為自由付出的代價是值得的。

此後幾天，他每次看書前先讀一遍小紙片，每看一遍就受到一次慰勉。紙上留著羊子溫馨的手感，映著羊子期盼的目光。回顧自己戰鬥的一生，雖然萬千磨難，前行的征途上危厄叢生，但每次都有善良美麗的女子給予精神支持。幾度戀愛，他感受了女性的純潔質樸的心靈；兩次婚姻，他享受了美滿順意的愛情生活。憑此，他可以幸福地說，上帝對他不薄，在為這個國家和人民奉獻自己的一生時，兩個女人也向他奉獻了珍貴的一生。

想到這些，羊子的身影常和另一個女子重疊。一個十六、七的姑娘向他走來，姑娘眼淚汪汪站在鐵柵欄後，他幾乎叫出聲來「吳慶華！」

二、被革命分離的吳慶華

那也是王若望終生難忘的一幕，想起來清晰如見，卻是五十年多年前的事了。

那時，王若望在漕河涇監獄坐牢，一個秋老虎還在逞威的炎日下午，看守傳喚他說有家屬來探監，讓他去「接待處」。他以為是父親來看他了，不料，間隔犯人的長條桌外坐著一個年輕姑娘，他在東張西望找「父親」，姑娘激動地喚他「壽華（王若望本名），你不認得我了！」

王若望遲疑了一下才認出是吳慶華——他讀南京棲霞山師範學校的同學，他訝然地喊了聲，「慶華！是你？你怎麼來了？」

「我——」吳慶華突然發現王若望腳上拖曳著鐵鏈，再看邊上也在會家屬的犯人，淚水頓時淌下來，「你戴了腳鐐？別的犯人怎麼沒戴腳鐐？你覺著沉嗎？」

王若望淡淡地說，「他們的刑期短，我的刑期長一點，你不要擔心，戴長了就習慣了。」

慶華的臉色變白了，好似鐵鐐套在她的脖子上，焦急地問，「你被判了幾年？」

王若望後悔說了刑期的話，只得老實說，「我被判了十年，你不要為我難過，幹革命總要付出代價，我不懊惱也不後悔。」

吳慶華用手背揩一揩淚說，「現在我才真正認識你，班上好多同學也要來，我代表他們慰問你。你的牢役之災不是你個人的，也是大家的，也是我的。」

這話激揚了王若望的士氣。當初，他滿懷為勞苦大眾爭自由的信念坐牢，如今，他得到了民眾讚譽認可，就得到了堅強的精神支柱，也就更有底氣把牢底坐穿。進牢後鬱積起的委曲一下子融化了，他淚水漣漣嗚咽說，「你的話對我太重要了，請你相信，往後的日子我會過得輕鬆了。」

吳慶華把一大堆食物和日用品塞給他說：「今後需要啥寫信告訴，我一定給你送來。」

「你來看我，給了我莫大的精神安慰，勝過一切食物和用品。」王若望動情地說，「你不知道，自從離開棲霞山，我多麼想你！你可記得？那次我戲弄你，在你背上寫『驕傲的公主』！」

「那時候你多麼調皮！」吳慶華含羞笑道。

王若望迷戀地看著吳慶華，她依然梳著兩年前的短髮，還是一臉的莊重，只是多了幾分憂鬱，使她平添了成熟的美！

三年前，王若望考進南京棲霞山腳的棲霞師範學校，吳慶華和他同班，又坐在王若望的前排，她身段修長，嫺靜端莊，明亮的眼睛看人時靈動誘人，但她從不回頭看王若望。

一天，王若望要殺殺她的傲慢，孩子氣地用毛筆寫了一張紙條別在她後背衣裳上，坐在後面的同學看了格格偷笑。任課老師感到異樣，走過來看，王若望連忙扯下紙條撕碎了。他的動作匆忙而笨拙，吳慶華回頭瞟了他一眼，儘管面帶慍怒，但他還是心下竊喜，她到底還是轉過頭看他了。

老師知道王若望惡作劇，罰他「立壁角」，他羞得滿面通紅，全班同學的視線都集中到他身上，但他還是感到自己的勝利，因為他達到了目的。

不久後的一日，全班在操場上做體操，體育老師讓全班同學手拉手連成一個大圈子，王若望右手拉著男同學，左手正巧拉著吳慶華。儘管他做夢都想拉她的手，真的拉上了倒難為情了，他剛貼過侮辱她的條子。

就在他的手欲伸還縮時，慶華先伸手讓他握，他不再遲疑一把握上去。吳慶華大方地笑道，「你的小手握不住我，讓我的手捏在外頭罷。」體貼的話讓王若望寬心，他們終於握手言歡了。她還偷偷地問他，「你這個小調皮，那回你在我身後寫了啥烏七八糟的話？你實話告訴我，我就饒了你。」

王若望漲紅臉告訴她，寫的是「驕傲的公主」。

吳慶華嫣然一笑，作為報復，使勁地捏他的小手，捏得他心裏甜滋滋的。從這以後，他對體育老師特別好感，希望多上體育課，不做別的，專做拉圈子的兒童遊戲。

吳慶華喜歡看小說，她的課桌裏總是放著各種書，在她的誘導下，王若望也跟著饑渴地看新文藝作品及外國翻譯小說，都是丁玲、茅盾、郁達夫、郭沫若等人寫的。

美妙光景只維持了一年。學期將結束時，王若望被幾個同學拉去飯店喝酒，違反了校規，加上他對吳慶華惡作劇的前科，學校把他開除了。他為這事懊惜不已，他不能繼續上學，也失去當教師的機會，更難過的是從此和吳慶華分手了。

兩人談完往事，王若望說，「被學校開除後我以為再也見不到你了，沒想到我們又見面了，遺憾的是，我們再見的地方是監獄。」

「你為革命坐牢，不是你的錯，我為你感到驕傲，你要勇敢地堅持下去……」吳慶華說著，淚水又溢出眼眶，沿兩腮滾落，她顧不及擦，咬緊嘴唇悲戚地向他低語，「你坐十年牢，我等你十年，請你相信我！」

不期而至的幸福讓王若望發暈，他連忙說，「我已經熬過了兩年，只剩下八年不到了。」一想，不對，難道叫她等八年？又趕快聲明，「不行，即使八年也不行，你不能這樣做！……」

王若望還沒說完，吳慶華伸出手握住他的手，捏得那麼有勁，這是他們的第二次握手，他感到她手掌的嬌嫩柔軟，微微的發燙，手背上還留著點點淚迹。如果沒看守在旁邊，他真會撲過去把她擁在懷裏。

臨走時，吳慶華說，「我還會來看你的。」王若望起身拖著腳鐐慢慢走出接待室，就在他走出後門的當兒，又聽得她呼喚，「我的壽華，保重哇！」

王若望沒料到，吳慶華從此換了個人，也死心塌地走上了革命道路。她組織首都教師抗議審判七君子案，全身心投入抗日救亡運動。一九三六年底，吳慶華也被抓進憲兵司令部監獄。

王若望提前出獄後去南京找吳慶華，撲了個空，只看到吳慶華交給她哥哥的一封信，是寫在草紙上的鉛筆字——

哥哥，

我有今天，是預料中的，請你放心。

我會像小王那樣忍受一切，想到我們在同樣的鐵窗裏熬過青春，我感到無比寬慰……

王若望未看完鼻子就酸了，他用手輕輕摩挲這張草紙，彷彿摩挲吳慶華溫潤柔軟的手掌，一位多麼堅強多麼癡情的女性！

後來，吳慶華也獲釋了，知道王若望去了延安，她的心就飛到了延安。在離開南京的前夜，她給王若望父母寫了一封信，以王若望的妻子自薦，信中還附了她一張照片。

意外的是，組織上安排她去山西臨汾，她向領導哭訴，希望去延安見未婚夫，領導教訓她，革命者必須以集體利益為重，不能沉緬於男女私情，連個人利益都不能拋棄怎能傾身革命？

吳慶華寫信告訴王若望這一切時，他的心變得冰涼，他不明白，革命為啥不能和人性和愛情相結合？

一對苦苦相盼的戀人，就這樣，在服從革命的名義下被生生拆散，王若望從此沒能再見吳慶華。

王若望第一次認識共產黨冷酷一面。黨員只是黨的一枚螺絲釘，黨把你擰在哪裡你就得在哪裡當溫馴的小綿羊。

三、戀愛不得的女友徐春來

王若望的第二個女友叫徐春來，那是他到延安後的第一次戀愛。

王若望在延安陝北公學結業時，中央在安吳堡組織青訓班，專門培訓全國各地奔赴延安的青年人，他被分配去青訓班擔任八大隊的隊長。青訓班缺乏各科教師，教育處讓王若望給同學講解「政治經濟學」，他自己還沒掌握這門學科，只能現炒現賣邊學邊教，竟然贏得一片好評。

徐春來是北平女師大的肄業生，她被王若望的講課吸引了，課後對他說，「我在大學生物系學了一年不滿，日本鬼子來了，書讀不成了，奔赴延安，如果青訓班能設一門生物學多好，我可以繼續學習。」

王若望認得這位小巧玲瓏的姑娘，她不是八大隊的，但喜歡來八大隊打鬧歡笑。她長得明眸皓齒，有一副動人的嗓音，唱起抗戰歌曲來很富感染力。王若望聽她唱歌後暗忖，她若是進音樂系深造，必定會有出色成就。

看著徐春來帶幾分孩子氣的提問，王若望覺得她十分幼稚，青訓班培訓政工幹部，革命戰士，怎麼會開生物學課？不過，看著寫在徐春來漂亮臉蛋上的求知欲，他想出了一個變通的辦法。

王若望想，自己坐牢時熟讀《物種源始》《昆蟲的世界》等科普書籍，倒可以講講達爾文的生物學，正式課開不了，可以利用晚上時間給同學隨便講講。

平時，農村的夜晚黑暗寒冷，集體宿舍裏十來個同學合點一盞油燈，大家不能自修也沒法讀書，學生常拉王若望給他們講故事，此後，他可以改個內容，給她們講達爾文的進化論。

接下來的日子，王若望在點著油燈的窯洞裏，帶著學生跟達爾文一同周遊世界，他描述各種各樣的生物，按他的想像復活一個個生物標本。他沒有提綱，不帶教科書，全憑記憶，再加點文藝描寫，講得生動形象，學生們聽得興味盎然。

徐春來尤其癡迷，她驚詫地瞪大眼，不時張開嘴，似乎要吃下每個字符和標點。王若望宣講時，居高臨下看徐春來，看到她滿身散發出的女性魅力。

王若望每次講完，徐春來就追著他說，「你的生物進化講得很生動很有條理，比政治經濟學講得還好。」然後催他，「明天接著講。」

有一次講完課，王若望回大隊部，徐春來一路陪著，到了大隊部，徐春來打開一個手帕小包，甜滋滋對他說，「我送你十幾個山楂！」

王若望看著紅得喜人的山楂說，「你從哪兒弄來這稀罕物？」她嬌嗔地笑道，「你放心，反正不是偷的。」說罷，她揀了一個大的放到他手心，嫵媚地向他獻出「投我以木桃」的深情。他手裏捧著的不是山楂，是她的一顆血紅的心。

王若望不能拂徐春來的美意，就把山楂咬在嘴裏，在她看來，他吞下手裏的「禁果」，就是接受了她的愛。她抑制不住野性的狂熱衝動，等不及他吃完山碴就摟住他的頸項，然後把自己的頭緊貼上去，貪婪地吻他的嘴和臉。

不久，王若望發燒感冒，徐春來手上又拿著一個手帕小包來看他，關切地問，「聽說你病了，連飯也吃不進，要緊嗎？」一面說，一面摸他的額頭。

王若望說，「一點小病，睡一覺就好了。」

徐春來打開手帕包說，「這是去雲陽鎮買來的綠豆糕，你先嚐嚐這個，看你有沒有胃口？」她說著捏了一塊往他嘴裏塞，溫情得就像幼稚園阿姨餵孩子。

王若望依順地吃了，吃得美滋滋的。

幾天後，徐春來又來看他，兩個少男少女的眼神一對上，就像兩塊火石碰撞，春心楊柳，雙雙墜入情欲的愛河。

王若望把吳慶華的事告訴徐春來，她毫不計較，非常大度地為吳慶華惋惜，說王若望至今還牽記吳慶華，表明他是個有良心的人。徐春來熨貼得體的話感動了王若望，他從中看到她寬廣無私的胸懷，他們互相認定做了夫妻，只等著組織批准正式結婚。

王若望向學校領導提出結婚打算，領導說，你們倒是很般配的一對，可惜徐春來不是黨員，你先幫助她爭取早日入黨，然後再考慮婚事吧。

中國人歷來講究門當戶對，就是男女雙方財富和權勢的對等，以破除封建主義陋習的共產黨，卻弄出個身分的對等。王若望不解，徐春來不是黨員，就與黨員王若望形同天壤了？徐春來不知就裏，天真的表示，為了兩人的幸福，積極努力，爭取早日入黨。

王若望和徐春來都不知道，這是組織向他們解開的第一層面紗，過了一陣，才抖出更深的隱秘。

領導上派王若望去西安搞工運，他向組織處長請求和徐春來一起去，還自以為得計地說，夫妻雙雙有利從事地下秘密工作。徐春來跟著樂陶陶，只等組織批准，他們就可以夫妻名分去西安工作了。孰想，處長又以徐春來非黨員為由，不同意她去西安，王若望把握十足地向處長表示，他相信徐春來去西安後很快就能入黨。

話說到這個地步，處長才給他攤牌，原來徐春來父親是英國卜內門化肥公司天津代理行經理，她在表格的成分一欄裏填了「買辦」，這是徐春來久久不能入黨的原因，更是這次不能與王若望同行的理由。

處長對王若望轉告西安方面的意見，他們不願接受階級異己分子。處長以憐憫的口氣說，

「你在戀愛問題上不太慎重，忘了自己的無產階級的身分，這是年輕人通病。我弄不懂，八隊有那麼多年輕姑娘，你偏偏看上買辦的女兒？」處長想當然地問，「是她主動追求你吧，說不定敵對階級利用婚姻腐蝕我們的幹部，你不能不警惕呀！」

王若望連忙聲明，「不，是我追求她，不是她看中我。」

處長說，「那樣的話，說明你的階級意識不夠鮮明，既然這樣，徐春來不同去，你正好藉機與她脫離關係，不致於陷得更深，你要理解組織的一片苦心，為了你的前程以免你失足。」

一個幸福甜蜜的夢被撕得粉碎！

王若望聽得頭上直冒冷汗，有苦說不出，他對組織的挽救非但不感恩戴德，還惱恨黨組織又一次斷送了他的美滿姻緣，第一次是吳慶華，這次是徐春來，把他們推到一東一西，他怎麼盡攤上這樣的好事？難道戀愛與革命必然衝突？

革命戰士服從上級命令是天職，王若望唯一的選擇就是服從組織，做一個斬斷情絲的負心漢。難題是，怎麼向春來交代？她已處於幸福的夢幻中，她的心已經攜著他飛到八十里外的長安了。

他只能隱瞞真相，用別的理由搪塞，讓她保持藕斷絲連的希望，以免她忍受不了絕望和恥辱，藉一時氣性走上尤三姐的道路。他和徐春來推脫說，「上級讓我先去打前站，等一切安排妥了再去接你，你在此繼續努力爭取早日入黨。」

純淨如水，熾熱如火的徐春來，無半點戒心地輕信了王若望，還高高興興送他上路。看著徐春來滿懷春心期待幸福的神情，他想哭而不敢，還裝作愉快地和她的道別。

王若望帶著負罪感離開安吳堡，也離開了心上人徐春來。

四、離婚不得的戀人李錦

王若望落寞地去西安，沒過多久又轉入寶雞，擔任寶雞中心縣委書記，在那裏他捲入另一場戀情。

負責縣婦女工作的是李錦，她是中央統戰部副部長柯慶施的妻子。早年，李錦和柯慶施在天津機關工作，組織上安排他們做假夫妻。李錦那年十八歲，柯慶施比她大二十歲，她以為是假的，柯慶施卻假戲真做逼她就範，她抗拒了一年。最後在他的半哄半嚇下屈服了。

豈料，柯慶施是「子係中山狼」，一得手就換了副面孔，擺出大男子主義，把李錦看成可以任意指使和洩欲的女孩，李錦從此在悔恨和苦惱中討生活。兩人調赴延安後，李錦接觸的幹部多了，就更看不上柯慶施了，開始和他鬧離婚，組織上為緩解矛盾把她暫時調離延安。

王若望聽了李錦的經歷後說，「你應該早點跟他離婚，等去了延安他官越做越大，你要離婚就更困難了。」

李錦說，「是啊，組織上要我冷靜下來。我說，你們一天不答應，我就一天冷靜不下來。柯慶施用大帽子嚇唬我，說我對革命厭倦了，動搖了。我回答說，我對革命沒厭倦，對你確實厭倦了，我本來對革命不厭倦的，碰上你這號麻木不仁的人，牽連我對革命也產生了厭倦。」

「我們不是同床異夢，而是根本不同床。柯慶施對此怨氣沖天，懷恨在心，準備對我施行報復。我不怕。有幾位大姐來做說客，說他黨性強，資格老。我說，我不在乎，他官做得再大，黨性再強，在生活上像木偶殭屍，在家裏也盛氣凌人擺官架子，愚蠢粗野歧視女人，我偏不吃這套！我鐵了心離開他。」

李錦向王若望講述這些時，總是發出疑問，「我不明白，黨怎麼可以安排年輕女子去滿足當幹部的男人，我們是來搞革命的，不是來找男人的。」

王若望非常同情李錦的遭遇，也向她講述了自己和吳慶華和徐春來的不幸，不滿道，「是啊，我也難以理解，同樣以革命需要為理由，一邊把琴瑟相諧的年輕戀人拆開，一邊又把年輕姑娘硬配給年長的幹部，如此強人所難誤了多少人的青春！」

兩人互相傾訴，一肚子的憤懣和哀怨盡情發洩。李錦講到傷心處啜泣不止。王若望不停地存撫李錦，幫她出主意如何掙脫封建枷鎖！

相同的命運把他們連接起來，他們在言談中眉目傳情心領神會，感情一個臺階一個臺階地攀升。有一天，李錦直入主題地說，「掙脫封建枷鎖，很簡單，我再找一個合適的人結婚就行了。」

王若望明知故問，「你找到了嗎？」

李錦說，「我找好了，只是不知對方同意不同意？」

王若望難以為情地說，「誰？能不能告訴我？」

李錦說，「遠在天邊，近在眼前，你還裝啥糊塗？」

兩人四目相凝，看到了對方清澈眼池中的衷情，不由「噗哧」漾起笑聲，情不自禁地緊緊抱成一團。春天的夜晚如此美妙，窗外草地上的羊群氣息新鮮可聞，如豆的油燈在昏暗中熠熠歡跳，把李錦幸喜的淚珠照得金黃，李錦合淚吻著王若望說，「我們就在這裏結婚吧！」

他倆都是縣黨委委員，按不成文的規定，結婚需上一級黨組織批准。他們預定五一節結婚，宛如小孩子盼過年，新郎和新娘急不可耐地期待著佳日。一天過去了，又一天過去了，他們扳著指頭數日子，數到離喜日還有十三天了，這個西方視為不吉利的數字，讓新郎新娘沒能跨過這道門檻。

這天，王若望接到省委下達的一道十萬火急命令，讓他從速起程赴延安中央組織部報到，這命令的指向毋庸置言，就是亂棒打散他們這對鴛鴦。王若望氣得臉色一道青一道白，半天不知說啥；李錦恨得面孔一通紅一通紫，吵架似地說，「我們不理它，組織上不至於追蹤到這裏？他們也沒權利剝奪我們的結婚自由！」她不顧一切地建議，「等五一節我們完婚後你再去，反正天坍不下來，我要讓那個用奸計謀害我的霸頭知道，我已經另立家庭，叫他死了這份心！」

除非從此脫離革命，不然省委指令的「從速」和「即日」是必須服從的。王若望無奈地說，「軍令如山，君命難違，」這事決不可造次，只要我們真誠相愛，無論是指令還是霸頭都休想拆散我們，我們的婚期錯過了初一錯不過十五。

王若望這樣一說，李錦才放他跑了。

三個月後，李錦也來到延安，王若望喜出望外，問她怎麼來的？李錦得意地說，她向組織表示，願意對柯慶施回心轉意，就此瞞天過海地回來了。他們為再度相逢而拍手稱快，又恢復了往日的親昵。

人事科長找王若望談話，嚴正地提醒他，「你知道李錦是什麼人？她是有夫之婦！她的離婚問題還沒解決，你怎麼可以親近她！我們把你從寶雞調回來，就是怕你鑄成大錯！你怎們仍舊執迷不悟？難道你喝了迷魂湯？我們不講黨的紀律，僅從倫常道德方面來說，你的行為也是不允許的！」人事科長要求他立即和李錦絕交。

王若望無奈地說，「那麼我通知她，叫她不到這裏來就是了。但目前不能做到斷絕往來，這樣做對她來說刺激太大，也太冷酷了。你們應該瞭解李錦的個性，她是個烈性女子，既然她敢對抗當部長的丈夫，就啥事都幹得出來！」

領導教訓他說，「方式當然要講究，但關係是必須斷絕的！你千萬不要死心眼，糾纏在李錦身上對你沒好處！」

同時，依仗封建倫理道德，延安暗傳一種輿論，責備王若望奪人之妻，是品德欠佳的人，把那位霸道的柯慶施說成是受害者。王若望明知這是顛倒黑白的謠言，但組織的警告，內外夾攻的輿論，給他造成難以擺脫的政治壓力。

王若望只得把人事科長的話告訴李錦，她愣眼瞅著他急切的追問，「你是怎麼說的？」

王若望被她火辣辣的目光弄得狼狽不堪，他沒勇氣如實轉告，也愧疚承認自己的妥協與動搖，結結巴巴地說，「……我說……我說，勸你不再到我這裏來，……。」他忽然熱淚盈眶，嗚咽著說，「對不起你了……我的處境……。」

「孬種，今天我總算看穿你了！」李錦的眼光射出蔑視他的憤怒！

王若望擦一下淚水，有氣無力地說，「做一個黨員，我能不服從組織嗎？」

李錦抓起放在桌子上的手套，捏成一團，氣沖沖地把它當做石蛋擲向王若望，然後轉身往外奔，一邊走一邊反身說，「小王，你看著，今生今世我不會再踏進大鼻子（柯慶施）的門！為了你好，我們的事算了吧，還是作個朋友吧！」

王若望抓起扔在他頸脖上的手套追出窯洞，他想把李錦的手套還給她，還想再解釋幾句，可惜，李錦已經像受傷的小鹿踉蹌下了山坡。王若望茫然無措地看著李錦遠去的背影，用握著她手套的拳頭猛擊自己的額頭，他痛恨自己的無能和怯懦。腳下的山崗是一面鏡子，照出他卑微渺小的本性，他不過是一株隨風擺動的小草。眼淚不知不覺地滴下來，他趕緊用手套輕拭，手套上有她溫潤的汗津，印著她一顆堅忍的心。

李錦走了，遠離了王若望。這段情緣在他的心中剜下了疤痕，成為他記憶長河裏一塊永不沉落的石頭，投下無法擦滅的陰影。

五、終老不得的愛妻李明

一九五〇年代，柯慶施當上了上海市長，王若望在他的淫威下工作。在反右運動中，柯慶施公報私仇，把他打入十八層地獄，整得他二十年不得翻身。

王若望自己能忍受二十年的苦難，但難以承受自己的愛妻李明為他的「罪孽」做出的無謂犧牲。

王若望和李明相識在一九四〇年。

那年四月，國民黨接受共產黨的建議，準備擴大國民參政會，增加社會各界和中共的參政員名額，中共中央統戰部在延安挑選人員參選，王若望和李明作為工人代表入選。

李明是童工出身，七歲就隨母親進煙廠做包裝，九歲那年母親不幸去世，她挑起了養活三個弟妹和外婆的重擔。十五歲那年她進基督教女青年會夜校學習，隨後加入了共青團，她在自己的工廠組建女工歌詠隊，被左翼戲劇家聯盟選中，成為一九三〇年代第一個女工演女工的話劇女主角。

王若望和李明一起參加「模擬參政會」，會場休息時，兩人互道平生。在上海做工的相同經歷，使他們談的非常投契，各自談自己的困苦和磨礪，談各人的愛好與抱負，組長戲笑他們是「假開會，真戀愛！」

李明被藝術家選中當話劇女主角，自有女孩群裏百裏挑一的美，她氣質典雅莊重，迷人的丹鳳眼含著淺笑，看人時釋出一波深沉的溫柔，她有一副體操運動員的身材，勻稱靈巧又結實健碩。

李明不輕易流露感情，都是王若望找話茬跟她說。如果說前幾次未成的戀愛，皆是女方主動追求王若望，這一次卻是他主動追求李明。

七天的會期匆匆結束了。隨著蔣介石改變與共產黨合作的政策，參政會沒了下文，「模擬參政會」被嘲諷為右傾機會主義的滑稽劇。

假會成全了王若望和李明的真愛，這次，一切順利，他們都是工人出身的黨員，是響噹噹的無產階級，組織上同意了他們的合法婚姻。

他們在延安結婚，除了愛情一無所有。

當時，首長級別的大幹部獨享一口窯洞，可以安家宜室。一般幹部都是兩人或三、四人合住一個窯洞，誰要結婚，新婚三日之內臨時佔據一個窯洞。

王若望和李明結婚沒有窯洞也沒寢具。李明自己佈置洞房，楊家嶺小禮堂有不少盆菊，她借來兩盆龍爪菊，一盆安置在書桌上，一盆放在入門處，再抱來自己的花布面被子，幾樣東西一放，陰灰幽暗的窯洞立即蓬蓽生輝。

王若望記起唐朝詩人朱慶餘的詩句「洞房昨夜停紅燭，待曉堂前拜舅姑」，知道古人有新婚夜紅燭照明的習俗，就進城買了兩紮紅燭。

結婚當日，新郎的禮服是洗乾淨的灰布軍裝，跟平時沒啥兩樣，唯胸前添一朵紙做的紅花。新娘也是灰布軍裝，是上衣敞開四個紐扣的女裝，她在胸前披了一條桔紅色的圍巾，把她映襯的愈加漂亮。

那晚，來賓爬上大砭溝的洞窟，發現裏頭大放光明，十二支紅燭高照，如同白晝，整個洞房燃起融融的喜氣。來客一進洞房，精神大振，都讚喜事辦得風光。

婚後，他們沒有自己的窯洞，就按延安的規矩過「禮拜六」，每到週末，男方的窯友讓出地盤供他們同居。

就是這樣的日子也沒過長，一九四二年的六月，結婚不到一年，組織上派王若望去山東省城工部工作，李明身懷六甲不宜長途行軍，只得留下，夫婦開始分居兩地。

此後近四年，兩人不通音信。王若望被打成「山東王實味」時，康生手下的一個紅人看中了李明，他把有關王若望問題的密電洩露給李明，暗示王若望可能掉腦袋，誘使李明跟王若望脫離關係。李明不為所動，知道王若望在山東倒楣了，日夜不寧地為他擔心，直到抗戰後他們重逢。

一年後，王若望染上了日本血吸蟲病，醫生一度宣告他生命危篤，李明又受一場驚嚇，當場暈了過去，被喚醒過來嗚咽不止。王若望重病期間，一個教導團政委和一個縣長都打李明的主意，他們擺出種種名利和物質誘惑，期望李明拋棄王若望，都被李明嚴詞拒絕。事後李明嗔怪王若望說，「你病得半死過去，我也跟著遭惹麻煩，不過，誰都休想動搖我們的愛情！我永遠是你的。」

王若望把李明緊緊擁在懷裏說，「你是我的好李明，堅貞不二，又打發了一批無頭蒼蠅！」此後國共酣戰，共產黨的部隊作戰略性撤退，王若望和李明隨部隊翻山越嶺，王若望病後體弱坐在一匹馬上，李明也剛生了孩子，但為了照顧王若望，擔著兩個籮筐，一個放孩子，一個放雜物，矯健地走在山間小道上。

王若望有心無力，羞愧又心疼地看著李明挑著小生命昂然闊步，從黎明前的微光中走向暾出的東方，從半山腰走向巒峰。漫捲的山風吹散她的頭髮，似乎要把她飄向天際，賦予她一種超人的聖潔的美！

他們不畏艱險並肩戰鬥，跨過一條條戰壕，唱響一曲曲凱歌，歡呼雀躍地迎來了「解放」，勝利走進他們為之流血獻身的「新中國」。那時，無論王若望還是李明，都不會想到，李明沒有死在敵人槍眼上，卻死在自己人的迫害中。

一九五七年，王若望被打成右派，李明也跟著受累，她的公職——公司黨委書記和市委候補委員——被撤銷了，唯一撤銷不了的是夫妻感情。

李明從不責備王若望寫雜文闖禍，也沒問他犯了啥錯誤。組織上卻威逼李明跟王若望離婚說，「你要做黨員還是要王若望？由你選擇！」她直截了當地回答，「我們有這麼多孩子，我不能不要王若望呀！」她善良的人性沒有被黨性侵蝕，矢志不移地堅守忠貞的愛情，哪怕犧牲自己也不願貶損王若望，還日夜為王若望焦心憔悴。亂棒打在王若望身上，卻痛在她的心裏，經年的憂懼分裂了她身心，崩潰了她的神經，她終於徹底糊塗——瘋了。

望著神色呆滯的妻子，王若望後悔了，也迷糊了。他十幾歲參加革命，為改造社會奮不顧身地戰鬥，為人民做著有益工作，唯獨給家人帶來的儘是災難，因為手握一支不甘隨波逐流的筆，就把愛妻推入萬劫不復的深淵。

他深深自責，真是陰錯陽差，為啥他自己不瘋？他瘋了，就不會清醒地看出這個社會的斑斑汙穢，就不會認識這個時代的種種弊端，就不會把這些流注筆端，也就不會慘遭橫禍，妻子也不會陷入這樣的境地！

從此，王若望的家庭陷入無盡的陰沉哀愁。

一個陰雨霏霏的週末，王若望從勞動改造的郊區回上海，李明不認識他似地恍惚問，「你怎麼回來了？誰叫你回來的？」又責怪他，「你為啥要反黨？」她一邊說著罵著，一邊用頭撞他，用腳踢他。王若望順服地接受了她的打罵，心想，她朝他發洩怨恨，或許能減輕她內心的痛楚。

他只能暗自自譴，是他的文字「造了孽」，害她得了精神分裂症，除了他，誰能理解她，安慰她，伺候她？

有時李明突然清醒了，會抱住王若望嚎啕大哭，向他道歉，問是否打痛了他？王若望說，「你根本沒打過我，怎麼說打痛了我？」

待在農村的日子裏，王若望鎮日為李明擔心，「她現在怎麼樣呢？她肯按時吃藥嗎？我不在她跟前，她會砸碎家裏的東西嗎？萬一她腦筋想不通，會從窗口跳下去嗎？」

幸虧王若望很快結束了勞改回上海，為了穩定李明的病情，王若望陪她消遣，教她下象棋，跟她一起朗讀《西廂記》，一起背誦唐詩，她在藝術世界中消閒，病情開始緩解。

一九六二年，李明去參加全市幹部大會，市長柯慶施在會上批王若望的小說〈一口大鍋的歷史〉，說他利用小說攻擊三面紅旗，提醒與會者，無產階級鬆一鬆，資產階級就攻一攻，必須繃緊階級鬥爭這根弦。

聽到「上海一霸」柯慶施如此非難王若望，李明覺得有一把匕首扎在心窩，頓時耳朵隆隆轟鳴，眼迸千萬金星。她認定，雖然自己坐在會場角落，人們也都認得她就是王若望愛人。她的胸口旋即被什麼東西堵住了，窒息得透不過氣來。她一個人悄沒聲兒地走出會場，然後，好似身後有洪水沖來，帶著恐懼快速逃離可怕的地方。

她步履艱難失魂落魄，以為路上行人也都認得她，就避開人群沿牆根走，恨不得有遁身術，慌腳亂步地總算找到家。一見焦急等她的王若望，她淚如泉湧，驚恐地哭訴，「老王，又是引蛇出洞……你準備著吧，這次不會放過你……」

李明又陷入精神分裂的狀態，「完了！」說完，她撲倒在床上，王若望走上去扶她坐起，她消瘦的臉白得像一張紙，失神的眼睛木然呆滯。王若望知道她舊病復發了，輕聲安撫她，「出了啥事？又犯病了，送你去醫院好嗎？」李明掙脫了他的手說，「不要理我！」然後拉開被子，蒙住頭，在被窩裏哭。

王若望趕忙向參加會議的鄰居打聽，才知柯慶施侮辱他的話。柯慶施是毛澤東腳下的奴才，對膽敢冒犯他主子的人，他什麼都幹得出，何況因李錦的事記恨著王若望，是他曾經的「情敵」！能抓住王若望的把柄自然不會放過。

又是從天而降的禍殃！李明撲在床上，哭得雙肩顫抖，嘴裏不停說「完了！」「完了！」那是絕望的叫喊，是無力面對迫害垂死掙扎的聲音！

看著驚懼失常的李明，王若望想到了李錦——柯慶施的前妻，她無法忍受柯慶施的暴虐，最終與柯慶施離婚，跳出了他的魔爪。但李明卻逃不出柯慶施的魔棍，這一切都因為他王若望，因為他和李錦談過戀愛，柯慶施宿仇新怨一起報了。

王若望疲軟地倒在椅子上，仰面盯著天花板上的吸頂燈，燈光把白色的牆壁照得慘黃。想到柯慶施，他不啻是恨，還有不可理喻。

和李錦離婚後，柯慶施又找了一個女子結婚，新婚一年後，延安開展搶救失足者運動，女子因蹲過國民黨監獄被懷疑是叛徒、內奸，保安處用刑訊逼供迫她承認，她不堪忍受折磨，從山崖上跳下去自盡。

柯慶施身為統戰部副部長兼女大校長，也救不了自己的妻子。到了延安整風時，柯慶施本人也遭到審查了。由康生定他的案，認定他在一九三三年赴滿洲省委執行任務時，中途畏敵脫逃，卻謊稱已去過，犯了膽怯動搖欺騙組織的錯誤。

有過如此慘痛經歷的受害者，如果對中共無休止的整人運動稍加反省，即使無力抵制，也不至如法炮製做一個殘酷的加害者。

鄰居還告訴王若望，柯慶施在會上還標新立異地提出「大寫十三年」的口號，要求文藝作品歌頌解放後十三年的成果。王若望心裏鄙視「又說大話唱高調了！」再一想，柯慶施不就是靠說大話時來運轉？

剛解放時，柯慶施還不怎麼得勢，從石家莊市長調任南京市委書記時，中央對他還不滿意，讓華東局注意他「在團結幹部及履行任務方面的缺點」。從一九五四年轉任上海市長後，他摸出門道，就是以毛澤東馬首是瞻。一九五六年周恩來反對在經濟建設上搞冒進，柯慶施揣摩毛澤東的心思，提出「反『反冒進』」的觀點，得到了毛澤東的賞識，不久就升任政治局委員。柯慶施嚐到甜頭後，更加激進，一九五八年，他在反彭德懷時也是擁毛派，還在中央會議上提出，

「跟從毛澤東要到盲從的地步，相信毛澤東要到迷信的地步。」在中國鼓吹史達林式的「個人崇拜」。

柯慶施先蹇後順的路徑透視出這個黨的特性。

王若望走的正好是一條相反的路。他無法容忍黨組織的不良風氣和社會的不平之事，看到四處蔓延的污垢和砂子，不是寫出來，就是說出口。事到臨頭，他總是人性勝於黨性，犯人道主義的老毛病。結果，不但官位愈做愈低，最後成了右派，是黨的敵人！

以黨性的標準衡量比照，他敗給柯慶施是正常的，是無法逃遁的，除非他「改邪歸正」。他改得了嘛？本性難移，他改不了，他的罪孽也就難以消除。他痛心疾首的是，一人做事一人當，應該由他來背負這筆孽債，怎麼都壓到了李明身上？

那次事故後，李明的病比初發時更重了，她幾乎整夜睡不著，吃大量安眠藥也無效。她開始無緣無故地傻笑，原本漂亮的臉都扭曲了，看上去十分可怕。

李明病危時反覆對王若望說的話是，「為了我們的孩子，你聽我一句話，往後再也不要動筆了」。

這句話成了李明的遺言。

李明一九六五年八月永遠離開了王若望，死時年僅四十五歲。

六、不棄不離的羊子

李明走了，帶走了王若望的唯一依託。

二十多年，無論多少憂困，他們彼此是對方的拐棍，鶼交鰈合相攜走來。王若望罹咎的日子，他在外挨批受氣，回家得到李明的溫存，從農村勞動回來，有李明做的可口飯菜犒勞。無論他有多少疙瘩死結，李明總像抻平他衣服上的皺褶，熨藉他繾綣難言的愁緒。

如今，李明走了，沒人來呵護他了。

命運就這樣和王若望過不去，好幾位愛他的好姑娘，在黨的條條框框下，有情人不能成眷屬，斬斷了彼此癡愛的戀人關係，最後總算找到符合黨規的李明，她卻在攜手並進的半道上倒下，丟下他一個人，使他成為踽踽獨行的鰥漢。

王若望痛切地自省，因說真話付出如此慘重代價，與其說是他個人的悲劇，不如說是他身處的社會的悲劇，他要堅持理念，就別無選擇，只能接受命運的挑戰。面對現實，他唯一能做的，就是遵從李明的囑咐，盡心照顧好七個子女，至於他本人，儘管還不到五十歲，在如此險惡的政治環境下，像他這樣的政治身分，還有這麼多孩子的拖累，他不存有尋找新人的非分之想。

就在王若望心灰意冷時，一個不速之客闖入他的感情生活，恰似一團紙掉入炭爐的餘燼，差不多熄滅的隱火又蓬勃燃起，他不知不覺走上又一場艱澀的愛情旅程。

李明去世不到一年，中國社會進入了文革大動亂。一九六七年，王若望被關進了牛棚，白天在牛棚裏受監督勞動，晚上才准許回家。在瀰漫著殺氣的恐怖陰影下，社會上人人自危，即使至親好友也避「五類分子」唯恐不及，所以，幾乎沒人上他的門。

一天晚上，出現了意外，王若望的小學同學楊慧仙登門拜訪。說起來，王若望的父親是他們學校的校長，也就是楊慧仙的老師，又和楊慧仙的畫家丈夫馮秉偉是老相識，馮秉偉還給王若望父親畫過肖像，他們是兩代人交叉往來的朋友，但在非常時期她就是稀客了。

更意外的是楊慧仙還帶著大女兒馮素英（羊子）。

羊子是唐山鐵道學院一九六三年畢業生，當時在湖南株洲電力機車廠工作，文革中工廠停產造反鬧革命，她不喜歡趕時髦湊熱鬧，就當逍遙派回上海探親。

待在家裏無所事事閑得慌，羊子想找書讀又沒處尋，有書的人家也被抄走了，她媽媽就為她出主意說，「我有個同鄉，是個萬寶全書，你可以去他那裏，聽他空口說白話，等於看閒書，也能得到學問。」

王若望知道羊子的來意大為感動，在社會陷入如此大動亂的時候，羊子不追隨潮流造反串聯，卻獨立特行地求學問道。尤其難得的是，她不忌嚴緊形勢和政治壓力，來請他這個「五類分子」當老師，可見這個「女學生」與眾不同。

王若望一見羊子就產生了好感，她一副清新的學生打扮，體態苗條，帽蓋式的短髮有著男孩的灑脫，身著普通的學生裝，插在口袋的一枝鋼筆是唯一裝飾，言談舉止典雅大方。

儘管羊子留給王若望良好的印象，但她是小輩，他沒有出現過愛她的念頭，正如羊子媽媽沒想到充當媒人的角色。

到他們第二次見面時，王若望對羊子更加刮目相看了。議論到眼下的「文化大革命」，羊子語出驚人的說：「江青和葉群戳丈夫的牌頭上去，這樣的女人，就是我們女同志也看不起！」

這樣的話，王若望也不敢隨便對人說，羊子卻吃了豹子膽似地道出來，他鄭重告誡她：「這種話在我這裏說沒關係，千萬不能對別人說，不然要闖禍的。」

羊子十分有把握地說：「時下的環境，鳥也嚇得不敢亂叫，我們不得不天天說假話，我心裏悶煞了，有許多想法亂糟糟地困擾我，能夠對你一吐為快，心裏輕鬆了不少，我瞭解你才對你說這些。」

王若望問，「你瞭解我啥？」

「媽媽告訴我，你是三八式老幹部，經歷過槍林彈雨，又因筆墨官司，當了右派，好在我父親也是右派，你們是天然盟友。」

「我被打成右派，幾次吃虧栽跟斗，就是因為說了幾句真話，但在這個社會，說不來假話的就得遭罪。好在我已經習慣這樣的處境，既不去爭一日之短長，也不隨世沉浮，更不低頭哈腰求人憐憫，故能泰然自若。但你還年輕，不要學我，不要隨便相信一個人，話到舌尖留半句，這個世道別忘了明哲保身，不要作無謂的犧牲。」

「心有靈犀一點通」，短短幾分鐘碰撞，兩人就進入了互信狀態，產生了超越年齡和知識結構的認同。王若望明白羊子是非同一般的女青年，他在向她傳授讀書寫作的經驗時，也從她身上領受年輕人的爽直和至情，給他寂寥灰暗的生活帶來了一束陽光。

羊子的感觸更多，王若望命運多蹇的人生，昭示了這個時代的可咒和社會的荒謬，也展示了王若望不畏艱險的高潔品行和人格，是這個社會稀缺的理想主義精神。

互相傾慕和感佩，把兩顆心擰在一起，忘年交開場的師生關係，漸漸滲入隱秘的異性相吸的私情，只是他們開始並無意識，或者埋伏在潛意識裏而不承認。

這樣美好的時光是偷來的，終究長不了，羊子的工廠開始「抓革命促生產」了，她快快離開了上海。

返回湖南後羊子和王若望繼續通訊交流。

一九六七年底，羊子給王若望寄賀年片。她去新華書店選購，一眼望去，幾乎都套紅印著最高指示[1]，她看了都不順眼，好不容易才找到一張印著魯迅頭像的，上面是魯迅字體的對聯，「此

1 「最高指示」：毛澤東的任何講話在文化大革命時期都稱作「最高指示」。

生得一知己足矣，斯世當以同懷視之。」獨特的審美裏有羊子的心蹟，她心裏默默地自勉，像羅曼・羅蘭尊崇梅琛葆夫人那樣尊崇王若望，也像他們那樣保持通信交往。

無論羊子有心還是無意，賀卡撩起了王若望「君子好逑」的遐想。他早就喜歡上這位懂事明理的姑娘了，只是拘於年齡的差距，他不敢如此奢望，當他看到「得一知己足矣」，再也無法抑制自己的情感，男女之間除了嚶嚶求偶，誰會輕易用這話？於是，他也用「同懷視之」的親暱詞語回覆。

一場曠世戀情在彼此的「誤會」中拉開序幕。

一九六八年八月，王若望被完全隔離關押在文聯，他趁外出貼大字報的機會，偷偷往郵筒塞了一封給羊子的信，為免羊子牽掛，信上寫了「不出半個月，就會解除我的隔離審查」。羊子信以為真，扳著指頭數到十五日，沒有消息。兩個月過去了，仍然杳無音信。一年過去了，還是不見蹤影。她知道一定出事了，決定自己去尋找王若望的下落。

羊子拿了單位信箋，開了一張與王若望結婚的證明，還第一次壯膽做賊，偷蓋了一枚單位的公章，純真的愛情使人平添非凡的勇氣。假「證書」確立了她的名分，使她有了看望王若望的資格。她拿著「證書」趕到上海，豈知她日夜思慕的人被關在石門二路交響樂團，根本不能進去探望。

好幾次，羊子獨自去交響樂團，她站在門外默默地仰望大樓，搜索樓上的每一扇窗戶，她希望出現奇蹟，王若望的身影出現在窗口。不知道站了多少時辰，她望穿了雙眼，望累了頸脖，也沒找到王若望的影子，只有排練樣板戲的哭哭啼啼的唱腔飛出窗外，唱得她更加煩亂悽惶。她的乖張讓往來的行人感到怪異，她怕在眾人面前哭出聲，只能強忍著淚往回走。

羊子的母親不知她和王若望談戀愛，給她介紹了一個在北京鐵道科學院工作的男青年，母親安排兩人在「北京電影院」（美琪電影院）門口見面。到了約會的時間，羊子不知不覺又去上海交響樂團門口，她圍著大樓傻乎乎兜了好幾圈，等她再去電影院時，早就沒那個男子的影子了。

羊子帶著深憂的心，落落寡歡地返回湖南。

她不能向同事袒露自己愛上了一個男人，一個萬惡的反革命分子，只好表面上抱著獨身主義，婉拒和其他人談戀愛。白天，同事們跳忠字舞，她裝出「樂天派」混在裏面，晚上，回到宿舍的孤燈下，她才沉浸在自己的內心世界，在日記上傾吐自己對王若望的思念和離愁。「驛外斷橋邊，寂寞開無主，已是黃昏獨自愁，更著風和雨。」不知默唸了多少次，每唸一次，眼簾就濕潤模糊一次。

儘管擺脫不了淒涼和傷感，但羊子的信心毫不動搖，五年、十年……哪怕再長，希望再渺茫，她也要等待，等到王若望出來的那一天，就像有一首歌唱的，「你可知道我愛誰？心上人是哪一位？……受到創傷不流淚，愛的路上不徘徊，像急流中的魚兒永遠不氣餒……」

其實，當羊子在交響樂團門外轉悠的時候，王若望已被轉移到第一看守所了，而且一關就是四年。在狹窄的囚房，在幽黑無盡的日子，熱戀羊子是他唯一的慰懷，想到她可愛的形象，憶及不到一年的交往，咀嚼回味許多甜蜜的細節，囚犯的日子變得好挨了一點。

但未來的幸福不能消除眼前的憂煎。

王若望是未決犯，不知坐牢到哪年，羊子的年齡在不斷增長，三十五，三十六……如此一年一年拖下去，她的青春將在無盡地等待中白白虛度，即使她甘願，他也不能忍心，他下決定斬斷這根惱人的情絲，但心靈搏鬥的結果以失敗告終。

無望的守望使王若望躁悶不寧，他常常癡癡盯著鐵窗，恨不能飛出去，他甚至想到越獄，當然，很快自識這個念頭的幼稚。

羊子見不到王若望，想到他在獄中受難，他的孩子也跟著遭罪，孩子們已經失去了母親，如今又失去了父親，何等可憐，因此，每次回上海探親，羊子就去看望他們。

羊子帶著點心去王若望家，孩子缺書包算盤，她就給他們買來；孩子的被子髒了，她就教他們拆洗、晾乾、縫合；看到窗戶積了厚厚的灰，她就清掃擦淨……

羊子母親得知羊子和王若望戀愛上了，後悔自己無意中做了女兒的「月下老人」，想到王若望在坐牢，每月工資五十多塊，有七個子女，嗔怪地說，「你鑽到豬的苦膽裏去了！」

羊子的弟弟也不贊成姐姐的戀情，就去王家「戳穿姐姐的西洋鏡」，他對孩子們說，「羊子阿姨來你家沒安好心哩，下次不要讓她再進你家的門！」孩子們不明白「不安好心」是啥意思。

要說羊子阿姨貪圖財產，王家沒一樣值錢的東西，有啥可「貪圖」的？唯一可「貪」的，就是作他們的後娘？孩子們因此起了戒心，羊子下次再去時，為孩子們淘米做飯，懂事的姐姐藏起飯鍋，不給羊子阿姨吃，以示拒絕。

羊子不能遷怪孩子，只好委屈自己，嚥下眼淚走出樓，此後，她再也不好意思去叩門了。

王若望出獄後聽孩子們如此陳述，心頭似被刀子扎了一下，在獄中幻滅的愛情又復燃起來。但是，看著鏡中久經牢役的自己——身子瘦得只剩一柱骨架，走路快了還有點氣短，一副蒼老頹羸的樣子——他猶疑了。不管他對羊子愛得多深，審視自己的模樣，他只能把這顆心沉入古井，讓它不再泛起漣漪。況且，羊子說不定已經成家了，自己有啥理由去攪亂她的生活？

在激情起來又隱埋下去的矛盾中，王若望遲遲疑疑地給羊子寫了一封信，告訴她他已出獄的消息，並對她這些年關愛他孩子的事表示感謝和歉意。

羊子接到信後忻豫不已，立即趕回上海，王若望和羊子暌隔四年後又重逢了，羊子不能去王若望的家，他們就相約在襄陽公園碰頭，為避人耳目，他們去公園裏的兒童樂園，因是隆冬時節，兒童很少來此玩耍。

兒童樂園裏果然闃寂人稀，王若望和羊子挑了一張木條長椅坐下，他們彼此敘述了這些年的離情別恨，羊子癡心不改，一直在等待著王若望出獄，這正是王若望心中渴盼的，但他不能輕率的應和。

「我以為你早已建立小家庭了。」

「沒有。我還是我。」

「你年紀快四十，不能再耽誤了。」

「媽媽和同學也曾介紹過幾個人，可惜我一個也沒看中，有的太淺薄，認為找對象不過是完成人生的使命；有的很庸俗，僅僅看中我容貌不醜，又是大學生，偏偏缺少對女性的尊重，缺少真正的愛，我無法接受。」

「你的條件也太苛刻了。」

冷颼颼的北風繞過樹叢吹來，夾著梅花的馥郁凜然撲面，一朵絳紅的梅花墜落在椅邊地上，羊子俯身憐惜地用手指輕輕拈起，她眼含柔情地看著清雅的花骨朵，好似在向花傾訴，「是啊，因為我有過初戀，『曾經滄海難為水』因為真心愛過，發掘過被愛者的心田，推著我走近他。拿那些『新人』與擁有這顆心的『他』比，覺得還是他這位『殘山剩水』好。」

王若望提醒羊子說，「我雖然出獄了，但頭上還戴著反革命帽子，我自己在受罪，怎麼能拉你來和我一起吃苦？」

羊子向王若望吐露衷腸，「你說的帽子，在我看來是虛的，是意念裏無形的東西，有人看著它害怕，有的人看著它醜惡，在我眼裏同你頭上的呢鴨舌帽一樣漂亮。我早就想過了，只要毛澤東還在統治中國，等待我們的不會有好日子，我已做好思想準備，不管出現怎樣的災禍，我都願意承受，所以，我根本不在乎你的反革命帽子。」

王若望仍然有顧慮，「我的薪水每月只有五十多塊，我有七個子女，更重要的是，我們的年齡相差這麼大……」

「你今天怎麼變得這麼庸俗了！盡說錢啊，兒女啊，這些能算啥？年齡更不是問題，法國女作家梅琛葆比羅曼·羅蘭大五十歲呢，我們可以像他們那樣，不必結婚，你看他們的通訊戀愛那麼熱辣！」

「是的，我的觀點落後又庸俗，我也當不成梅琛葆那樣的角色！我不是法國人，法國人有一種『精神戀愛』，精神戀愛在我們這裏行不通吧。」

「人生易老，人心易碎，永恆的愛是小說家的吹牛，但永恆的良心是存在的，我既然誓言在先，『不怕跟著你入但丁的地獄』，現在是我履行諾言的時候了。有一點請你相信我，我將陪伴你到生命的終點！」她引用梅琛葆的一句話結束了這次難忘的會面。

臨別時，羊子「命令」王若望說，「我要你做梅琛葆，記住！」

此後，他們真地過起了「精神戀愛」生活，王若望是羊子想像中的梅琛葆——一個有點老態龍鍾的睿智老人，羊子是王若望心中朝氣剛毅的羅曼·羅蘭。

他們就這樣又過了七年，從認識算起整整十二年。

一九七八年底，王若望的現行反革命帽子摘除了，一九七九年初，他的「摘帽右派」「改正」了，上海市委公佈「改正」二十四位著名右派，王若望「光榮」地忝列其中。那天是一九七九年一月八日，舊曆年初五。下午，王若望和羊子按約去民政部登記結婚，是時，王若望剛過花甲，羊子年已不惑。

歷數古今中外感天動地的愛情故事，不論《羅密歐和茱麗葉》、《梁山伯和祝英台》等戲劇，就說歷史上真實發生堪稱偉大的愛情也並不鮮見，從才子佳人的司馬相如和卓文君、英國詩人羅伯特・白朗寧與女詩人伊麗莎白・巴萊特（白朗寧夫人）；到為佳麗楊貴妃丟棄江山的唐明皇、愛美人辛普森勝於國祚的英王愛德華八世，相比這些可歌可泣的愛情，王若望和羊子是另一種境界。

才子佳人也好，美人江山也好，都是情愛和性愛基礎上的驚世駭俗，而羊子對王若望不離不棄，既有跨越年齡的異性戀情，又有超越男女欲念的博愛——認同王若望追求的中國自由民主偉業，全身心支持他為這個目標苦鬥，無論他羈縻縲絏還是頭戴反革命帽子，她都甘願奉陪，主動去當反革命家屬，去當社會的「政治賤民」，這是別樣韻味的壯美情歌，必將為後人傳唱千古。

別了，我愛的中國，我全心愛著的中國！我不忍離了中國而去，……我離開中國，為的是求得更好的經驗，求得更好的戰鬥的武器。暫別了，暫別了，在各方面鬥爭著的勇士們，我不久將以更勇猛的力量加入到你們當中來！

——鄭振鐸〈別了，我愛的中國〉

第七章　別了，我愛的中國

一、第三次出獄

一九九〇年的夏天來了，七月起，上海著火樣的炎熱持續了一個多月，氣候異常既反應了天意也體現了民情，去年來積聚在人們心中的怒火至今還沒散去。

羊子見不到王若望，只能從每月帶出的東西來判斷他的情況。幾個月前，她發現王若望換出的褲子上「血跡」斑斑，忍不住捏緊褲子傷心痛哭，她以為王若望在獄中受了什麼折磨。幸好，她含淚搓洗褲子上的「血跡」，半天褪不去紅色，才看清原來是紅漆。他褲子上怎麼會沾上紅漆？牢房裏怎麼會有紅漆？

羊子焦躁不已，憂慮的心懸得更緊了。她不斷打電話向作協及公安求援，希望中共當局不要為難年老體弱的王若望，但無人理會。

六月二十五日，在美國大使館避難了一年的方勵之夫婦被准許出國，聽到這個好消息，羊子沮喪晦暗的心頓時閃出希望的光亮，王若望出頭的日子應該不遠了吧？親戚朋友也紛紛來電話詢問，有的還帶上優質西瓜上門慰問，羊子企望這一天早日到來。

羊子把好瓜保存起來，隨時等待王若望回家吃個痛快。她引頸翹首，聽到電話鈴響，以為是公安通知她去接王若望；聞到有人敲門，她以為王若望回來了，就迫不及待去開門。一天、二天過去了；一星期、兩星期過去了；一個月，二個月過去了，好瓜一個個少下去，有的已經變質了，仍然不見王若望歸來，她的心又沉落下去。

羊子決定給上海市長朱鎔基寫信，信中說，六四期間，王若望寫文章和給鄧小平的公開信，被中共視為反動言論，因此獲罪。「對於王若望的這些言論，我不加制止還相當讚許，因此我也有連帶責任，希望政府把我也關進監獄，這樣我既可接受中共「教育改造」，又可就近照料王若望的生活。」

一個月過去了，朱鎔基不理會她的請求。

一天，羊子途經人民廣場，看到不遠處的高樓上垂掛著兩幅標語，紅色布條上寫著橘黃色大字，發展社會主義民主，健全社會主義法制！她盯著標語，嘴裏喃喃地念叨「民主、法制」，中國有「民主、法制」嗎？如果有「民主法制」，王若望會無辜羈押在牢裏嗎？焱炎的烈日下，羊子的汗水混著淚水往下流，她要代丈夫發聲，要為獄中的丈夫爭自由。

回家後，羊子掰筆抒發自己的感觸——

……自從丈夫王若望被關進監獄後，我晝夜憂心忡忡，淒苦的思念成了我生活的全部。……沒人比我更瞭解王若望。他是離休老幹部，卻不甘坐享清福，頤養天年，難棄憂國憂民之心。不論高溫蒸人的酷夏，還是寒氣迫人的嚴冬，他都不停地伏案寫作，批判阻礙改革的言行，為民主法制建設建言，常常寫到半夜。好幾次，他摸索著去上廁所時沒找到門，撞到牆上跌倒了，他爬起來定一下神繼續寫……

去年四、五月間，他給中央領導人寫公開信，發表與領導不同觀點和意見，力盡一個作家應有的職責，卻為此遭遇「秋後算帳」。七月十九日他先受軟禁，九月八日第三次入獄，至今十一個多月過去了，我們尚未見上一面，還不能通信，更不得打聽他的下落和近況。……我的心在收縮，我只能暗暗哭泣。

……我渴望政府網開一面，寬容我們，及早讓我們團聚，讓王若望的嚴重眼疾及早得到治療，讓人道主義政策儘早落實到我丈夫和所有在押的政治犯身上。唯此，才能真正的長治久安。

一九九〇年八月二十日於上海

羊子擬了題目〈何日王若望歸〉，文章在九月份的香港《百姓》雜誌發表，羊子的呼籲在海外引起廣泛的反響，王若望的遭難暴露了中共的酷虐無道，引起更多人討伐滅絕人性的中共。

雜誌上市的次日，警官第三次提審王若望，王若望不知外面發生的事，估計要對他做出判決了。警官直奔主題地說，「聽說你能言善辯，喜歡長篇大論，今天我不聽你這一套，只提醒你幾句話，我們可以有條件地放你出去，但你必須表示一點讓步的心願。」

這話超出了王若望的預料，顯然他們已經準備放他了，就問，「你所說的讓步的心願是啥？」

「至於表示啥心願，採取啥方式，當然得由你自己決定，你會不明白嗎？」

王若望思忖了一下說，「那好，等我考慮幾天再告訴你。」

過後不久，公安局去羊子單位，名為和她交換意見，實則讓她規勸王若望認罪。羊子便不客氣地數落他們：「你們來的正好，過去一年多，我到處找你們，沒人理睬，我給朱鎔基市長寫信也沒回音。我請求你們要麼釋放王若望，要麼將我也關進去，讓我在牢裏『改造思想，愛黨忠夫』，你們又不批准。你們知道，南非曼德拉關在牢裏，還讓他妻子去見他，你們為啥不讓我見王若望。」

公安說，「你心裏有苦，我們理解，但你也要配合政府規勸王若望及早認罪，尋求寬大處理。」

羊子說，「讓我規勸啥呢？他不過寫文章說了真話，對社會不良現象提出了批評，還提了一些自由民主的主張，難道中國不能有一點批判的聲音？即使講錯一句話，可以幫助他，犯不上到坐牢的地步吧？」

公安帶著羊子的一番怨言走了。

在巨大的輿論壓力下，中共決定解決王若望的問題，這期間，王若望在等提審答辯，直到十月底的一天，監獄看守才來喚他，還讓他帶上所有的書籍和衣衫，他不由緊張，以為是押解去監獄服刑了。

他跟著一位警察走進接待室，定神一看，羊子站在他前面。

這天上午，羊子在單位接到市公安局通知，讓她下午去第一看守所，她猜不透叫她去的目的，忐忑不寧地走進看守所。一位承辦員嚴肅地對她說，「我們經過研究，決定釋放王若望，但他的案子尚未了結，讓他在家取保候審，繼續接受審查。取保候審，需要找一個保證人。」

羊子說，「我當保證人！」

承辦員說，「說實話，我們不放心你當保人，因為，你在王若望案上也負有重要責任。」

羊子說，「請你相信，我既然甘願擔保，自然對你們負責。」於是，承辦員取出一張鉛印保證書讓羊子簽字。保證書的大意是，保證人對被保證人的言行必須實行監督，公安局要傳喚被保證人時，必須做到隨叫隨到；平時只許老老實實，不許亂說亂動；要保證王若望定期向公安局彙報思想。

辦完手續，承辦員把王若望交給羊子。分別整整十四個月，四百多個日日夜夜，他們終於又見面了。羊子含情脈脈地看著王若望，他的臉上有點虛胖，嘴角因掉了三顆牙而癟下去，滿頭銀髮愈顯乾枯稀疏，入獄時的古銅臉色消失了，他一下蒼老了許多，畢竟七十三歲了，怎麼經得起監獄的折磨？羊子的淚水不爭氣地滴下來，王若望的眼眶也濕潤了。他們不願在警察的面前失態，趕緊互相苦澀地笑了一下，然後，羊子提起行李兩人一起走出黑暗的鐵門。

王若望和羊子坐著計程車回家。路上，王若望對羊子說，「我不迷信，但有一件事我很難解釋，年輕時我陪一位朋友去拜訪當地神算張鐵口，我出於好奇也讓他也給我算命。張鐵口預言我會有十年牢獄之災。我當時不以為然。今年起，我就想，我在國民黨手裏坐了差不多四年牢，文革時又坐了四年牢，這次又坐了一年多。如果張鐵口的話不錯，今年總得出獄，沒想到真的應驗了。小時候，我常說祖母迷信，祖母就說，你到這了我個年紀也會信的。依我一生的經歷，張鐵口可算神測！」

羊子說，「所以，人們都說『迷信，迷信，不得不信，也不得全信』麼，不過，謝天謝地，照張鐵口的話，你從此不再進去了！」

一進家門，羊子就問王若望，你最想吃啥？王若望說「餛飩！」羊子說，「早上公安叫我去看守所，我就猜想，可能讓你出獄，我就讓俞阿姨備好餛飩。」

等餛飩的時候，王若望逕直走進陽臺，他雙手撫摸著水泥圍欄，呢喃地對身後的羊子說，「秋日的陽光多好！我一年多沒見太陽，沒呼吸新鮮空氣了，太陽對我來說太寶貴了！」

羊子難過地問，「難道你們不放風嗎？」

「不放風，也曬不到太陽，牢房裏有一扇小窗，玻璃窗戶不透光，裏面光線很差。我眼力不濟，用放大鏡看書，讀了二十幾本《資治通鑒》等書籍，眼病加重了。坐在地上一連看幾小時書，腿發麻，要人幫忙才能站起身，臀部也生了坐板瘡……上帝保佑，總算沒生大毛病。」

羊子說，「怪不得，去年冬天，我拿到你從獄中退回來洗的冬衣和鞋襪，看見棉鞋的布底只有駁落的紅漆，沒有泥蹟和沙塵，破褲子的膝頭和屁股上也是紅漆，我還吃了一驚，以為是傷口出血，現在找到了答案，你沾了地上的油漆。」

王若望沉思著遠眺了一會兒又說，「正因為自由的無價，獨裁者才剝奪良心犯的自由，這樣的懲罰十分卑鄙陰狠。」

陽臺地上和落地窗兩邊放著幾盆菊花，奶白的、金黃的，在陽光下每片葉子都散發著蓬勃生機，把窗櫺上的文竹襯得碧綠生青。

也許是離別久了的緣故，王若望覺得屋子從來沒這麼敞亮多彩，他問羊子菊花是自栽的還是朋友送的，羊子說有自栽的也有朋友送的。羊子說，「說到菊花，過幾天公園要開菊展，到時我們一起去，你可以呼呼新鮮空氣，看看久違的大自然。」

俞阿姨把餛飩端上飯桌，陽光把薄薄的餛飩皮照出誘人食欲的透明亮色，王若望顧不上細細咀嚼，一連塞了兩隻餛飩，「好吃，太好吃了，我一年多沒吃了！」由於過急，咬到失去牙齒的空檔，他不由「哎喲」了一聲，趕緊捂住嘴。

羊子不安地問，「怎麼啦？」

「餛飩磕到牙齦，有點痛。」

「你慢點吃，不要急吼吼，今天吃不夠，明天再給你做。」羊子笑嗔地說著，心裏痛惜不已，王若望少了幾個門牙，說話有點漏風，因為重聽，反應也比以前遲鈍，他這樣的年紀這牢真不是好坐的！

王若望本人不在意，自諷道，「怪我自己，像這輩子沒吃過餛飩的饞貓。」朗聲說著，又露出孩子般的笑臉。他滿足地吃完餛飩，站起身釋然道，「我又重新做人了！」

羊子想到了什麼，去裝飾櫥拿出一瓶茅臺酒說，「跟你說一件傷心事，你坐牢後不久，親家徐興業老先生送來這瓶茅臺，他說等你出來後一起喝個痛快，他雪中送炭，用這瓶酒表達對你的慰問和支持！可惜，這個願望成了他永遠的遺憾，老先生今年五月不幸病故了。」

「真的⁉」王若望接過酒瓶驚道，「你知道他怎麼走的？」

「他家知道我們在受難，不願給我們添煩，沒告詳情，也是體恤我們吧。」

王若望坐下來，把白瓷的酒瓶反過來，神情落寞地凝視著上面的圖案，黯然地說，「老徐也是憂國憂民的知識分子，三十年代，日本侵華全民抗戰，他還是個二十歲的青年，就醞釀寫一部反映宋朝抗擊遼、金的歷史小說。他花了整整四十年時間，精耕細作，寫出一部四卷本的長篇歷史小說，他把草稿拿給我看，我讀後連聲讚歎，這是一部史才、文才俱佳的上乘之作，字裏行間深透作者忠切的愛國情懷。當時，他還沒想好書名，我提議叫《金甌缺》。作品出版後大獲好評。我們一起喝酒聊天時，他經常向我感歎，我們打敗了日本人，又陷入國共內戰自相殘殺，好不容易戰爭終結建立了『新中國』，誰知，這個『新中國』造成的災難勝過外族侵略。說這些時，他總是歎息，『我們年輕時的理想何時才實現，中國何時成為自由民主的國度？』他長我一歲，今年七十四，如今他走了，雖然不算短壽，但看不到他一生嚮往的那一天，走時肯定帶著宿願未酬的痛苦。」

第二天，王若望做的第一件事，就是用紅筆在白瓷酒瓶上寫了「絕酒」兩個字。他從酒瓶上看到徐興業的音容笑貌，聽到徐興業談自由民主時的殷殷期盼，他再次感到自己活著的意義和責任。

陽光反射到他的臉上，生氣又注入他的身軀，他高高的鼻樑重新挺直了，漸漸勃發出以往的神采。

二、失去難友欽本立

王若望出獄的消息在海內外傳開了，在隨後的幾天裏，電話鈴聲不斷。一個個越洋電話，從地球的四面八方打來，臺灣的《中國時報》、《聯合報》；香港的《百姓》、《南華早報》、《虎報》、《明報》、《當代週刊》、《新報》、《亞洲新聞》，香港電視臺；美國的《紐約時報》、《時代週刊》、《華盛頓郵報》、《世界日報》；英國的《獨立報》、BBC廣播電臺；日本的《共同社》、《讀賣新聞》、《東京新聞》；法國的《法新社》等來採訪或證實消息，海內外的友人及關注他的人也紛紛來電慰問，他們一定要聽王若望本人的聲音，確認王若望出來的事實。

王若望有點納罕，那些不相識的人怎麼搞到他家電話號碼的？那氛圍倒應了王勃的名句「海內存知己，天涯若比鄰」，這是超越國界的博愛，是對正義事業的聲援，是對他爭取民主自由的認同。

面對來自世界各地的至誠慰問，羊子覺得有必要寫個交代，也算是〈何日王若望歸〉續篇和回應，她就寫了〈今日王若望歸〉再投《百姓》雜誌：

今天，我懷著愉快的心情，向諸位報告一個喜訊，我夫王若望終於走出鐵窗高牆，回到了我身邊，我的家庭又恢復生機，其樂融融。

……這是王若望第三次坐牢，相比上次他沒有受酷刑，每星期還有幾次肉吃，還允許家屬送煙給他吸，也算是對他的優待。……當然，七十多歲老人坐牢，也有他的艱辛，整天坐地板，臀部坐出毛囊炎，坐久了站不起來。今年夏天持續高溫，看守所裏通風不良，無電扇，炎熱難熬，渾身被蚊子叮咬，生了一身痱子。不過，這屬於不可抗的自然侵擾，看守所畢竟不是療養所。

……王若望回家這幾天，海內外各方人士給予關懷和鼓舞，他的精神又煥發了，從早到晚樂呵呵的，看上去牢房沒有壓垮他。他又開始看書寫作，儘管看書時戴了深度老花鏡還要加放大鏡，寫字時手有點發抖，但他樂此不彼；他上下樓腿腳有點發軟，照樣堅持天天散步或跑步。……看著王若望難以避免的衰老，我問他後悔嗎？他說，「我從不後悔過去做過的事，我將更珍惜未來。」

總之，我朝思暮想的丈夫平安歸來，我的一切埋怨和焦慮全消失了。

我感激所有相識的、不相識的海內外友人，他們為王若望出獄不遺餘力的呼籲，最終我黨政領導網開一面，寬容釋放了他，我們今日才得以重逢。

我是王若望出獄的保證人，我必須按公安的要求盡職，使王若望夾緊尾巴做人……

我們夢圓了，團聚了，可是我們的心仍然沉重不安，許多認識不認識的朋友們受我們牽累，有的至今尚在付出代價，特藉貴刊寄託我們的思念和歉意！

廣大讀者給予我的熱忱關懷，我，並代表若望，謹致衷心謝意！

此文抄呈　上海市公安局

按公安「取保候審」的規定，王若望必須每月去第一看守所報到一次，如若違反要繼續坐牢。

王若望歡快了半個月，又得去看守所了。他來到熟悉的老路，走進車站南路的看守所，一位負責警官在辦公室接待了他。警官看過抄送公安的「今日王若望歸」，大概文章給他的影響還不壞，他先稱讚了羊子幾句，接著就開始例行訓話，吩咐王若望定期寫思想彙報。

王若望問：「寫啥內容呢？」

警官說：「寫自己如何改造世界觀，還有收到的來信、電話等，涉及到敏感問題要及時彙報。」

王若望為難道：「來信和電話的敏感不敏感如何區分呢？」

「我相信你的文化水平，能夠做出正確的區分，老實說，由你提供的數據資料，只是給政工部門作參考。」

王若望是老運動員了，這樣的彙報他應付自如。

倒是那些禁令束縛了王若望。

不久，王若望得到消息，欽本立病危，大約過不了一星期。他聽了心頭一緊，自己戴罪在身，處於半自由狀態，未經政府許可不能亂說亂動，尤其是探視同樣敏感的人物欽本立！但無形的脅迫擋不住患難中結成的情義，他決定不顧一切去醫院看望老朋友，不！應該稱老難友更合適，他們在同一條戰壕上抗爭，為此一同挨整受難。

欽本立形銷骨立，面色灰白地躺在病榻上，只有兩隻眼睛還沒失神，看不見的惡疾毀損了他的軀體，王若望幾乎認不得他了。王若望俯身貼近他耳朵說：「還認得我嗎？」

欽本立費力地轉過頭說：「你出來了，總算能見一面。」他腦子還十分清醒，知道王若望剛出獄，只因吃力，吐字很慢，說的斷斷續續，聲音非常微弱。王若望趕緊用自己的耳朵緊貼他的嘴。

王若望握住欽本立的左手說：「你會好起來的，要安心養病。」他強忍熱淚，知道欽本立一直自認「愚忠」，始終對黨保持著「第二種忠誠」，就輕拍他的手說：「黨不會拋棄你的，你是黨的忠誠的兒子，你要好好養病。」

聽到這話，欽本立的嘴角動了一下，似乎想笑而笑不出來，囁嚅著說：「『黨的忠誠的兒子』，除了你，沒人承認我，我是完了，你很健康，你一九五七年就覺悟了，我到今天才明白，晚了！」

王若望安慰他說：「你創辦《導報》是一件大事，現在《導報》也在生病，只要你老闆在，還是有希望的。」

「是呀，我的心還吊在《導報》上，相信《導報》不會死。」欽本立很有信心的樣子，一個人對他經營的事業，如此至死不渝，在共產黨員中是罕見的。他又講了「方生未死」四個字。

王若望沒聽懂，欽本立又重覆說一遍，接著說：「不是人民怕政府，而是政府怕人民。」王若望明白了，欽本立的意思是，中國人民處在方生未死新舊交替時期，政府怕人民掌握真理，不惜一切查封《世界經濟導報》。

欽本立對這個不義的世道發出了最後的抗議。

臨走前，王若望又死死握住他的手，好久，好久，這是兩個難友的生離死別。

事後，王若望想起那句「黨不會拋棄你的」話，感覺這是莫大的諷刺。在欽本立彌留之際，上海市委讓社科院黨委書記當面向欽本立宣佈他的「罪狀」和黨紀處分，他一生視黨籍如命根，聽到這話淚流滿面徹夜未眠。這個黨竟然如此對待自己忠誠的黨員，何等絕情無義喪盡人性！

王若望從欽本立被精神迫害致死，想到自己目前的取保候審。他一生嚐盡辛酸苦辣，受過共產黨鎮壓異議人士的全部花樣，判刑坐牢；未經審判的關押；下放勞動；監視居住；最後是取保候審，只差上斷頭臺了，真是資格最老的「政治運動員」。

欽本立的死沒有嚇住他，反而提醒他生命的短促，自己也進入暮年，在有限的生命中還要繼續戰鬥。

三、辦地下刊物

王若望不宜出門，但上海民運人士聞訊都來探訪，來的都是客，王若望敞開大門歡迎年輕後生。先是李國濤和彭小勇上門，兩位大學畢業生也因六四坐牢，和王若望是沒見面的獄友，王若望和他們交流對時局的看法，分析六四後中國的走向。王若望廣博的學識，幽默詼諧的談笑，尤其是對形勢發展的洞見令他倆折服，他們把來王若望家當作另一個課堂。

王若望家裏有不少藏書，古今中外的文史哲，還有不少禁書和香港出版的雜誌，兩位理科生如荒漠遇甘泉，其中一本內部發行的灰皮書《新階級——對共產主義制度的分析》震撼了他倆。此書出版於一九五〇年代，作者是南斯拉夫當時的副總統吉拉斯，他以自己在蘇聯的親見、在本國的親歷，揭示列寧創立的社會主義國家的真相，讓人們看清史達林極權主義的罪惡，徹底批判和否定了荒唐的共產主義制度。

李國濤和彭小勇複印了十幾份《新階級》，推介給嚮往自由民主的青年朋友，還把他們帶到王若望家來。當時，七九民主牆時期的民運人士也常在王若望家聚會，各方人士彙集一起，王若望家的民主沙龍成了民運人士的集散地，在黑雲壓城的上海乃至全國，這許是絕無僅有的一個亮點。

王若望不失時機地重整「人權研究協會」，還吸收了九位新成員，他們都是忠誠民主事業的堅強戰士。由於警察和特務嚴密監視民運人士，王若望吩咐他們不要盲動，暫時埋伏下來，在地下運作，積極擴大組織，爭取全上海每個區都有協會的成員。

協會擬定了具體的行動計畫，決定先辦兩份地下刊物，一份是《民主論壇》，由羊子牽頭；另一份是《人權協會》，由王若望牽頭，等刊物穩定了，再展開第二戰場。王若望提出，為了防止公安人員竊聽電話，應該使用隱喻，有關「人權協會」，改成「公公計畫」；「民主論壇」改成「婆婆計畫」。

一切談妥，就缺經費，就在這時，香港兩位女記者小蔡和小崔送來了及時雨。

小蔡和小崔奉「港支聯」之命來大陸，正在尋找繼續推進中國民運的合作夥伴。她們先去北京，可惜，北京仍處於紅色恐怖中，多數人不敢輕舉妄動，失望之餘，她們來上海尋求機會，找上了王若望的門。

小蔡和小崔表示，希望同王若望合作，為推動民運做些事情。王若望大喜過望，即說，「我們人權協會重新開展活動，準備先辦兩份地下刊物，正在為資金發愁，如果香港方面能夠提供資助，這事就好辦了。」

王若望等上海民運人士的勇氣，感染了小蔡和小崔，她們回香港後很快募集到七萬港幣，王若望派人到廣州去取錢，再按商定的計畫，赴福建石獅鎮購買辦刊所需的打印和通訊設備。

萬事齊備了，王若望開始編輯第一期雜誌，人權協會的成員積極為《民主論壇》供稿，都是控訴天安門大屠殺的文章和詩歌，打字和印刷風險極大，他們在一位可靠的朋友家作業。

不料，工作剛剛順利展開，一位參與者在路上被公安綁架進去。王若望知道有人出賣了他們的計畫，立即做好隨時被抓的思想準備。

三個星期後的一天，公安人員闖進王若望家，把他帶到看守所「傳訊」。同時，另一批公安驅車去羊子的工作單位，將羊子帶回家，先行抄家，再帶上查獲的「戰利品」一起去徐匯公安分局。

警察分別對王若望和羊子進行徹夜審訊。

兩名警官讓他交代兩條：辦地下刊物的經費來源；出版《民主論壇》的內容和作者姓名。王若望對付的策略也是兩條，保持沉默和「我不知道」。雙方僵持了兩小時，毫無結果。警官開始亮出底牌說：「你不坦白，我們來提醒你，你們創辦《民主論壇》的經費，是香港人給的，十二天以前，支聯會派出兩位婦女到你家接洽，你承認有這件事嗎？」

王若望說：「你依據的情報不可靠吧？應該核實一下才是，過去的許多冤案，就是犯這個毛病。」

警官頗為得意地說：「所有從境外進入國內的人，出入境管理處都有記錄，我們已查明這兩位婦女的名字和到上海的日期，一位崔女士和一位蔡女士去過你家，她們與羊子分坐長桌的兩邊」。

王若望說：「除非你們長著千里眼，不然你們怎麼能看清我們家沒有發生過的事。」

警官說：「在事實面前你還狡辯，這對你很不利！」他決定不糾纏在經費問題上，轉入另一個問題，「《民主論壇》的文章講了啥？」

王若望直言不諱地招供：「第一篇文章的論點是，獨裁政權已是過時的老黃曆，早被世界上許多國家拋棄，最近東歐包括我們的臺灣也加入了這個行列，中國大陸也應該改變現狀，爭取早日走上民主法制的軌道。」

「按你們的意思，中國現在不是民主法制社會？」

「當然不是，我們的許多事實可以證明，就拿六四事件為例，人民法院不去追究屠殺人民的兇犯，卻大量抓捕參加遊行抗議屠殺的良心人士，這是顛倒執法，我想你們警察的內心也很苦惱吧？」

警官猛拍了一下桌子，拔高聲調正色道：「你竟敢在這裏發表謬論，宣傳顛覆政府的言論，你確實是個至死不悟的人物，也可見你們的出版物的反動性質。」

「你的『反動性質』定義不符合憲法，我記得憲法第二章中有一條規定，公民享有言論和出版自由，你們這樣做不是侵犯公民的言論和出版自由嗎？」

警官覺得辯論占不了上風，就說：「這裏不是發表演說的地方，主要依靠真憑實據，只需查出一冊《論壇》就足夠了！」

警察通宵達旦的拷問，結果還是一無所獲，次日中午不得不結束，用警車送王若望回家。羊子也受了一夜的盤問，先一步從徐匯分局回家。他們很快得知，有個參與辦刊的人出賣了他們，所以警察能夠知道羊子和香港來人座位的細節。

參與此事的其他七、八個人也同時被公安拘留傳訊，此案成為當時引人關注的重大政治事件。

計畫中的地下刊物《民主論壇》和《人權協會》在各種勢力的破壞下流產了。但通過這次活動，王若望起了標竿和楷模的作用，他的智慧和鬥志鼓舞和涵養了上海民運後輩，使他們得到又一次鍛煉和考驗，為參與更大的民運活動奠定了基礎，一九九八年大陸成立中國民主黨，他們都是上海地區組黨運動的骨幹。

一九九一年八月十九日，莫斯科發生流產政變。香港《明報》電話採訪王若望，他對比中國大發議論說，事件將對中國產生不可低估的影響，莫斯科戲劇性的三天，給自恃武力治國的中共上了必修課，一、依靠軍事力量絕不能解決問題，用武裝人員對付人民，無疑是自掘墳墓，只會加速滅亡。二、蘇聯開赴俄羅斯議會的坦克兵團，沒有向人民開火，凸顯了實施六四屠殺的解放軍的野蠻。三、蘇聯這棵大樹終於倒下了，中國將更加孤立，如果繼續抱著從蘇聯批發來的老教條老制度不放，只能死路一條。四、蘇聯的滅亡敲響了史達林主義者的喪鐘，中國人民將從中得到鼓舞，隨著人民的進一步覺醒，毛澤東主義的根基也會隨之動搖，中共專制大廈的倒塌只是時間問題。

《民報》出刊的次日下午，六名公安闖入王若望家，其中三人將王若望押往上海第二看守所審訊。另三人將羊子解到徐匯區公安分局盤問。審訊持續了八小時，內容就是他們發表的談話，他們的見解違背了中共反和平演變方針，觸到了中共的痛處。

次日，王若望和羊子被釋放回家，但家裏的電話被切斷，直到十一月美國國務卿貝克訪華，貝克向中共領導提起王若望，他家的電話才重新接上。

四、別了，我愛的中國

地下刊物辦不成，自己的文章沒處發，王若望感到在大陸一事難成，有限的生命在空耗，他苦於找不到突破點。就在這時，一九九二年五月的一天，香港的一位朋友來電話詢問，說英文版《中國日報》上有「公安局同意王若望訪美」的消息，不知是否屬實？王若望幾天後才得以確認，上海作協領導通知他去辦出國手續。

原來，王若望出獄後，美國「民主教育基金會」主席黃雨川連同哥倫比亞大學教授黎安友再度邀請他訪美，他們向王若望所屬的上海作協發出邀請函。這次，也許中央認為，與其留王若望在國內興風作浪，讓政府受海內外輿論壓力，不如發配他出國，以減少國內的不安定因素。

王若望也覺得，在大陸，他即使是一隻鷹，也難逃被關在籠裏的命運，啥事也做不成，不如暫時去國外，權作一隻雞，也可以自由飛翔，幹點對中國有益的事。

鑒於中國政治形勢的詭譎莫測，王若望做好兩手準備，但願中國近年內出現轉機，他可早日返回，如果局勢繼續惡化，像他這樣流放者礙難再進國門。想到這些，王若望就瞻顧不定無限淒惘。這裏是生養他的土地，是他生活了七十四年的祖國，這裏有他的七個子女，還有十幾個孫輩，又是含飴弄孫安度晚年的時候，如今卻要拋棄這一切去國遠遊。

然而，他又不得不走，為了這片血染的疆土成為自由的樂土，為了這裏的人民能夠享受民主，他從十五歲起就艱苦卓絕的苦鬥，整整五十年，為之奉獻了青春，為之荒廢了中年，為之失去了愛妻，一個活蹦亂跳有勁使不完的少年，變成一個滿頭白髮身軀日衰的老叟。可哀的是，中國仍然處於黑暗中，至今還沒看到民主的霞光，更可悲的是，與他加入革命時相比，中國人民享有的自由民主更少了，面對浩浩蕩蕩的世界民主潮流，中共逆水行舟愈加落後反動。

儘管如此，他不甘心，也不死心。就個人的生命旅程而言，他已是桑榆暮景之人，來日無多，悲觀的說，也許不能活著看到中國實現民主，更不可能享受自由民主的成果，但他不願也不能半途而廢，他要用自己的餘年做最後的拼搏，去民主堡壘美國放開手腳幹一場。他和一位老朋友表明心蹟說：「過去，我搞宣傳，幫共產黨得了天下；現在我出國從事民運，是向人民還債。」

一旦做了決定，他就不再躊躇，唯一牽掛和依依不捨的是自己的子女。前妻李明受他牽連，患精神病英年早逝，他本該既當父又當母，尤其是幾個未成年的孩子，更需要精神和物質上的照顧。但他不是下放勞動就是隔離審查，不是關牛棚就是坐牢。孩子們有個「右派、反革命」父親，是「五類分子」子女，精神上蒙受欺凌，生活上吃足苦頭，為此沒少埋怨，他也自知有愧。但在嚴酷的專制社會，「家國難以兼顧」，是仁人志士難逃的宿命。

聊以自慰的是，在力所能及的範圍，王若望盡了為父的責任。在上海鬧房荒的一九八〇年代，他把自己享受的大房子換小，陸續解決了孩子們的結婚用房，還用補發的工資給孩子們辦婚禮，代李明了結了多年的心願，差強人意地彌補了為父的欠缺。

如今，他要再一次「拋棄」他們，「自願」流放十萬八千里外的美國，這是他無奈而斷腸的選擇。如果說這是他的又一筆「孽債」，那麼根源是毫無人道的專制制度，是喪失人性的極權政府，讓百姓生靈塗炭不得安生，骨肉親人活活分離。

啟程前，王若望召集全家在飯店聚餐告別。

王若望和羊子到飯店時，離開席還有半小時，他們坐在餐廳沙發休息。不一會兒，子女們帶著他們的孩子陸續來了。看到大女兒王克南和外孫賈駿進來時，王若望對羊子說：「二十年前，克南在新疆工作，把賈駿放在上海全托，我每週末接他回家，當時那麼個小不點，現在長得高出我半個頭了。」

王若望喟歎：「克南把賈駿放全托是出於無奈。我和李明就不同了，剛解放那些年，我們也送孩子全托，為的是不影響工作。當時的高級幹部幾乎都這麼做，要不就請保姆帶。現在想來，對比平民父母對子女的關愛，共產黨幹部的做法有點不近人情。」

開席了，王若望不時問幾個小孫輩喜歡吃什麼？還親自為他們搛菜，一邊搛，一邊慈祥地看他們可愛的臉蛋。他嘴裏不表露，心裏卻愴然地說：「別了，孩子們，為了中國和你們的後代不再有『流亡』、『流放』和『發配』，作為你們的父親和爺爺，我甘願做最後一名『流亡』、『流放』和『發配』者。也許我不是一個稱職的爺爺和父親，但中國總要有人做這樣的爺爺和父親，相信你們終有一天會理解我的。」

那幾天，不少親友登門和王若望話別，有些人是來謝恩的。三十幾年前，一位老鄰居的孩子患病，醫生叮囑要睡軟床，他家沒有，王若望就把自家的三人沙發搬給他用。這次老鄰居帶著孩子來道別，望王伯伯好人有好報，出去後一切如意。

還有一位老朋友帶著女兒來看他。當年，朋友的女兒考上大學卻供養不起，王若望就出資支助。如今這位女兒已事業有成，她贈送一件禮物給王伯伯留念。這是一盞青瓷盤子，半尺見方，擱在一尊檀香木架子上，盤上釉著杜甫的詩句：「露從今夜白，月是故鄉明。」

「月是故鄉明」，故土難離，人之常情。

去國前的一天，王若望不到五點就睜眼了。他無法再入睡，就悄悄地起床，躡手躡腳走到窗前。他拉開一段窗簾，看著沒散盡晨靄的上海，默然地一支又一支地吸煙。

濃濃的煙氣把羊子嗆醒了。她翻身坐起，透過彌散在臥室的氤氳煙霧，看到王若望印在窗前的清瘦身影，丈夫此時此刻的繚亂心情，也引得她無限傷懷，眼簾不由地潮了。像王若望和她這樣的異議分子，出國難，一旦允許你出國，就意味著流放，回來也難，最難捨七八十歲的老父老母，她這一去，不知那年才能回來，還能再見老父老母嗎？

早餐是芝麻湯圓，王若望和羊子各懷心思悶頭吃著。王若望突然想起啥，忙對羊子說：「吃了早飯你打電話去作協，問問他們今天小車是否有空，我想調用一下！」

羊子不解地問：「這麼多年，你出門有資格讓單位派車接送，你從來不叫，明天要走了，我們又沒事，何必去找他們麻煩？」

「今天我想去幾個地方看看，自己坐車轉來轉去不方便。」

「你想去啥地方？」

「等車來了，上路後再跟你說。」

作協的小車來了，司機是一位四十多的中年人，他雖然不曾為王若望開過車，卻聞知他的大名，嘆服他的人格。

王若望在作協裏人緣很好，他和看門的工友、燒飯的師傅、清潔工都和睦相處，所以在他關牛棚的日子，他們中的不少人都在暗中照顧他，使他少吃了許多苦。

司機問王若望去哪兒，王若望向他解釋，說明天就要出國，想去曾經工作過的地方看看，司機就照著他的指點出發了。

王若望先去看新亞藥廠，司機從衡山路開到華山路，經過熱鬧的靜安寺沿南京西路開。一路上王若望像對羊子和司機、又像自言自語地說，「我十四歲來上海，當時衡山路一帶差不多算半郊區，都是荒地，我是看著城市由東到西推進。不過，剛到上海時吃住都在新亞藥廠，幾乎不出門，後來參加地下工作才開始東竄西走……」

說話間，汽車已拐進泰興路，不一會兒停在康定路上新亞藥廠大樓下。司機問王若望，「王老師，你想下去看一下嗎？」

「時間來不及了，我就在車上看一看吧！」王若望說著微微縮緊身子，滿臉貼在車窗往上看。那是一棟外牆抹著銀灰色水泥的高樓，每層樓面上有幾個大窗，如不是門口掛著廠名牌子，看上去不像工廠。王若望喃喃地說，「新亞藥廠已今非昔比了。我進廠時，只有一幢樓房、一個院落和一個倉庫，用現在的標準只是個作坊，但那時中國的工業剛起步，新亞開創了中國自己的製藥業。」

車子又開動了，王若望還在感歎，「新亞藥廠所以起點高，關鍵是老闆許冠群懂行，他用現代化觀念建廠，聘請製藥專家當廠長，高薪延攬在德國藥廠當技術員的人任總藥劑師。最難得的是，他用文化考試的方式招收工人，既提高了工廠的文化素質，又體現了公平競爭的原則，這樣的科學管理現在都做不到……」

車子沿南京路一直開到外灘，到了停車處，王若望請司機等一會兒，他和羊子想到外面走走。三年前，王若望和羊子最後一次來外灘，不是來看風景，而是隨聲援學生的遊行隊伍來這裏，那時人們追求自由民主的急切和熱望令他們終生難忘。然而，焚燒起來的火炬被狂風惡雨剿滅了，眼下，這裏成了看不到生機的一片冷土，你無法在上面播撒熱血的種子。

秋陽在寬闊的黃埔江面躍蕩，波濤瀲灩出無數晃眼的潾光，猶如數不清的閃亮銀蛇在江水裏竄游。秋風掠過江水，夾帶著水腥味一陣陣拂向王若望和羊子，這是他們熟悉和喜歡的氣味，他們吃黃浦江水長大，在這氣味中浸淫了一輩子。

走到外白渡橋的橋塊下，王若望一手扶著冰冷的鐵柱子，一手指著下邊對羊子說：「我常對你提起的飯攤就在這裏，我脫產搞地下工作時，每月只有幾塊大洋，付了房租沒剩多少了，不省吃儉用根本不夠。有一天，我經過這裏，發現排著好幾個飯攤，價格出奇的便宜，大雜燴，三個銅板一大碗，大米飯也不過三個銅板一碗，當時，在點心店吃一碗陽春麵也要十二個銅板，以後我就經常來這裏吃。後來才知道，上海大商店、銀行、公司職工午餐有吃剩的飯菜，這些『包飯作』就廉價買下來，再拿到這裏把各種菜一鍋燴了賤賣。」

他們往回走時羊子說：「當時鬧革命確實不容易，沒有吃苦精神幹不了。」

「何止吃苦精神，還要隨時準備犧牲。」王若望說著指著對岸說：「當年我就是在浦東組織罷工被國民黨逮捕的，我乘小汽艇過江，回來時手上多了一副銬子。」

羊子說：「可惜呀，多少人用生命換來這個『新中國』，誰知，這個新中國還不如當時國民黨的『舊中國』。」

他們沿著浦江堤岸邊走邊聊，看到大馬路對面市總工會大樓時，王若望停住腳嗟慨道：「你說的是啊，你看市總工會大樓，前身是交通銀行大廈，一九四九年共產黨佔領上海，被工會強行佔用，反掌之間，交通銀行的招牌被撤下，換上上海總工會的牌子。儘管中國人民解放軍入城佈告寫著『本軍任何人不得進入住宅、商店、寺廟和公共機關等』，工會佔用銀行大樓已經踐踏了解放軍自己宣告的條令。不過，我當時沒那樣的覺悟，沒有認識到這樣的做法違規，就跟著市工會一起進駐進去。解放初期，市工會的權利非常大，相當於半個市政府，我被任命為市工會文教部副部長」。

王若望又指著大樓頂說：「有一段時間，我和李明全家五口住頂層十平方米的儲藏室，那裏連窗戶也沒有，但我們幹勁十足，我到處趕場子作報告。但我的個性終究與這個政權格格不入，我的生動演講大受工人群眾歡迎，卻不符合上面的調子。從那以後，我官愈做愈小，最後不但官做不成黨員做不成，還成了右派反革命！」

羊子加了一句，「現在是連這個國家也住不太平了，除非你閉口！」

返回時，王若望請司機往淮海路開，經過國泰電影院時，王若望又禁不住俯身往窗外望，羊子說：「又看啥？」

等過了一段路，王若望才反身說：

我想起小時候被趕出國泰電影院的經歷。我參加地下工作不久就出了叛徒，領導通知我不能回自己的住處，又來不及安排我轉移，我只能在馬路上流浪。第一天傍晚，我毫無目的地蕩進了國泰電影院，驚異地發現大廳鋪著鬆軟地毯，長長的殷紅地毯通向掛著絲絨帷幕的入口，我心裏閃出一個念頭，等晚上最後一場戲散場後，就在軟綿綿的地毯上舒舒服服睡一覺。不料，我沒走出幾步，就被一個戴著兩道黃邊糞桶帽的洋人趕出來，他用生硬的中國話說，「癟三，去！去！」

夜裏我沒處可住，就來到國泰電影院對面的開闊空地，就是現在的錦江俱樂部所在地，當時，沿馬路有一排兩丈高的看板擋著，我找了個麻袋睡了一晚。早上被幾個小癟三踢醒，他們都是靠偷盜過日子的赤貧流浪漢，我跟他們混了幾天，直到他們要我參與偷竊才溜走。

司機聽到這兒感歎道：「王老師，你的故事真多啊！」

「是啊，真要講我的故事，三天三夜也講不完。」王若望說著，突然想到，「對了，解放前的事你不知道，十幾年前的事你應該知道吧？一九七九年搞民主牆，上海有兩處，一處在人民廣場，另一處就在國泰電影院對面，從茂名南路到淮海路的一溜圍牆上。上海的民主牆比北京晚開一、兩個月，但言辭的激烈則有過之而無不及，有人在牆上貼出霹靂大字『毛澤東不是神，是人！』『謹防新的四人幫重來！』鄧小平取締民主牆重判魏京生，已經暴露了他兇殘的殺心，當時的知識分子卻沒有唇亡齒寒的警覺，直到『六四』才認清鄧小平的真面目，但一切都晚了……」

王若望也由此被迫走上流亡之路。

次日，王若望和羊子出發，四十多位親友趕來送行，許多人捧著一束束碩大亮麗蒼翠欲滴的鮮花，眾人分乘十餘輛小車前往機場。日本兩家新聞社的駐滬記者，香港三家報紙的記者，也跟隨採訪。一路上，王若望夫婦「享受」大人物待遇，便衣警察開著不掛牌的警車前呼後擁地「保駕」，場面甚是壯觀。

王若望夫婦十點半到達虹橋機場，過海關時，稽查員又作梗刁難，他們打開王若望的大小行李，沒收了他的「自傳」手稿和赴美作學術報告的備用資料，他們不敢說扣留「宣傳資產階級自由化的違禁品」，而說：「未發表的東西不宜帶出去。」王若望據理力爭說：「請出示海關的規定，是否有這一條，我是作家，沒了手稿叫我今後怎麼寫下去？我怎麼能出國？」雙方相持不下，直到一位負責人出面拿去審查，眼看飛機要啟航了，才通過「審查」物歸原主。

在入關的門口，王若望和子女作最後的道別，兒女孫輩一個個含淚抹涕，小女兒突然撲到爸爸身上，泣不成聲地哀告，「爸爸，你去了那兒，不要再回來了！」

常情常理下，子女理應期盼遠去的老父「歸去來兮」！只有身處非常境遇的人，才會放出如此「絕情」的悲聲。

飛機移動了，王若望緊貼艙窗，鮮紅的「上海」兩字漸漸縮小，最後隨著飛機的升空而隱去，王若望凝噎著無聲感歎，祖國，我眷戀的母親，我在你懷抱已有七十四年，但無情的國家機器逼我遠離，我不會忘了我肩負的神聖使命，更不會忘了江東父老，我要繼續奮鬥，爭取早日重返祖國大地。

飛機將離開中國的國境了，王若望默念起鄭振鐸的散文〈別了，我愛的中國〉：

> 別了，我愛的中國，我全心愛著的中國！我倚在高高的船欄上，看著船漸漸地離岸了，船和岸之間的水面漸漸地寬了，……兩岸是黃土和青草，再過去是地平線上幾座小島。海水滿盈盈的，照在夕陽之下，浪濤像頑皮的小孩兒似的跳躍不定，水面上一片金光。

別了，我愛的中國，我全心愛著的中國！

……我離開中國，為的是求得更好的經驗，求得更好的戰鬥的武器。暫別了，暫別了，在各方面鬥爭著的勇士們，我不久將以更勇猛的力量加入到你們當中來！

這是我的誓言！

別了！我愛的中國，我全心愛著的中國！

我來了
一個老態龍鍾的老人
站在你們面前
我來自大陸饑荒的荒原
我三次進入重門的監獄
帶來暴虐留下的傷痕
我能夠忍受這一切
因為我始終高舉民主自由的大旗
我愛祖國的人民、大地
但我不愛共產黨

儘管有人說我是叛徒
是的，我是列寧、史達林、毛澤東、
鄧小平的叛徒
做這樣的「叛徒」是我的光榮
我來了
希望民運大家庭五個手指
捏成一個拳頭
對著橫暴的共產黨喝一聲：
我來了，我來了！

——王若望〈我來了〉

第八章　最後的戰鬥

一、王若望來了

一九九二年八月七日。

梭形機頭如箭簇穿過濃密混沌的雲層向下俯衝，迷濛的泥灰色氣流在往後狂退……雲靄漸漸稀薄了，絲絲縷縷輕紗細帛般浮游半空……

「三藩市國際機場到了，飛機正在降落，請旅客們繫好安全帶。」

似睡非睡的王若望一下子清醒了，他忘了十幾個小時的勞頓，趕緊把頭抵向舷窗，進入美國了！看到美國的大地了，田野、公路、別墅愈來愈清晰，終於來到美國了！這些年，他一直期待親眼看看這片美麗的土地，考察這裏的民主和自由，今天終於如願走來。

事實上，二十年來，王若望已無數次到此遊歷。借助每天收聽的美國之音，借助採訪他的美國記者和漢學家，以及有關美國的書籍，他已在頭腦中描繪了一幅美國藍圖，這次不過是來認證。

王若望攜羊子走進候機室，第一眼看到的就是一條紅布橫幅，上面用白色中英文寫著「歡迎王若望伉儷來美」。橫幅下，三十幾個人用掌聲和歡呼迎接他們，打頭的是中國民主教育基金會會長黃雨川，他大步走上去，張開雙臂擁抱鬢髮皤然的王若望，「終於把你迎來了！」短短一句話蘊含著多少苦心，從一九八八年邀請王若望來美起，他費了多少周折才有今天。

王若望連連說，「謝謝你這些年的辛勞努力，我終於走出了牢籠！」

其他人也簇擁著王若望和羊子，紛紛向他們表達熱誠的歡迎和慰問。港臺記者把王若望當政治明星，伸出話筒請他談感受。他神情嚴肅地說，「我帶著渾身創痛出來，總算順利走到你們的面前……」說這裏，他停頓了一下，熱血浮上他的面頰，眼眸因濕潤而晶亮。

他轉過情緒爽朗地說，「離開中國前，有不少親友再三規勸我，到美後說話要克制，不要再不留情面地批評中共，要給自己留退路。我理解親友的好心，這是生活在恐怖社會的常識，但我不能接受，不願繼續受中共的鐵鏈捆綁，我在大陸尚敢直言批評中共，到了美國這個自由世界反倒說違心話？那我就不是王若望了，而是『僵化老人』了！」

好一個赤膽赤心的王若望，毫無忌憚的講話贏來一陣掌聲。

記者問他「此時此刻的心情？」

王若望說「我是剛逃出牢籠的鳥兒，能飛入這塊傑出而自由的土地，自然感覺十分開心。美國是世界民主的堡壘，我要利用這次機會學習考察，把美國的自由民主精神帶回中國！繼續發聲喚醒中國人民。」王若望何止是一隻「籠中鳥」，還是一隻久經折磨依然頑強抗爭的「不死鳥」。

有記者問，「中共允許你出國，是否表明中共在人權方面的進步？」

王若望抨擊說，中共「放人比扣人當然是進步，可惜這個進步微不足道，而且，中共先把異議分子扣押起來，再把他們當作和美國討價還價的人質，這種做法十分卑劣，只到中國公民能夠自由進出的那天，才能說中共人權真正改觀了。」

在談到社會主義的前途時，王若望斷然說，「我在國內的言行已表明，我不相信共產主義，那是脫離現實的空想主義。」

還是那個王若望，根根倒豎的白髮支撐他寧折不彎的人格，瘦削的顴骨凸顯他不肯消磨的剛毅，到了美國還是一塊鯁直如鐵的反骨。那一刻，僅讀過他文字的人目睹了他的傲然風采。

出機場後，黃雨川自己駕車接王若望回家，一路上，兩人輕鬆聊天，王若望聽說黃雨川比他小一歲，吃驚道，「你幾乎和我同年？看上去不過六十出頭！」

黃雨川歎道，「我不僅年齡和你相同，也曾當過右派，和你可算神交已久的患難兄弟。」

「你也當過右派？」

是的，黃雨川瞭解王若望的過去，王若望卻不瞭解過去的黃雨川。

黃雨川一九四〇年代考上國立中山大學法學院經濟系，畢業不久應聘赴加拿大教學兩年，隨後轉入美國紐約大學繼續攻讀經濟學。一九五〇年代初他經香港回國，行前，有朋友提醒他，「你難道不怕共產黨？」他說，「怕什麼？我一不求利，二不求榮，三不求名，回去不當大官、大教授，大學教不了，中學、小學總能教吧？辦民間夜校，辦一個小書店總可以吧。」在共產黨反人類的行為面前，他的常人思維近似兒童的天真。

回國後，黃雨川在《人民畫報》社等新聞出版單位工作。一九五四年肅反，他被懷疑是特務，為此坐了半年牢，他給周恩來寫信才得到平反。到了「反右」，他又因寫信的事被打成右派，被押送到北大荒勞改農場，憑著強健的體質和堅定的意志，他勉強逃離死神撿回一條命。

一九六三年黃雨川逃往香港，六年後又移民美國創業，從事地產經紀、旅社及餐館等業務。到一九八〇年代，他家大業大事業有成，就想為改變中國做點實事，正巧王炳章創辦《中國之春》雜誌和「中國民主團結聯盟」，他就積極投入，開始為海外民運出錢出力。一九八五年，黃雨川與友人創辦「中國民主教育基金會」，設立「傑出民主人士獎」，表彰獎勵兩岸三地的傑出民主人士。

王若望非常感念黃雨川的盛情，惺惺惜惺惺，英雄遇豪傑，兩人談的更投機了。

翌日，受時差困擾，王若望很早就醒了，他怕影響主人休息，看到窗外天大亮了才起床，然後穿過客廳走進後花園。花園中央有一汪噴水池，池中一塊岩石上有座美人魚雕塑，各色金魚在池水中自由游弋。王若望舒坦地伸了個懶腰，隨後在一張塑膠椅子上坐下。

八月初的三藩市如同上海的深秋。清早，夾著寒意的空氣格外涼爽清洌，王若望一邊深呼吸，一邊合起敞開的夾克衫拉鏈。遙望遠景，美麗的大自然好似花園的背景，黛色的山岫在澄明蔚藍的天空下起伏伸展，周圍聽不到人聲。寧靜中，樹上小鳥的啁啾，院外過往汽車的摩擦音被放大，聽來十分悅耳。

黃雨川從客廳出來問候王若望，王若望起身招呼後慨然道，「黃先生，六三年你要是不走出中國，你有再大的能耐也創不下這份家業啊！在中國，再有才的人也經不住共產黨的折騰。」

「是啊，五十年代初，在美國的中國留學生百分之九十以上都趕回去報效祖國，哪想到這個『新中國』比『舊中國』更專制，四十年過去了，現在大陸多少人才湧到美國，來後又千方百計尋求移民，可見中共政權喪盡了人心。」

「所以，我現在為老百姓代言，向中共要自由民主，也可以說是對早年獻身中共的反省和贖罪，當年那個『新中國』不要也罷！」

王若望到美國沒幾天，《百姓》雜誌社長陸鏗從香港來三藩市，聽說王若望在黃雨川家，次日一大早就駕車來探望，兩位老友在美國相逢，彼此緊握對方的手，久久不放。六四前夕陸鏗在上海約見王若望，當時上海風聲鶴唳，受嚴密監控的王若望仍然從容不迫，毫無「意惶惶而心旌搖」的懼色，陸鏗直讚他「泰山崩於前而色不變」。

陸鏗和王若望歡快暢談，陸鏗問王若望來美幾天的感受，王若望說最大的感受就是嘗到了自由的滋味。這裏，不會有監視他的攝像機，不用擔心自己的談話被竊聽，出門不必注意是否有人盯梢，撥打的電話不會突然切斷，來訪的親友不會被擋在門外，警察絕不敢隨時闖入，更不敢任意把他帶去審訊。

陸鏗把自己的新書《鄧小平最後的機會──反左集》送給王若望，王若望一看書名就說，「好極了！中國就是要反左，不反左，國家就不能得救，鄧小平最大的問題就是反左不徹底，還堅持與反左矛盾的『四個堅持』。」他大聲提醒陸鏗，「對鄧小平千萬不要估價過高，也不能寄望太多，否則，你會失望的。」

陸鏗笑道，「不愧為王若望，看問題就是老道，與眾不同。」

王若望笑答，「不是我老道，而是我吃過太多虧，上過太多當得到的教訓。就說鄧小平，他上臺後說過多少好話，『推進政治改革』、『主動退休』，最後還是退而不休，還把提議他退休的胡耀邦打下去，你是這件事的親歷者，不用我多說了。最後還鬧出個六四屠城，如再輕信他，不是天真而是犯傻！」

陸鏗連說，「是啊，不過，我們還是抱著善意，希望利用鄧的影響把左派壓下去，中國重新開始政改。」

聊了一會兒，陸鏗問王若望來美的打算，王若望說，考察美國民主制度，繼續自傳的寫作，還要盡力為海外民運做些事。

民運團體也對王若望寄予厚望，洛杉磯的民運人士爭相舉行歡迎會，他也藉此機會熟悉民運人士，傾聽各方意見。不久金山灣區召開大陸民運「圓桌會議」，他受邀參加，並與方勵之、嚴家祺、萬潤南等人探討中國政改方向，他提出了三條最低行動綱領：結束一黨專政、開放新聞自由、平反「六四」並釋放一切政治犯。

那些日子，民運骨幹徐邦泰數次前來拜訪，他告訴王若望，海外兩大民運組織「民主聯合陣線」和「中國民主團結聯盟」即將合併，希望他出來競選主席一職。王若望不無躊躇，他一貫反對共產黨內的老人黨，自己怎能在民運中當同樣角色？徐邦泰殷切說，希望「借重他的聲望整合海外民運」，于大海、朱嘉明、萬潤南等人也隨聲附議，他動心了。為了推翻專制，解大陸百姓於倒懸，國內許多人冒著生命危險從事地下民運，他們需要海外民運的聲援支助，海外民運是國內民運的後盾，既然這麼多人信任他，他不再患得患失，決定豁上老命，把殘年獻給民主運動。

紐約是海外民運的大本營，王若望去那裏宣佈自己的決定。王若望和羊子抵達甘迺迪機場時，受到三民主義統一中國大同盟及民運人士的熱烈歡迎，大同盟主委阮瑞廷站在「「抗暴作家，民主鬥士」的橫幅下致歡迎詞，稱讚王若望是「令人崇敬的勇敢中國人」，說「他用一支筆挑戰暴政，在強權面前永不屈服，展示了中國傳統讀書人的風骨，是書生報國的典範。」

次日，王若望在中華公所舉行記者會，劉賓雁陪同前往。「南王北劉」是「資產階級自由化『頭面人物』」，他們在大陸只會一起挨批，到了美國才能聯合開記者會。劉賓雁向大家介紹王若望說，「他為中國的民主奮鬥了半個世紀，被中共打成『反革命』二十多年，他不屈服、不退縮、不軟弱，在中國大陸找不到第二個，是我們中國的國寶。」

王若望以自己的身世為例說，「與其說我勇敢，不如說是共產黨蠻橫，我從無數忠誠的共產黨員受整肅，許多知識分子遭迫害的事實，看到這個黨的慘無人道毫無人性。因此，我決定背叛共產主義，背叛黨的道路，這是光榮的背叛。」王若望表示，晚年能到自由的美國，是他一生中最大的幸福，他要為此盡自己的一份責任，願意為重振海外民運、為推進中國民主奮力工作。

劉賓雁當即表示，王若望是擔任海外民領袖的合適人選，他全力支持王若望擔任民運大聯合的主席。

羊子也在會上表示無條件支持王若望，她說，「搞民運不可能一帆風順，肯定會遇到不少困難，但這是一項正義的事業，王若望不為所懼，願意挑起這副擔子，她就陪伴他支持他走下去，即使命運安排他們走向地獄也決不退縮。」

許多民運人士大受鼓舞，紛紛表示，海外民運正陷入道德及領袖困境，就像一艘在淺灘激流艱難航行的船，最需要王若望這樣有道德感召力的老船長來把舵，他們形容王若望的到來是「旱天裏下的一場及時雨」。

劉賓雁的信任和民運人士的眾望，使王若望既感到榮幸又感到責任的重大，整合海外民運是一項空前艱巨的任務，依他的性格，要幹就幹出名堂來。他私下和羊子合計好了，如果能當選主席，先幹一年，待海外民運走上健康軌道，各方面出現新氣象後就急流勇退，做個「民運的華盛頓」，萬一經過努力不獲成功，就引咎辭職，回到書桌安心寫作。

王若望按規定正式報名競選主席。

離合併大會還有幾個月的時間，王若望決定先奔走歐洲、澳洲等地考察海外民運。他要說服民運人士拋棄一切恩怨，消除民運組織內的派別紛爭，在一個綱領下達成共識求同存異，形成一個有凝聚力的聯合體，以此贏得更多華僑和留學生的支持。他還順道訪問香港和臺灣，為海外民運尋求支持並募集必要的資金。

二、周遊列國考察民運

王若望帶著構想去「周遊列國」了。

十一月初，王若望和羊子從紐約出發，先去臨近的加拿大東部地區，蒙特利爾、渥太華、多倫多等城市一路趕去，加上在洛杉磯時已到過加拿大西部的溫哥華、艾德蒙頓、卡爾格利的地方，加拿大的城市差不多跑遍了。每到一地，王若望不是和民運人士座談，聽取他們對民運的看法和建議，就是向留學生、華僑及各界人士演講，介紹中國大陸的形勢，激勵華人關心支援民運，為推進中國實現民主化盡一份力。

接著，王若望和羊子又從加拿大飛往歐洲，先進入法國巴黎；又轉至德國，正逢東、西德統一不久，他們有幸目擊了倒塌的柏林牆殘垣；在英國逗留期間，王若望先後到牛津大學、劍橋大學等處講演，與各地民運人士和留學生座談交流。

有些認識王若望的人與他重逢，他們憫恤地發現，與幾年前相比，王若望的白髮更稀疏了；清臞的臉上皺紋又添了幾道，歲月和磨難催他老了；但令他們嘆服的是，王若望坦率耿直的脾性依舊，鋒利抨擊共產黨的言行依舊，為推進中國民主百折不回的驍勇依舊。

旅途中的一個插曲也展示了王若望的性格。他落腳的朋友家在倫敦海格區，是海格公墓的所在地，裏面有馬克思墓，朋友問他是否前去瞻仰，他直爽地告知，「提不起興趣。」

十二月二日離開英國後王若望順道赴香港。

王若望對香港的情緣最深，大陸報刊封鎖他的言論，他抨擊中共的文章都在香港刊物發表，在他「六四」繫獄受難時，香港各界人士給予他巨大的聲援，使他成了香港家喻戶曉的人物，這次他本人到訪，自然颳起一股「王若望旋風」。

王若望受邀出席各種聚會和演講，他感謝香港同胞多年來的聲援，希望香港媒體繼續利用自由言論陣地，及時報導大陸現狀，反映大陸民意。他特別提醒香港同胞，不要對中共和老人黨抱任何幻想，不要指望中共自己結束一黨專政，而要動員民眾起來反抗，香港要利用自己的地理優勢，聯合國際社會的正義力量，形成外部的強力迫使中共讓步。

香港記者們紛紛讚揚王若望與共產黨決裂得最徹底，在不同政見知識分子中骨頭最硬，他在大陸被鄧小平封為「資產階級自由化的老祖宗」，到了海外成了名副其實的「反共祖師爺」。

十二月六日是星期天，王若望和羊子帶著香港同胞的熱忱飛抵澳洲。他們在雪梨國際機場受到的歡迎盛況超過任何地方，一出機場就被二百多人組成的歡迎人群包圍，民運人士和留學生代表在掌聲中向他們奉上鮮花，閃光燈此起彼伏，攝影機不停地記錄這感人的場面。

王若望情深意切地對歡迎人群說，「站在你們面前的，是一位來自祖國的古稀老人，身上帶著受政治迫害的傷痕，但看到你們這麼熱情的歡迎，我忘掉了一生的不幸，所有的苦難也都得到了補償。」

熱烈的歡迎包含著對王若望的一份期待。六四後，美國和加拿大政府出於人道的理由，向中國留學生發放特別拘留簽證，但澳洲政府拖延著不予同樣的庇護，在澳洲的中國留學生前途未卜，已發生了強遣和絕食靜坐等事件，他們提請王若望現身說法向澳洲政府陳情。

王若望沒辜負留學生的付託，他走訪澳洲多個城市，會見政府官員以及朝野議員，披露中國人權狀況，要求澳洲政府善待中國留學生，給他們應有的人道保護。

面對熱心的澳洲民運和留學生，王若望每次演講都不忘宣講孫中山的革命精神。當年，孫中山以海外為基地建立革命隊伍，他希望海外民運人士以孫中山為榜樣，團結起來勇於承擔歷史重任，為中國的民主化貢獻一份力量。

王若望給民運人士秦晉留下的墨寶也宣示了這樣的精神——

秦晉先生座右

世界潮流浩浩蕩蕩，順之者昌逆之者亡——孫文格言

中國特色權力至上，順我者昌逆我者亡——一言堂銘

壬申年冬王若望書

十二月二十五日，王若望和羊子離開澳洲後又轉赴寶島臺灣，這是他們心馳神往的三民主義守護地。如果說王若望在美歐澳加是考察民運宣傳民運，那麼到臺灣是親臨一個已經民主化的中國，一個最終結出三民主義碩果的美麗園林。他們以獨特的中國人——曾經的民國之子——親身感受和分享臺灣的民主，他們相信臺灣的今天一定是大陸的明天。

臺灣的發展超過了王若望的想像，無論政治經濟、文化教育、新聞媒體，還是人民的生活水準，尤其是臺灣農民的富足令他眼花，他不由感歎「不比不知道，一比嚇一跳」，這正是他追求和夢想的中國。

如此臺灣令王若望「一見鍾情」，他的心情從沒有過的舒暢，他深深愛上了臺灣，因為這也

是他的祖國。他無法抑制自己的摯情，去《中央日報》訪問時，情不自禁地亮出嗓子，唱起了自己拿手的京劇，是《甘露寺》裏的段子「……蓋世英名震九洲，長阪坡上救阿斗，殺得曹兵個個愁，這一班虎將哪個有，還有諸葛用計謀……」他眼簾高捲雙目凸睜，唱得那麼縱情投入。他寄意臺灣，並從臺灣這個「小中國」看到了大陸那個「大中國」的希望和未來。

一九九三元旦那天，臺灣舉行例行的傳統升旗儀式，總統李登輝與行政院長郝柏村等官員出席。儀式結束時，李登輝和郝伯村接見前來「參觀」的王若望夫婦，李總統對王若望來訪表示歡迎，稱讚他身體硬朗。王若望動情地說，他在青天白日滿地紅的國旗下長大，父親十分推崇三民主義，他受父親的薰陶，認識到三民主義是真正的救國主義，今天，看到三民主義在臺灣成為現實，使他感到從沒有過的自豪，他深感做中華民國公民的光榮，期待青天白日普照全中國的那一天。

王若望隨後和行政院副院長施啟揚晤談，懇切地向臺灣政府進言，臺灣不要自限於「島國」意識，要有向大陸推銷臺灣民主的氣勢；在與中國交往時，不能矮化自己，臺灣與大陸是對等的，不是地方和中央的關係；臺灣要有用自由民主思想統一大陸人心的雄心壯志。

王若望的列國之遊結束了，整個行程看似十分風光，有鮮花和掌聲迎送，有美味和佳餚接風餞行。然而，看看這些數字，兩個多月的時間，橫跨四大洲，穿梭八個國家和地區，趲走十幾個城市，遙遙數萬里的行程，二十幾場講演，數不清的公開座談和私下交流。這一切，對一個七十有四的老人可不是一趟輕鬆逸興的旅行，而是一場舟車勞頓的奔命，多虧他有一副還算強健的體魄，不然是難以完成這次長途旅程的。

行程中，王若望也因過勞出現頭暈，但他睡了一覺又重新出現演講台，民運後生看到的還是他們心儀久仰的王若望，久經風雨沖蝕的高額凸顯出傲骨，歷經滄桑的道道皺紋鏤刻出剛毅，歲月浸染的晶晶白髮釋出智慧。他侃侃地和年輕人交流，直抒胸臆妙趣橫生，毫無名作家故作高深的做派，也不擺自以為是的名士譜，只有老而彌堅通脫自如的氣韻。

許多年輕的民運人士由此堅信，王若望出來掛帥民運，一定會給民運帶來新氣象，海外民運的現狀也一定會改觀。

三、出師不利，競選受挫

萍飄蓬轉四處奔波，披星戴月八方遊說，王若望的辛勞沒有白費，可以說超過了預期，他和許多人在民運聯合問題上達成了共識，還從臺灣等地募集了會議經費。帶著充足的精神和物質兩方面的準備，王若望滿懷信心地返回美國。

備受海內外華人關注和期待，攸關海外民運方向的合併大會終於開幕了。

一九九三年一月二十七日，朋友開車送王若望去華盛頓，從紐約出發沿高速公路行駛，一路上，他談興甚濃，眼見交叉縱橫的公路網，他嘖嘖讚歎美國的發達交通。看著王若望老小孩般新奇的神態，羊子能夠感到他內心的昂奮，他信心滿滿準備承擔重任。

去歐洲和澳洲巡遊時，談到這次選舉，王若望一再對人強調，重在參與和投入，能不能當主席並不重要，也絕無志在必得的狂傲。不過，各國的新老民運的支持和信任，不少人熱心地向他表白，「王若望，有希望！」喚起了他的使命感，他在心底莊嚴承諾「絕不辜負大家的期望」！

王若望感到身子燥熱，好似隱隱燃著一把火，他脫下輕薄的羽絨衣，像欲將躍馬出陣的將士，為自己走馬上任擺出了衝刺姿勢。在國內時屢敗屢戰的經歷，培育了他愈戰愈勇的性格，自由世界給了他貢獻晚歲的機會，他要豁上這把老骨頭，帶領整個民運和中共較勁。

然而，儘管王若望和中共鬥了幾十年，有豐富的反抗暴政的經驗，終究只是一個秉持良知的異見人士，是率性而為品行純粹的作家，在走向參選民運主席的路上，他可以站上高臺看到遠景，卻看不見腳下陰暗的湍流。

凱悅飯店住進了來自全球各地的民運人士。

王若望和羊子一進酒店就碰上了怪事，會務處要求他們支付房錢，按規定會議正式代表的費用由會務承擔，再說，會議開支還是王若望募來的捐款。

民聯與民陣三年前就開始商談合併事宜，但會議經費一直沒著落，因捐款人沒看到有眾望所歸的人出頭，直到王若望出場才解決了這個難題。王若望從臺灣等地募得十二萬美元捐款，還為此受到猜疑中傷，有人責難他「親國民黨，反共太激進」。

如今，王若望剛交出支票就成了會議的「局外人」，令他一下子懵住了。他前去會務組查詢，才知他不是正式代表而是受邀的貴賓，按規定貴賓的會費必須自理。

王若望早已正式報名競選主席，各路民運人士無人不曉，會議籌備組的人更應知道，為啥把他奉為「貴賓」？不知這份名單是誰決定的，更不知此舉是大意疏忽，還是另有玄機？多虧幾位代表向會務組提出強烈質疑，才解決了王若望的費用困厄。

「這是故意節外生枝，還是大會的不祥之兆？」王若望壓住出師不利的不快，決定忍辱負重，開好這次有關民運大局的會議。

王若望是主席的熱門人選，上門看望他或找他談話的的人絡繹不絕，不少人期望通過今次大會，大家擰成一股繩，使海外民運走出低迷，振作起來開創新局面。不過，更多的人找王若望談人事選舉，為此，有向他抖露民運組織內部矛盾的，有表白自己討取他好感的，有打聽深淺探測他意向的，有藉反映情況否定對手的，有幫他「分析選舉形勢」的……許多評斷近乎互相攻訐，不少遊說與挑撥離間無疑，充分暴露了有些人的陰暗心理，正大光明的選舉被攪成爭權奪利。

儘管王若望來者不拒，耐心聽完每個人的講述，但總覺得氣氛有點詭異，某些說項有暗箱操作的嫌疑。綜合各方的意見，他大致弄清了派系情況，比如民聯內部是支持胡平和擁護徐邦泰的彼此叫陣，民陣則是擁護萬潤南和支持朱嘉明的互相對壘。

王若望始終堅持一個原則，求同存異團結一心，聯合起來共同奮鬥。他勸說各方消除成見通力合作，整個民運聯合起來對付中共。涉及到具體人物，王若望根據自己的觀察作評介。有人講民陣主席萬潤南的不是，他卻明言萬潤南能力強，應該協同工作而不應排斥，但在反對萬潤南的人看來，王若望就是和萬潤南一派了。

如此這般，毫無派系意識的王若望，就被人劃入了「異己派」。而且他很快知道，有人只是利用他的名望，舉他的大旗做門面，暗下早就在圖謀自己的權勢了。有些主控會場的人，當初熱心攛掇王若望出馬，現在卻四處防堵王若望「現身」。參加會議的貴賓都可以大會發言，唯獨不讓王若望講話，理由是王若望是主席候選人，上臺發言有拉票之嫌，儘管王若望發言內容是「加強大陸民運工作的建議」，仍然不被採納。

二十九日大會舉行晚宴，經過民陣一位代表的提議，王若望總算得到一次講話的機會，他提醒大家要理性不要搞派系，希望大家投他一票，為此，提議人和王若望都遭到責難。

進入競選議程了，「同陣營」的人突然以競選對手有鐵票為由，勸誘王若望退出競選擔任名譽主席，見王若望不為所動，又用要挾語氣對王若望說，想保持名節就退出競選。

面對以勢壓人的談判籌碼，隱伏背後的造謠詆毀，羊子勸王若望妥協，接受名譽主席。但王若望不願任人擺佈輕易服輸。他有自己的見解，他爭的不是主席，而是民運隊伍的正氣。他不願看著黨文化在民運中橫行，他要做最後的努力，促成民運人士在公平競選中樹立道德風尚，讓民運隊伍在實踐中學會民主。

但王若望高估了對手的素質。操縱大會的人的目的不是整合民運，而是借合併大會攬權，為了自己能當選，他們拒絕王若望的任何忠言，亂局已不可避免。

按理，下棋的規則可以改，但不能對正在下的這盤棋起效用，是次大會的主席團卻出爾反爾，隨心所欲。根據會前一個月截止競選主席報名的規定，候選人只有王若望和胡平兩人。會間突然制定新的「遊戲規則」：有二十人連署任何人都可競選主席；改一正二副搭檔選舉為正、副主席分開直選；廢棄主席團成員不得競選主席和副主席的協定。於是，兩位在主席臺上亮相了幾日的人，一轉身毫不羞慚地登臺競選副主席。

選舉前，一直聲稱甘當助手的徐邦泰來找王若望。他拿著一疊打印好的競選傳單，「誠懇」而直白地說，「競選規則改變了，根據新的規定，我的支持者為了不讓胡平當選，推舉我出來競選主席，王老，對不起了，在謙讓與責任面前，我只能選擇後者。」

王若望直愣愣地看著徐邦泰，一時沒反應過來，眼前真是那個謙虛地請「王老帶頭，我作副手」的徐邦泰？原來臺面上沒完沒了的樽俎折衝；帷幕後無法妥協的縱橫捭闔，都是為了你要當主席？你為啥不早說！費了這麼些神，繞了好幾道圈子，動了如此多手腳，把我這個老拙當傀儡拉出場，最後演出了這麼一場鬧劇？拿我這把年紀尋開心事小，破壞海外民運大聯合，毀了海外民運形象，冷了所有看好民運的人心事大。

徐邦泰走後，王若望越想越氣，被愚弄和欺騙的受辱感直沖腦門，一陣暈眩差一點倒下去。

羊子見他臉色一陣蒼白，趕緊來問，「是不是不舒服？」他憤然吐了一句「欺人太甚」。

王若望終於明白了問題要害，也看清了自己的處境。和他競爭的人，或者說一心想上位的人，隨心篡改遊戲規則，任意破壞協定約束，不講道德自律無視名譽信用，他是無法與他們「競爭」的。

「我該怎麼辦？」王若望不停地抽煙，一支接一支，一直抽到淩晨。

大會規定的競選演說開場了，王若望站上講臺，作了是次大會的頭一次、也是唯一的一次正式發言，不過他不是宣講競選辯言，而是宣佈退選緣由。他沉痛地說，「……鑒於民運組織聲譽欠佳，為振興民運組織，我不顧垂暮老邁參與競選上場一搏，並設定了一系列目標，一旦當選務必盡心盡職。在組織內建立必要的道德約束和財務制度，徹底改善民運組織的形象。但我絕沒料到，民運圈裏佈滿地雷和陷阱！許多民運人士缺乏基本的操守！我還沒入陣已經中招挨箭，所以，我的設想不可能成為現實，我理想的目的也不可能達到，為此，我宣佈退出競選！」最後他呼籲，「要想做一名真正的民運志士，首先要學會做一個人，要有起碼的道德良知，有主持正義的是非觀，只有具備這些基本素質，才能感召民眾，成為推動民主的力量。」

王若望演講完就宣佈退場，胡平也如法炮製，萬潤南和馬大維也緊隨其後，會場頓時大亂，不少人失望地哭喊大叫，還有人痛心地用頭撞牆。

選舉在十九名代表退場後照常進行，在一百十一張有效票（其中有幾名非正式的代表）中，徐邦泰得七十七張當選主席，楊建利和張伯笠當選為副主席。徐邦泰想緩和和王若望的關係，以主席的名義提議王若望當名譽主席，王若望在錢達的勸說下，以大局為重準備返回，會場立即報以熱烈的掌聲，許多人破涕為笑。

就在這時，嚴家祺從座位上跳起來，大喊一聲「我反對！」眾人大驚，只見他衝上前臺，一改書生本色，高聲宣告，王若望雙腳跨出會場門坎的那一刻，他的政治生命就結束了，民主運動不需要救世主。

王若望剛邁了幾步，聽到這話愣住了。這時，羊子也上來勸阻他不要回去。羊子認為，這樣素質的人難以領導民運，這樣的民運大局也無法顧全，王若望進去也是蹚渾水，不如走為上策。面對來之正反兩方的壓力，王若望再次返身而退。

事後，有人說王若望失敗了，從某種角度評說，他確實失敗了，失敗於不諳民運世事，昧於民運的複雜人事，失敗於高估了自己，不！應該說高估了民運人士。

出國兩個多月，王若望已敏銳察覺到民運組織的弊病，也洞悉了一些民運人士的人性暗流，但他仍抱著良好的願望，堅信海外民運的問題再多也多不過共產黨；民運組織的運作方式再黑，也黑不過共產黨；民運人士在為中國的民主大業作奉獻，再錯也是有缺點的戰士。

早在國內時，王若望就意識到，毛澤東雖然死去，但毛澤東的餘毒貽害了幾代人，社會上到處可見各類「小毛澤東」。沒想到以反毛自居的民運人士也不例外，他們身上的「毛澤東烙印」同樣深重。合併會上民運人士暴露出來的行事方式，正是毛澤東和鄧小平的慣伎，口是心非製造內鬥，用卑劣的權術搞政治，為了達到目的無視協定，喪失了最起碼的道德底線。

好在王若望的骨頭足夠堅硬，經得起摔打，他沒被共產黨摧垮，也不會輕易被民運搞垮，他把這次跌蹼當做新考驗，重新思考民運和自己在民運中的定位。

四、生命不息，戰鬥不止

車子開出華盛頓上了高速公路，王若望和羊子返回紐約。路上，王若望和來時判若兩人，他微合雙眼仰面倚在車座靠背，幾乎不出一聲，也不再眺望窗外的景色。短短幾天，王若望的臉瘦脫了一層皮，深暗的眼眶好似被人畫了一道黑圈，在銀白乾枯的鬢髮反襯下格外醒目。四天會議，他每天凌晨四點才睡，再加長途奔波，他累垮了。毋庸說，他的心比身子更累，所以緊閉雙眼也無法養神。

他從沒有過這樣的挫敗感，在國內和共產黨鬥，挨批、受審、坐牢，什麼滋味都嚐過了，強大的國家機器非但沒碾碎他，反而堅定了他反抗暴政的信念，激起他繼續戰鬥的勇氣。然而，這次不一樣了，他是被自己營壘裏的人耍弄，而且毫無思想準備，被打個措手不及，他又投鼠忌器，不忍心也用不上反制共產黨的招數，他感到從沒有過的無奈，也感到從沒有過的心寒齒冷。

事後，有人這樣反省，王若望的行為合乎道德規範，而徐邦泰陣營的做法缺乏道德自律，但民主不等同道德，尤其是民主發展的早期，民主的實踐常常伴有非道德可評斷的瑕疵。如果王若望不採用退場的對立方式，而是按被修改的遊戲規則承認既定事實，兩年後通過改選再論是非。那樣，合併的新組織也許不會分裂，民運組織也可能在陣痛中逐漸成熟。

這樣的推論也許能夠成立，但如此要求王若望定然勉為其難。

王若望反對的共產黨專制，包含了專制的無德無良不公不義，同樣，他願意投身海外民運，充滿對民運組織和民運人士道德水準的信任。他心目中的民運人士應具起碼的道德良知，應堅守基本的道德底線，如果民運與共產黨同樣缺德，那麼搞民運還有什麼意義？所以，他無法認同沒有道德自律的遊戲規則，也不能接受充斥「陽謀」和交易的民主選舉，他不願同流合污，只能「潔身自好」，只能選擇被人認為是下策的退選。

儘管王若望退場的結局是兩敗俱傷，但因滿懷「爭當主席」的雄心和「重整民運」的使命感，他遭受的心理打擊之大不言而喻。

幸好，途中王若望散了一次心。按約定，他們去馬里蘭州看望美國朋友駱基南，駱基南帶他們去大西洋城她父母家，那是位於海邊的一棟別墅。

次日下午，太陽釋放出一縷暖意，他們一起坐在陽臺喝咖啡聊天。望著浩淼無垠的大西洋，王若望覺得心胸漸漸放開了，波濤翻入他的眼簾，又緩緩地退去。

掠過寒潮的海風遠遠吹來，拂過他嶙峋的面容，他喝了一杯咖啡，身子微微回暖了。駱基南的老父和王若望差不多年齡，他不談嚴肅的政治，只談從駱基南那兒聽來的中國，還問王若望中國老年人的生活，輕鬆的話題轉化了王若望的情緒，他心裏的陰影慢慢地散去了。

接下來是星期天，王若望和羊子吃了早飯出門散步，途中不時碰上駱基南父親家的鄰居，他們有的牽著狗散步，有的騎自行車健身，有的從車庫裏倒車出來，看到王若望和羊子都漾起笑臉熱情地說，「good morning!」王若望感慨地說，「這裏的人對陌生人都這麼客氣有禮，是地地道道的禮儀之邦。」

王若望的這番讚美，蘊含著他以此對比民運人士的潛意識，聽來別有意味。羊子聽了想哭，她明白，華盛頓會議留在王若望心上的刻痕太深，真是「才下眉頭，又上心頭。」

回到紐約家裏，王若望好幾天沉默寡言，吃了早飯是看報紙的時間，他也只是胡亂翻幾頁。他想專心續寫自傳《自我感覺良好》，也是寫了幾個字就住筆了。他常走進陽臺一支一支地抽煙，他的心思有點渙散了。在國內對付公開的敵人——中共的高壓，他胸有成竹軟硬兼施，然而，他不知道如何面對來自自己營壘的傷害，也不知道下一步如何走下去。

一天，王若望去圖書館看雜誌，一位老華僑主動和他聊天，老華僑手裏拿著一疊宣教的小冊子，還希望定期向他傳教。王若望兩次坐牢都遇上過虔誠的教徒，他們坦然面對迫害的殉教精神，給他留下了良好印象。

王若望收下小冊子看起來，有一段話摘自《聖經》《新約・哥林多前書》第十三章，也是他曾經為保姆唐阿姨讀過的，正好疏導了他此時此刻的心情，回家後他拿出毛筆白紙，把它抄下來自勉，「愛是恒久忍耐，又有恩慈，愛是不妒忌，愛是不自誇，不張狂，不做害羞的事，不求自己的益處，不輕易發怒，不計算人的惡……凡事包容，凡事相信，凡事盼望，凡事忍耐……」

寫完了，他讓羊子幫著貼到牆上，邊貼邊說：「這段話說的多好，我們沒做害羞的事，也沒求自己的益處，心懷坦白，有人誤解算計我們，我們也不要發怒，凡事包容。俗話說『路遙知馬力，日久見人心』，我相信時間長了他們終會認識我們，也會追悔他們今天的所作所為的。」

看著王若望漸漸從懊喪中自拔出來，羊子轉憂為安。她早就認定，王若望在國內時，那麼兇惡的風浪都過關斬將地過來了，這次挫折也一定能沉穩度過。

王若望又振作起來。華盛頓會議沒達到大聯合的預定目的，反而造成民運組織進一步的分裂，使海外民運受到前所未有的重大危困。為了減輕內鬥造成的無謂消耗，迅速扭轉海外民運的頹勢，一個月後，也就是一九九三年二月，王若望連同劉賓雁和方勵之倡議召開「人權與民運聯席會議」。

會議在洛杉磯舉行，世界各地的近百位民運代表參加。王若望和劉賓雁及與會者共同反思合併大會失敗的教訓，確定海外民運新的運作方式。會上通過章程，成立「中國民運團體協調會」，推舉王若望任總召集人。王若望提出協調會的宗旨，「宣導清廉公正和誠信寬容風氣，促進中國民運團體的聯繫和合作，共同努力推動中國大陸的政治民主化。」他再次激昂地表示將殘生貢獻給中國民主事業，讓生命在創建新中國的征途上發出最後的光芒。

到美國後，王若望得到的最大好處就是寫作和出版的自由，他以筆為劍，繼續為香港和在美的華文報刊撰稿，百無禁忌地闡述自己的政治觀點，更猛烈地抨擊中共的種種禍國殃民政策。

王若望還半自費地辦了一份《探索》月刊，王若望主編，羊子負責買來簡易設備自己印刷。《探索》以新聞信形式刊出，都是宣揚民主自由的理論文章，每期印滿六頁小字，版面設計成信封大小，可以混同於信件寄往國內，每期八十份郵送市立圖書館和各省、市統戰辦公室，期刊最後一頁的末尾寫著「歡迎複印、歡迎傳閱、歡迎張貼」。

當然，在美國這塊自由土地上，王若望發揮最多的是直接參加各項政治活動，用行動旗幟鮮明地表明自己的立場。

一九九三年十月十日到了。在紐約的臺灣人邀請王若望參加雙十節國慶活動。那天一早，他拿出剛買來的三面小國旗，張掛在勉強算客廳的室壁上，一面是美國星條旗，擺在牆面的正中，色彩鮮明亮麗；右邊放上中華民國國旗，也是素潔醒目的青天白日；左邊是中華人民共和國的國旗，他在上面塗滿墨汁，在蔽日遮月的烏雲中，幾顆慘澹的黃星依稀可辨。

下午，紐約地區舉行慶祝遊行，六十多位大陸來的民運人士加入「三民主義統一中國大同盟」隊伍，王若望和羊子舉著中華民國國旗和標語走在前頭，他們振臂高呼「中華民國萬歲」，以此表明唾棄中共認同臺灣的心迹。

到了一九九四年，中共為對抗雙十節，開始在美國紐約等地組織慶祝中共的「國慶」，王若望聯合一些民運團體組織車隊遊行抗議，迎頭痛擊了唯利是圖的媚共華僑。

一九九六年臺灣舉行第一次總統選舉，王若望興奮不已，他和羊子一起趕往臺灣，見證中國歷史上首次民選總統的壯舉。

當李登輝以制度不同的理由搞「兩國論」時，王若望希望用中華民國和三民主義來統一中國，但出於對臺灣人民和民主制度的摯愛，針對中共的文攻武嚇，他說，「寧可民主臺灣獨立，也不能讓中共統治臺灣，迫害臺灣人民。」

王若望去香港談到一九九七年七月回歸，說到香港同胞將落入中共統治的魔掌，他無法控制自己的老淚。他對專制中共的恨，對中國人民的愛是如此涇渭分明！

一九九七年和一九九八年，王若望曾兩次在美國拜會西藏精神領袖達賴喇嘛，共同的遭遇和命運使他們互相景仰，彼此有說不完的話。王若望講述了他一九八二年隨作家代表團訪問西藏的情景，當時他看到佛教寺廟被嚴重毀壞，六千多座寺廟只剩下幾十座的慘狀。王若望讚同達賴喇嘛的西藏完全自治的主張，也認同如果中共繼續壓迫藏民，西藏完全有主張獨立的權利。

為了表明反共的決心，王若望還採取了更為決絕的行動。他出國不久就籌備組織反對黨，經過兩年的努力，於一九九五年六月十日成立中國民主黨，他任黨主席。儘管在海外建立反對黨，其監督中共的「在野黨」作用有限，卻是為中共政權的瓦解創造條件，可見王若望切望中共早日退出政治舞臺的心志。

為了揭露、抗議中共各種倒行逆施的行為，在美國的民運人士經常舉行集會和示威。每有此類活動，王若望老當益壯，總是站在最前列，不是召集領隊演講號召，就是協助參與呼應聲援。從出國後的第一天到他去世前三個月，所有的活動他一次都沒拉下，有始有終堅持前往，為此傾注了自己全部的生命力。

一九九五年七月，吳弘達去中國拍攝勞改營時被中共拘捕，民運人士在白宮南草坪舉行抗議集會。那天下午，趕上四十度高溫酷熱，烈日當空，樹葉紋絲不動，參加集會的人皮膚被曬得發燙，身子像在蒸籠裏直冒熱汗。王若望站在隊列中熱得直喘粗氣，他左手不停扇動一張宣傳紙，右手握著毛巾不住擦滿臉滿頸的汗，襯衣背心濕得粘在身上。有些年輕人都難以支撐，就去不遠處的樹蔭下避暑。有好心人體恤王若望年老體弱，勸他也去樹下涼快，他卻不甘示弱地說，「大家都在這裏，我不好去的。」

集會結束後，他又坐悶熱的車回紐約。幾個小時的路程使他處於半中暑狀態，回家後就累倒了，在床上躺了好幾天。

同年底的十二月，一個酷寒的日子，王若望和民運人士去中領館抗議中共第二次逮捕魏京生。一周前下的雪還堆在街上，有一尺多高，又是攝氏零下二十多度，中領館在臨哈德遜河的一角，帶雪的風從河面上一陣陣颳來，沁骨扎人。王若望手持「釋放魏京生」的標語牌佇立在風中，他雖扎著圍巾，裹著人造革面子的厚羽絨衣，也難擋狂亂的朔風，凍得滿臉青灰，嘴角僵硬，但他還是盡力張開嘴，憋足勁高喊口號。羊子見他雙腳不停地哆嗦，怕他凍壞了，站到他背後，雙手摟到他的胸前，用自己的身體緊緊裹住他，幫他加溫取暖。

這時，中領館的官員照例在窗口窺視抗議隊伍，他們一定望見老對頭王若望了，這尊抗擊專制中共的不老松，巋然屹立在冰天雪地中，這時輪到中共官員膽寒了，儘管他們躲在暖氣房裏。

次年十一月底，在同一地點，差不多是同樣的天氣，民運同仁組織「百日囚車活動」，聲援國內被囚禁的戰友。那天紐約刺骨的寒風在高樓間猛掃，前往中領館的抗議人士只能背向風力側行，裝飾成囚車的破舊小車在風中搖擺。王若望由羊子挽著跟在車子後面，王若望的雙腳已經凍僵，走路有點一瘸一拐，但在羊子的攙扶下他神情自若。此刻，狂風如中共一樣肆虐兇暴，他仍一往無前。

這種時候，王若望總是拿出年輕時從軍的精神，抗議的標語旗幡就是當年的荷槍實彈，呼喊口號就是與敵人交火，如今雖是耄耋老將，但仍有馬上殺敵的老黃忠、百歲掛帥佘太君在激勵他！

幾年後，當王若望去世時，和他一起參加集會的人追憶當時的情景，都歎悔不已。當初，他們都注意到，王若望走路有點氣喘，還不時咳兩聲，終究是年近八十的老人，枯羸已無法掩飾，但大家都被他頑強的外表所惘惑，不知這是剛健精神支撐出的假相，忽略了他的肌體已起微恙。

這樣的事情不勝述說，抗議中共不許韓東方回國；抗議中共在臺灣海峽試射飛彈；抗議中共逮捕三百個民主黨員；向來紐約的江澤民示威；還有每年紀念六四的集會，都少不了王若望的身影。

王若望不顧老邁，心無旁騖為民運而戰，卻沒料到無風起浪，背後挨了一支冷箭。是一九九六年的事。一天，王若望接到朋友曹長青的電話。曹長青剛去英國參加「漢藏問題討論會」。會間，他聽紐約來的民運人士說，有非民運人士申請「政治庇護」，王若望為他們做偽證收受賄賂，引起不少非議。

曹長青不相信，返美後立即來詢問，是否實有此事？王若望和羊子先是莫名其妙，隨後又恍然大悟。幾月前，王若望和羊子去香港，見到過去彼此信任的老朋友時，對方竟然擺出愛理不理的樣子。前不久，夫婦倆去參加美國友人羅德、包湘漪夫婦家的晚宴，許多熟悉的朋友也冷冷地迴避他們，弄得王若望悶悶不樂，不知哪裡得罪了人。

原來背後有謠諑在搞鬼。

王若望和羊子意識到問題的嚴重性，趕緊去追查源頭，謠傳的出處是劉青負責的「中國人權」，難怪許多人信以為真。但查看「中國人權」文件上的內容，「中國民主黨」出「庇護」證明的時間是一九八八到一九九三年。一九八八年王若望還在上海，他出任主席的「中國民主黨」

成立於一九九五年，怎麼可能在此前七年就出政治庇護材料？可見出證明的此「中國民主黨」不是王若望的彼「中國民主黨」，這完全是一件「張冠李戴」的冤案。

儘管真相一目了然，「中國人權」負責人劉青不願向王若望道歉，也不願對外澄清。況且，謠言就像污水，潑出去容易收回來難，王若望無形中背著黑鍋，名譽受到很大損害，許多人不再和王若望交往。

二〇〇〇年六月四日，紐約舉行六四紀念晚會，離王若望謝世只有一半年，受不良風評的影響，舉辦者沒請他去講話，甚至也不通知他出席。王若望得知後毫不聲張地趕去，默默地在人群中入座，整整坐了兩個小時，即使年輕人也感到累，八十多歲的王若望照樣堅持不懈。儘管不少民運人士淡忘了他，但他永遠忘不了六四死難烈士。

坐在王若望周圍的年輕人，只注意到他一頭醒目的枯槁白髮，是參加集會的最年長者，卻不會想到，曾經，這位年長者寫得雜文青錢萬選，這位年長者一登上演講臺，會場就擠得水泄不通。

這是王若望最後一次出席六四紀念活動。

事後，媒體在報導中也沒提王若望。他看了也毫不介意，他沒有名人意識，也不為名利所累。需要他時，他敢當將帥，不需要他時，他甘當小兵。這是他幾十年如一日的風格，也是他與各類「名人」的不同處。但王若望不因被光環和掌聲遺棄而渺小，相反，當他在地上恬然坐下的頃刻，他寬闊的胸次和忘我的境界，在人們面前轟然矗立。

王若望還單槍匹馬上戰場。

同年九月，李鵬來紐約開會，警察在飯店門口設立警戒區不允許抗議，八十二歲的王若望由羊子開車前往，當他們的汽車進入警戒區時，王若望從天窗中伸出一塊「支持天安門母親」的標語牌，驚動了保安人員。

這時，昔日的知名異議人士已紛紛遠離民運，王若望這個自由化的老祖宗仍然衝到第一線。他滿懷戰士的戰鬥意識，戰場在哪裡就出現在哪裡，生命不息，戰鬥不止。

十月二十九日，離王若望去世只有五十多天。彭明在法拉盛的喜來頓酒店開記者會，宣佈成立臨時政府，彭明是民運界新人，又主張「不排除用暗殺方式懲罰貪官」，聽來有點誇張，所以出席記者會的民運分子不多，但王若望不管，只要反抗專制弘揚民主，他都毫無保留地支援，他無私地關注神聖的民主事業，不在乎是否有損自己的羽毛。

那天，王若望在會場上昂揚地發言，「推翻共產黨是一項長期而艱巨的任務，我老了，也許看不到這一天，但共產黨的垮臺是必然的……」

這差不多是王若望的遺言，一個偉大戰士的遺言，也成了一個有待後來者去實現的遺願。

（他）幸福地死去，因為他真正地活過。

——《悲慘世界》

人生的暮色竟可以如此輝煌！

——方勵之

若望，你慢慢走。你將永遠伴隨著我們。在歡慶勝利的宴席上，將會有無數杯美酒送到你面前，我們和你共飲，一醉方休！

——劉賓雁

第九章　他幸福地死去

一、八十初度

一九九七年二月四日，中國農曆立春，紐約還處於苦寒中。

王若望天濛濛亮就起來了，他梳洗完畢，穿上羽絨衣和球鞋，把一頂球帽套在白髮上，拿上網球拍出門了。他沿著兩旁樹木成蔭的馬路走了十分鐘，來到一個為附近居民享用的運動場。上月初，隔壁一位鄰居送他一副網球拍，此後，他每天一早就來這裏「打球」。王若望沒有對手，就對著一堵牆猛打，練到身子暖了就息一會兒，他不敢出大汗，怕吃風感冒。

他在木條長椅上坐下來，路上行人稀少，空曠使他倍覺自己形單影隻，如一隻失群的孤雁。他很想有個對手到正規的網球場去打球，但問了幾個年輕人，他們都忙於生計，沒人有時間陪他。

每天對牆擊球，難免單調乏味，由此引起他無奈的歎息，這正是他近況的真實寫照。在國內時，共產黨是他的「打球」對手，面對對方狠命地叩擊抽殺，他會勇敢地撲救，凌厲的反攻，哪怕對方幾個「球員」一起上，用「實力」把他打倒在地，他照樣爬起來再戰，而且，心理上非但沒認輸，還堅信自己是真正的勝利者。

如今，沒有了對手，就不再有「失敗」記錄，也沒有了擊退敵人的勝利的快感。而且，不知不覺中，肢體遲鈍了搏鬥的動力，心理激不起對抗的豪氣，深重的失落感猶如破損洩氣的網球，無法重新彈跳起來。

不久前的一次，他坐在長椅上歇息時，滴滴答答下起了雨，他打起備好的雨傘，漠然地靜聽著雨點打在傘上，陸游的一首詩突兀混入風聲雨聲，「僵臥孤村不自哀，尚思為國戍輪台。夜闌臥聽風吹雨，鐵馬冰河入夢來。」

當時，陸游年近七十，他不滿北宋王朝安於現狀，執意抗擊金兵收復失地，但他的意見不被朝廷採納，還被冷落一邊。一個風雨交加的夜晚，他躺在孤寂荒涼的鄉村，遙想往事無限感懷，人生匆匆如白駒過隙，幼年的理想，青年的挫折，中年的抱負，老年的失意如浮雲飄過。如今家國淪落山河破碎，自己卻一身病痛無能為力，國家也不要他出力。

儘管如此，詩人卻「不自哀」，把個人的得失拋在一邊，還想著替國家出征守衛邊疆，在風聲雨聲的夢中，他想像自己披盔甲騎戰馬跨冰河馳騁殺敵！

何等悲壯磅礴的愛國豪情！

王若望忘我地遐想著……他太理解陸游了，他此刻的心境幾乎和陸游一摸一樣。奇怪，不是打著傘麼？怎麼還淋濕了臉，他用手抹了一把，原來下淚了。此刻，他拋卻故國家園，寄居美國，但一刻也沒忘記自己的抱負，時刻在想著為國效力，但他比陸游更無奈，陸游不過被罷官回鄉，他卻被流放萬里外的異國，不准返回故里。

當今中共的腐敗無道更勝於陸游時代的皇帝。也因此，王若望亦像陸游那樣，決不捨棄希望，隨時準備再上疆場。眼下，打球就是苦練，即便煢煢一人，也要堅持下去，對著冷冰冰的牆繼續狠擊。他不死心，為了看到共產黨這個罪惡團夥垮臺，他必須保持健康延年益壽。

這樣想著他又打了一刻鐘，然後把球拍和球收進塑膠袋，再悠然地去老年活動中心吃早飯。路上要走二十五分鐘，這是美國政府給無收入老人的福利，他不嫌其煩每日趕去享用，吃完再走半個小時回家。

到家已九點多，王若望推開門見羊子還在，不由納悶，羊子每週兩天去給人家看孩子，今天是她上班的日子，往常早出門了，「咦，你怎麼還在家，今天不去上班？」

「今天，我向主人家請假了！」羊子說著從冰箱裏拿出一坨大排骨，去水池裏清洗。

王若望惑然道，「今天又沒特別的事，請假幹啥？」

「今天有特別的事我才請假的！」羊子賣關子地問，「你忘了，今天是啥日子？」

王若望走近寫字臺，戴上老花眼鏡，看著牆上的日曆嘀咕道，「今天，二月四日，農曆立春，噢，是我的生日。幾天前，熱心的民運朋友約好二十二日為我舉行八十壽宴，這是大家的情分，我心裏一直感念，盼著那日子，就不在乎今日了。」

羊子說：「大家為你熱鬧是正式壽宴，今天我們自己也該吃碗排骨麵，算是暖壽吧！」

中午，羊子備了王若望喜歡吃的幾樣小菜和點心——腐乳肉、白斬雞、粉絲湯和蛋撻，還為王若望斟了一杯補藥浸的酒，兩人互相乾了杯。

王若望抿著酒，吃著菜，感歎道：

人生一世，草木一春，八十年生命就這樣飛逝過去了。小時候，祖母一直說我命大，因為我五歲的時候差點喪身。

當時，祖父持家有方，叔伯五人勤儉能幹，家業興旺發達，家裏動工蓋二層樓房。按農村的習慣，上樑那天大辦酒席，還放了鞭炮。大樑上到樓房的兩端後，梁正中掛上一面亮晶晶的鏡子，鏡子後面還垂下一塊紅布。次日中午，木工瓦匠去吃中飯了，我覺得鏡子的反射光很刺眼，特別新奇，就想把它拿下來玩，竟摸索著爬上了大樑。

王若望搛了口菜吃了，繼續說：

是大伯發現我像小狗似地趴在正樑上，離地足有三丈高，卻玩耍似的毫無懼色，嚇出一身冷汗。大伯趕緊叫來匠人和全家老小，讓四位木工拉出一條毯子站在我下面，萬一我摔下來可接住，又讓一位泥瓦匠爬上大樑，從我的身後抱住我。媽媽站在下面，渾身發抖地看著。事後，媽媽說：「你把我的魂靈都嚇出來了，我的心都跳到喉嚨口，你在上頭還那樣篤定。」媽媽一面說，一面親我，把我久久地抱緊在懷裏，就好像我是死去又復活的兒子。

從此，大人向親戚說起我時，總誇我命硬，膽子奇大。其實，我一個勁兒往上爬，不知道會摔下來，也不知怕，不過是蒙昧無知的勇敢。不過，大人們的誇獎，倒培養了我不怕死的膽量。

王若望說完，滿足地笑道：「當時，要是摔下來，就沒有今天的王若望了，我白撿了七十五年的生命。」

羊子說道，「你的命確實硬，雖然多災多難，身子骨還算硬朗地活到八十。不過，你不要自負，我們戀愛十多年，曲曲折折，跨過多少溝坎才結婚，我們要爭取多伴幾年。如果你活到張學良、宋美齡那樣的歲數，到時，你一百歲，我八十了，我也滿足了。我勸你，從現在開始，除了鍛煉身體，你應該定期去醫院檢查。」

王若望倔強道：「我又沒不舒服，去醫院幹啥？」

「做預防檢查啊，可以及時發現隱患。」

王若望敷衍說：「再說吧！」

二月二十二日，由曹長青提議、唐柏橋等人籌辦的祝壽會在一個公會會議室舉行，王若望的友人和民運人士七十多人參加，來賓擠滿了不大的會議室，人們身上的暖氣把場面蒸騰得分外熱烈。

祝壽會由唐柏橋和鄭義主持，與會者爭相講話致詞，稱頌王若望不平凡的一生，推崇王若望幾十年不改初衷，為大陸民主事業奔走呼號的精神，希望不久將來，王若望能回到上海慶祝生日。會上，幾位忘年交爭先誦詠獻詩，引吭獻歌，摯切祝願王若望生日快樂，健康長壽。有人代讀歐美各地民運團體發來的賀詞賀信，表達了對王若望的敬頌。

朋友們的賀詞嘉言使王若望非常感動，他謙虛地表示，自己能力有限，做得還不夠，卻得到這麼多的讚揚，有點過獎了，不過，大家的好言是策勵，他即便成了一匹駑馬，也要揚鞭奮蹄奔跑不息，一直跑到中共垮臺那天。

祝壽會上，王若望內心的歡愉溢於言表，他和來祝壽的朋友把酒言歡，舉止神情宛如一個爛漫的童兒，盡顯老頑皮老天真的本性。只因保有一顆金子般的淳樸童心，才兀突他平凡中的高大，才贏得年輕人的喜愛和尊敬。

最後，到會成員合送王若望一幀寫有「壽」字的鍍金鏡框，作為祝壽紀念，由曹長青和唐伯橋請華人書法家高梅傑書寫，上面密密麻麻地署著贈者的名字。

王若望把鏡框懸掛在書桌前面的牆上，任何人一進他寓所門就能清楚地看到它，他念眾人的情，感朋友的恩，看著鏡框，時時提醒自己，時不我待，盡最後一份志力。

隨後的幾天，王若望還收到不少賀卡賀信。西班牙友人黃河清寄來的祝壽詩讓他頗為賞悅，詩用小楷抄在套紅「壽」字賀卡上，裝在一幀橘黃色的大信封裏。

王若望頗為意得地無聲念了兩篇，不過癮，喚來羊子說，「你聽朋友寄來的這首好詩！」然後微微搖頭晃腦，像平時唱京戲那樣朗朗地吟唸起來：

——遙祝　王公　若望先生　八十嵩壽

已臻耄耋豈衰翁，若望期頤最健雄。
鯨飲三千賀壽酒，龍噴九萬垂天虹。
西邦借得自由鼓，東國來敲民主鐘。
馬首是公筆是戟，虎行象步又倥傯。

晚學　黃河清敬賀
一九九八年二月二十日

朋友的盛意感動了王若望，庶幾可以彌補他遠離兒孫的缺憾，但終究無法取代品享小輩拜壽的溫情。

在上海的子女孫輩寄來賀卡和許多照片，王若望翻看著，惆悵著……他不能回上海，子女在上海餐館為他辦了兩桌壽筵，可惜獨缺壽翁。他本該回到滿堂兒孫身邊，接受他們的簇擁和侍奉，但無情的中共堵塞國門，用只出不進的方式流放異議人士，連他這個八十多歲老朽都不通融，其野蠻和滅絕人性史上罕有。

然而，既然選擇了棄家赴難這條路，既然走到今天這一步，絕無無原則妥協退卻的餘地，唯一可行的，是爭取「有生之年榮歸故里」。

二、病魔擊倒了王若望

「有生之年榮歸故里」，成了王若望八秩生日後的生活目標，為了實現這個目標，他竭力保持達觀心態，堅持鍛煉身體，以充沛精力參加反共活動，為那一天早日到來做最後的苦鬥。

然而，頑強的意志需要生命力支撐，再硬的生命力抗不過自然規律，王若望漸漸意識到，自己的雄心和體力間的落差越來越大。起先，他還盡力遮掩，和年輕人一起示威抗議時，他大步流星走在遊行隊伍中，還贏得了「中氣十足，賽過年輕人」的讚譽。但一年又一年，他走在遊行隊伍裏感到了氣短，腿力也虛弱地跟不上年輕人了，每次參加完此類活動，他要躺上一、兩天才恢復。

二○○一年十月，張學良在美國夏威夷逝世。

這條新聞驚動了羊子，她聯想到了王若望。幾年前，她提醒王若望，望他活到張學良的壽數，催他去醫院做全身檢查，他不應。去年冬天，王若望得了兩次感冒，第一次吃幾片退熱藥就好了，第二次用了兩周抗菌素才痊癒。羊子擔心地說，「這說明你的體質在逐漸衰弱，你應該去體檢一次。」王若望這才說出真心話，「要是查出來有病，我們治療得起嗎？」

當時，他們不瞭解美國的醫療體系，沒有去醫療機構申請免費醫療，以為沒加入保險的就得自費就醫，他們付不起。羊子聽了無語，只好暗暗地拭淚，事後，羊子買來自動血壓測量儀，經常給王若望測血壓。

這次不能再等，也不能再拖了，王若望已邁進八十四了，一定要陪他去醫院。朋友向羊子介紹了一家中心醫院，那裏專設為低收入者服務的特別醫療。王若望順利辦妥手續，在醫院進行了全身檢查，各項檢查報告顯示，除了輕度貧血，一切正常，羊子心裏踏實了。

接著，天氣轉涼，羊子為王若望備好秋衣，叮囑他出門前務必穿上，但他老是忘記。不久，他果然受寒感冒了，隨後引發氣管炎，服了大量抗生素後才好轉。此後，王若望走一段路就感到吃力，上下樓梯時心跳加快，需安坐良久方能平息。他也不再有興趣打網球。為掩飾自己的虛弱本相，讓羊子以為他健康如常，他早上依然提著網拍、網球出去，打不動了，他就在球場旁邊坐一會兒，然後再強打精神回家。

不久他就出現嚥食困難，飲水時頭得歪向一邊，飯量一下子減少。羊子覺得不能掉以輕心，再送王若望去醫院做X光，發現右肺下葉有積液，醫生看後約他過四十天複查。羊子以為頂多患了肺炎，沒意識問題的嚴重性。

從此，王若望進食越來越少，羊子去打工的日子，出門前為他準備好了午餐，但當羊子下班歸來時，午餐會原封不動地擺著。羊子上樓梯喊他的小名，他卻坐在黑暗中應她，問他為啥不點燈？他說在閉目養神，沒必要上燈。羊子不知道，他病入膏肓，已無力閱讀報刊了。

二〇〇一年感恩節前一天，王若望吃完午飯又躺回沙發，羊子要離家去上班，走前親了親王若望的額頭和他道別，冷不防，王若望突然哭著拉住羊子的手說，「你不要去上班……」

羊子一陣辛酸，握緊了他的手說，「我只去半天就回來！」

他神情淒然地看著羊子，無奈地鬆開手歎息，「唉，你還是去吧。」

羊子不忍心，決定讓王若望坐車跟她去雇主家，又怕萬一王若望患的是肺結核，進雇主家會傳染給孩子們，就把車子停在屋外太陽下，讓王若望躺在車子上等她。羊子的雇主發現了王若望，去車旁問候王若望，見他連站起來的力氣都沒有，實在看不下去，就付了工資讓羊子立即陪他回家。

事後，羊子才痛悔，王若望起先是強打精神，一個人孤零零地在家苦熬，實在承受不住了才哭著求她別上班，才甘願屈身躺在車內跟隨她。他頂天立地了一輩子，卻被奪命的病魔壓彎了挺直的腰。

十一月三十日，王若望起床後按常規服維他命，不料吞服下去的藥丸卡在喉道，弄得嚥不下吐不出，直嗆了近兩個小時，連忙叫救護車送醫院急診，總算急救過來。

三天後，幾位胸科專家經過會診，確定王若望患了肺癌第四期，癌細胞已擴散至骨頭和肝等內臟，根據他的年齡和病情，已無法手術也不能化療，羊子聞此「判決」，當場暈倒……

兩天後，醫生當面向王若望宣告病情真相，羊子緊張地注視著他的反應，但王若望平靜地低聲說，「在預料之中……」羊子忍不住傷心飲泣，王若望反倒輕聲勸慰她說，「會有奇蹟發生的。」

毫無疑問，五十年的老煙槍是肺癌的根由。在文革期間，他戴上反革命帽子，工資凍結，全家只給五十幾塊生活費，他出獄後只能抽劣質煙，甚至把煙屁股收起自製香煙。羊子和王若望婚後，多次規勸王若望戒煙，還煞費苦心寫了一首打油詩貼在門上：「吞雲吐霧五十年，主人煙癮大無邊，防止中毒生肺癌，奉勸來賓少敬煙。」

儘管王若望明白「賭博能毀了一個人，香煙也能毀掉一個人！」就是去不了煙癮，最後釀成如此惡果，不幸被羊子言中。

醫院放棄了治療，羊子決定讓王若望出院用中藥延命，但出院僅兩天，他就開始滴水不進，只得再叫救護車送回醫院。在等救護車的時候，秒針在滴答走著，王若望斜枕在羊子的左肩，身子無力地依在羊子懷裏，漸漸地支撐不住往下滑。羊子明白，王若望這次怕是過不去了，她不敢在他面前哭出聲，只能強忍住淚。她真希望王若望能起死回生，他們再坐在這張沙發上欣賞錄影，再聽王若望跟著演員哼京劇……

王若望被送進醫院的安樂病房，他的病情很快進入危篤狀態。儘管八十歲後，他早就做好隨時離世的思想準備，但如此急遽還是超出意料，突如其來地直面死亡，使他來不及想到後事，只本能地想回故鄉上海，回到孩子們的身邊。

羊子向上海的親友通報了王若望的病況，消息很快傳到了中央，江澤民的手下找到王若望的熟人做說客，請他通過羊子妹妹轉告王若望，江澤民是一個很通情達理的人，雖然工作繁忙還是很關心王若望的，只要王若望不再與敏感人士來往，也不再寫不同政見文章，可以允許他回國云云……

王若望和羊子聽後十分氣憤，都病成這樣了，還提出苛刻條件要挾，彷彿回國是一種恩賜，還擺出居高臨下的氣勢，真要講人情，應該無條件讓他們回國。王若望不願屈膝乞求，當即表示，如果必須寫保證才能回中國，他寧願死在美國。

王若望病危的消息傳開後，王若望在美加的朋友和民運人士表示了極大關注，紛紛前來探望慰問。

魏京生來了，這位一九七九年民主牆的代表人物，來看望這位堅忍不拔的民主老人。魏京生在國內受刑時，每次紐約集會呼籲釋放魏京生，王若望都積極參與，到會講話譴責中共。在魏京生的心目中，王若望是真正的自由知識分子。

見到魏京生，王若望伸出乾癟無力的手，魏京生趕緊握住，問他，「您好嗎？」

王若望說：「我沒事，你不用擔心。你很忙，就別來看我了，浪費寶貴的時間。我不行了，但看到你們仍然忙得熱火朝天，我就放心了。忙著，說明民運大有希望。我這一輩子沒啥別的，就是為了民主這顆心，總放不下。」說得周圍的人都熱淚盈眶。

王若望說得很費勁，只得停頓一會又說：「我不如你們，我不會搞政治，我就是個知識分子，看到不平的人和事就說。」然後歉意地笑了笑說，「當然，也常常說錯。」

魏京生忙安慰他：「誰沒有說錯話的時候呢？最可貴的就是路見不平一聲吼，不畏金錢權勢什麼都敢說，這種風骨是中國知識分子最缺的，是最值得我們晚輩學習的。」

曹長青來了，他是原《深圳青年報》副主編。他在國內時就敬佩王若望的道德勇氣，並在他編輯的報上發表王若望的批共文章。他和王若望在紐約相聚後，由於反共觀點一致，情投意合，成為戰友和朋友。他和妻子一起匆匆趕到醫院。一年多前他見過王若望，此刻，躺在床上的王若望判若兩人。他靠近床邊，握住王若望枯瘦如柴的手，內心愀然驚歎，「世上真有枯瘦如柴的手！」

「王先生，你好嗎？」曹長青大聲道，他怕王若望聽不到。

「是長青吧，我很好——！」王若望也想大聲回答，但已不再有那樣的底氣，發出的聲音十分微弱，卻還清晰。

「王先生，想上海嗎？」

王若望點點頭，沒有說話。

「想回去嗎？」

「我這個樣子不能回去，等我病好了雄赳赳地回去。」王若望意識到這番硬氣話和極度衰竭的反差，自嘲自己現在是「英雄氣短」。

「還想什麼？」

老人沉默了一下，閉上眼睛慢慢地吐出：「想孩子」。王若望不再掩飾哀傷，不再表現英雄氣概。

羊子在一邊告慰說，「女兒北珍他們馬上要來看你了！」

「想上海、想孩子」，鄉情！親情！沒有什麼比一個人在生命盡頭的時候所想的東西更真實了。

嚴家祺來了。一九九三年後，他幾次為合併會上對王若望的失言表示歉意，這次利用探病的機會，再次重申了自己的悔過。王若望說，他早已忘了這些不快。兩位民主戰士在病床邊握手言和。

王炳章來了，他是海外民運組織的創始人，王若望在上海時兩人就聯手海內外民運，他從加拿大趕赴紐約醫院。看到病床上的王若望瘦得脫相，王炳章不由心酸，他雙手緊握王若望的手，語塞了好半天。王炳章是醫學博士，他順手摸了摸王若望的脈搏，又看了看王若望的舌苔，明知王若望來日無多，還是違心地說：「王老，您心跳有力，希望您好好休養，早日恢復健康。」

背著王若望，王炳章只能面對現實。王若望的日子不多了，他和來探望的朋友想到了王若望的後事。曹長青提議大家開個短會，商量一旦王若望離去籌辦追悼會等事宜，魏京生等人參加了討論，王炳章提出設立「護理組」、「文件與新聞組」、「籌款與財務組」、「聯絡組」四個工作組，並自薦負責聯絡歐洲、澳洲、日本、加拿大等地的民運界人士。

最後決定請劉青負責的「中國人權」主辦追悼會。

朋友們紛紛來致最後的問候，王若望摒足最後的氣力表達自己的謝意，朋友走了，他累得昏睡過去。過了二、三小時，他慢慢地醒來，有人在不停地摩挲他的手，他睜開眼看，是愛妻羊子一個人坐在床邊。

「朋友們都走了？」王若望輕聲地問。

「都走了，大家放下手中的工作來看你，有的還是坐飛機遠道而來，說明大家對你的尊重，都牽記著你，希望你儘快康復。」

「我領情了，我知道，大家是善意地寬我的心，康復是不可能了。你還記得嗎？那年，我們一起去衡山電影院看《悲慘世界》，我們為冉・阿讓的一生所感動，當他去世時，電影的旁白說『冉・阿讓幸福地死去，因為他真正地活過！』」王若望斷斷續續地說著。

羊子怕他太累，趕緊代他說：「當時，我說，這句話雖普通，但臨終的人配得上這句話的卻不多，你說，『我們就要爭取做這樣的人！』」

「現在我可以問你了，我配得上這句話嗎？」

「你配得上，這幾天，這麼多朋友來看你，就說明你配得上！」羊子忍住淚說。

「我儘管沒冉・阿讓那麼高尚，但從公的方面說，我說過錯話，做過錯事，但我一生的努力，就是為這個國家好，為老百姓過上好日子，尤其是後半生，為中國早日實現民主，我盡了自己的全部心力，所以，我是勉強夠格的，是死而無憾了。」

氧氣瓶裏的水在不停冒泡，王若望急促地喘息了一陣，又說，「倒是私的方面，我覺得虧欠太多，一個是李明，她因我的右派問題精神失常，四十多歲就去世；第二個就是你，文革十年，我戴著反革命分子的帽子，讓你整整等了十年，荒廢了你的青春，如今又要拋下你先走了……」

王若望說不下去了，兩行濁淚從他眼眶裏滾落。

羊子用餐巾紙去拭王若望的眼睛，哽咽著說，「你別說了，你非但沒虧欠我，還給了我很多很多，這輩子能夠嫁給你，是我們的緣分，也是我前世修來的福分，我很滿足很快慰，下輩子我倘若仍投胎女性，我還會選你作夫君！」羊子凝噎地說不下去，飲泣起來。

這時，輪到王若望寬慰羊子了，「我活到八十多歲，已經超過我的目標了，我曾跟你講過，當年參加革命時，有兩次一隻腳已經跨進閻王殿了，閻羅王嫌我年輕，不收我……」王若望還強作輕鬆地說。

羊子知道他兩次逃過鬼門關的故事。

一九四二抗戰時期，王若望離開延安去山東工作，他在路上先得了蝨子傳染的回歸熱，在部隊的小醫院住了十天剛恢復，又被蒼蠅傳染的阿米巴病菌擊倒，每天拉稀七、八次，幾天下來身子瘦得只剩一張皮。因沒有治痢疾的藥，醫生也束手無策，眼看沒救了，他就給李明寫了遺言。幸虧翻信時帶出一顆蠶豆大的鴉片，是延安的戰友送的，醫生說鴉片可止瀉，服下去果然見效，由此起死回生。

最奇的是，王若望這病生得「又好又巧」，當時，日本板垣師團集中華北日軍大舉偷襲八路軍總指揮部，他不生這場病就進入日寇的包圍圈。那次大掃蕩異常兇猛，八路軍損失慘重，參謀長左權也在這次戰役中犧牲，他如趕上也難免落入鬼子的槍口。事後，戰友都說他命硬，死裏逃生，並用中國的老話慰勵他，大難不死，必有後福。

一九四六年國共內戰，王若望在山東又得了血吸蟲病，在山東的部隊醫生不會治療這病，他的肚子一天比一天鼓脹，眼看又要不行了。也是吉人天相，粟裕帶領的新四軍從華中撤退到山東，新四軍的軍醫一看就明確了診斷，開出銻劑讓他的警衛員去國統區買，經過四個療程的治療，又救了他的一命。

王若望說：「死神讓我多活了五十年，這次不放我了，我也夠本了，按老法講是壽終正寢，你不必為我難過傷心。」

羊子泣不成聲地說，「你別說了，我不傷心，你放心走好，在那裏等著我，我們會再見的……」

次日，王若望就進入了彌留狀態。

三、人生的最後輝煌

三天後，二〇〇一年十二月十九日晚上十時五十五分，王若望的生命時鐘停止了，結束了坎壈雄奇的一生，終年八十三歲。

王若望去世的消息在海內外傳開了，世界各地的華人給王若望家屬發來慰唁，網上到處是懷念王若望的評論和文章，紐約《世界日報》刊登了一整版悼念廣告，有一千零十七人自發組成了治喪委員會，劉賓雁和方勵之擔任治喪委員會共同主席。

十二月二十九日中午十二點，王若望追思悼念會在紐約法拉盛中央殯儀館舉行，羊子暨王若望子女等五百多人出席。王若望遺像懸掛在靈堂正中，遺像兩側的輓聯寫著：**風骨動天地　鐵膽驚鬼神**。

來自全球各地的組織和個人敬獻的輓聯掛滿了四周牆面——

鐵骨一副，支撐自由化，民主化，被稱老祖宗，無尚光榮
清風兩袖，包蘊中國魂，民族魂，垂範後兒孫，永遠楷模

一生報國竟為國共兩黨不容方顯棱棱傲骨
三朝元老能得敵友雙方敬重才知拳拳赤子

為自由仗義執言豈顧身世浮沉長留英名耀中華
爭民主當仁不讓歷經狂風暴雨永紀功勞炳千秋

若即終若離　凜凜風骨　豈願苟活吾土
望國亦望家　錚錚英魂　寧肯客死他鄉

輓聯概括和頌揚了王若望為民主奮鬥的一生，表達了人們對這位愛國民主先賢的景慕和懷念。

劉賓雁主持追悼大會，方勵之致悼詞。

在生命的最後日子裏，王若望在親友面前竭力保持輕鬆，每有朋友來病床探望，他毫無血色的臉就漾起笑意，有時還費力地雙手鼓掌表示歡迎。有後輩朋友希望與他合影，他不忌在病房的環境，也不顧牙齒全掉光的衰枯形象，樂呵呵地滿足他們的要求。

基於王若望生前的性格，追悼會開得隆重莊嚴又別開生面，會場上沒有過分的悲悲戚戚，在回顧王若望樸實而不巧的生命，讚美他九死一生無怨無悔的非凡人格時，與會者不時發出會心的笑聲，並情不自禁地鼓掌呼應，彷彿他還在現場，還在人們中間。

方勵之在悼詞中說，「……當政者也發出允許歸國的信息，他溫和地表達了謝意，但斷然拒絕將使他喪失自由與尊嚴的附加條件，聲言，『寧願客死他鄉！』言猶在耳，已是天人永隔。『至今思項羽，不肯過江東。』正是這種常人難以承受的英雄末路，方見出求仁得仁的堅貞氣節。」

聽眾鼓掌。

「……王若望先生從執政黨高官到階下囚到流亡者並最終客死異鄉的不平凡的一生，實現了中華民族『貧賤不能移，富貴不能淫，威武不能屈』的崇高人格理想！」

聽眾鼓掌。

「人生的暮色竟可以如此輝煌！」

聽眾鼓掌。

當嚴家祺說，「一個人一時反抗專制不可貴，可貴的是像王老這樣一生反抗專制！與三代獨裁者鬥爭的不屈精神！」

聽眾鼓掌。

辛灝年說，「王若望雖也曾是一個『被共產黨所不要的人』，但卻更是一個『堅決不要共產黨的人』。而且，『不要到底，至死不悔』。」

聽眾鼓掌。

掌聲是對上述評價的認同和呼應，表明這些話也是與會者的心聲。

會上，王若望大女兒王克南深情回憶父親，使大家瞭解了王若望舐犢之愛的另一面：

爸爸是我們敬仰的慈父，他儘管擁有我們子女七個，但他從不嫌多，我們從小聽爸爸講故事長大，他不僅給我們講書上讀來的童話故事，還即興自編了一套「十二層樓廣播電臺」，專講我們住的十二層樓裏發生的故事，我們被奇妙有趣的故事所吸引，從中學到為人處事的道理。爸爸還和我們玩多種知識遊戲，在知識無用的年代，我們潛移默化地掌握了不少地理歷史知識。妹妹北珍愛畫畫，一群愛畫畫的小朋友聚在家裏畫石膏像和素描，爸爸就甘願做他們模特。

文化革命中，我們夫婦在外地工作，我三歲的兒子寄養在上海，爸爸怕我們做父母的過於掛念，每星期給我們寫一封信，詳細描寫孩子的一舉一動，信寫得像小說，生動有趣，緩解了我們的思念之情。

爸爸在遭難的日子裏，默默地忍受一切苦難，儘量不在我們面前表露，他不願給親人帶來一絲煩惱，還苦中作樂的和我們歡鬧。

我們從父親那兒學會了愛，並用自己的孝心回報父親，表達我們對他的尊敬。文革時，爸爸銀行存款凍結，全家每月只有五十多塊生活費，爸爸蹲牛棚，管家的妹妹把僅有的好米好菜送給爸爸吃。造反派勒令爸爸寫檢查，爸爸只會寫真實的想法，寫出來的檢查總是過不了關，就由妹妹代爸爸寫，孩子們的愛使爸爸感到安慰，動亂年代的艱難生活使一家人感情更加深厚。

爸爸出獄後被勒令監督勞動，他每天掃大樓和院子。每當爸爸去掃地時，小妹六六就說，「我去掃」。她一掃，樓裏的小孩子們都來幫忙，時間一久，爸爸的監督勞動成了孩子們的義務勞動……

女兒的回憶，使王若望的形象更加立體豐滿，他在外是一個驍健的鬥士，在家是一個柔情的慈父和丈夫，唯對妻小兒女情長的真摯，對親友俠肝義膽的赤忱，方顯出對敵決不妥協的堅貞。許多唁電、唁函披露了王若望和羊子不為人知的善舉，他在美國過著撙節的日子，卻給天安門母親捐款一千多美元，給國內的希望工程捐款幾百美元等等，對一個沒有收入的老人這是何等豪舉！聞者無不動容。

最後，與王若望「齊名」的劉賓雁講話，把追悼會推向高潮。劉賓雁哀而不傷地追思：

王若望先生長我七歲，加入共產黨早我七年。我們一個生在江南，一個生在塞北，我倆本來互不相關。但一九五七年中國命運的大逆轉，使我們成了祖國大悲劇裏的小角色。二十二年後，我們在劫後餘生中又一次被歷史的浪潮推到風口浪尖，於是，這兩顆水珠才終於擁抱在一起。

我比若望幸運得多。但是正由於此，若望以他的一生證明了中國人生存能力之強，他雄辯地、以凱旋的方式證明了生存的意義並不是「活著」而已。

若望又有一顆永不被坎坷命運磨損的童心。那裏面有不少浪漫主義。他的幽默感，曾給他以力量蔑視磨難，笑傲權威，和博大的愛融匯在一起。

若望，你慢慢走。你將永遠伴隨著我們。在歡慶勝利的宴席上，將會有無數杯美酒送到你面前，我們和你共飲，一醉方休！

四、死亦為鬼雄

風蕭蕭兮洋水寒，
若望一去兮不復返。

臨終前，王若望對來探望的朋友說，最高興的是看到鄧小平先他而走，而到了地下，他還要找鄧小平鬥下去。

偉哉！王若望，不愧是一個偉大的鬥士。

色厲內荏的鄧小平出於深重恐懼，用權勢把王若望打下去，但他心裏明白民心的向背，也知道總有一天，他會被押上歷史審判台，他定將作為罪犯和被告，接受原告王若望和民眾的審判，最終成為罪人被釘在歷史的恥辱柱上。

歷史將如此記載：

王若望之於鄧小平；
就像比干之於商紂王；
就像荊軻之於秦始皇；
就像駱賓王之於武則天；
就像海瑞之於嘉靖皇帝；
就像譚嗣同之於慈禧太后；
……

歷史的明鏡高懸，人們必定會看見，鏡中的鄧小平在王若望面前發抖！

五、一座不朽的豐碑

王若望走了，帶走了中國知識分子的一根鐵骨，帶走了不屈不撓的民主戰士的一腔鬥志，帶走了社會活動家的一份良知，帶走了為被壓迫民眾代言的作家的一泓熱血，這些都是中國最稀缺的寶貴財富。

在通向民主化的道路愈發崎嶇險峻，鬥爭愈發白熱化的緊要關頭，王若望的去世對中國民主力量是一個無法彌補的損失。

然而，王若望留下了無價的精神遺產，留下了爭取民主的鬥爭火種，無數年輕人將藉此引燃手上的火把，無論夜多深長，路多幽黑，只要火把在，就能熠燃出一條明光大道。王若望就是屹立在大道上的一座輝耀豐碑，引領著一代又一代後來者，一茬接一茬地舉起火把戰鬥奮進。總有一天，這火把會照亮全中國，照出一個陽光燦爛的民主新中國。

到那時，中國就會出現王若望遺言所期待的景象——

「新時代、新人物、新發現、新文化、新科學、新技術、新奇蹟、新奉獻、邁向全世界！」

現在，陰霾遮蔽了整個天空，我們比任何時候都更需要精神支援，

比任何時候更需要堅忍、奮鬥、敢於向神明挑戰的大勇主義。

——傅雷

跋　一個偉大的戰士

一

終於完成了為王若望「樹碑立傳」的夙願。

在傳記文學領域，英國的鮑斯威爾因《約翰遜博士傳》被譽為世界第一名傳記作家，他得此盛名的來由，是他與傳主約翰遜密切交往二十年，並即時記下約翰遜的高談闊論；隨處描述約翰遜的舉止笑貌，所以他據此寫活了《約翰遜博士傳》，展示了一個玫瑰有刺，海棠無香的大師風貌，成為歐洲第一部「近代的」傳記。

以這個條件衡量，我是不夠資格寫王若望的。

不過，相比那些與傳主從未謀面，甚至相隔幾代甚至幾百年的傳記作者，比如寫《貝多芬傳》、《托爾斯泰傳》、《米萊朗琪羅傳》的羅曼・羅蘭，寫《屠格涅夫傳》的鮑戈斯洛夫斯基，寫《拿破崙傳》的埃米爾・路德維希，寫《雨果傳》的安德列・莫洛阿，寫《林肯傳》的卡耐基，寫《魯迅傳》的劉再復，我又差強人意有過之而無不及。

二

一九八五年夏天，我受邀參加一家雜誌的筆會，在會上結識了名揚上海灘的王若望，在風景區一起遊歷交流的五天中，我和王若望有過幾次簡短的交談，儘管事後我記得他，他不一定記得我。

當時，王若望是以敢言聞名全國的作家，筆會開幕式上請他發言，他一開口就盡顯敢言本色，「我昨天結束另一個筆會，黑夜兼程往這裏趕，雖然是半夜的火車，仍然擠得沒空座。我畢竟是近七十的人了，站一夜怎麼吃得消。你們看，這就是新中國建國三十幾年的成就！」短短幾句語驚四座。讓人感佩的是，明知身旁坐著上海市委宣傳部的一位領導，他「旁若無人」口陳肝膽，其「橫豎橫」精神光彩奪目。

晚上閒暇，我們一批文學青年圍著王若望聊天，他給我們講自己成為「敏感人物」的來由。他批評中共在用人上是「武大郎開店」，有人把他的講話錄音送鄧小平，作為「惡毒攻擊鄧小平的罪證」，心胸狹窄的鄧小平跳起來，通過上海市委讓他成「內控」對象。講到陳雲支持胡喬木、鄧力群向胡耀邦進攻時，他活龍活現地模仿陳雲行將就木的走路樣子，惹得我們捧腹大笑。

看著蕭蕭白髮一生正氣的王若望，我知道了什麼是一士之諤諤；什麼是無所畏懼；什麼是棱棱風骨。

從此以後，我成了他的私淑弟子，開始追蹤他勇敢反抗暴政的每一個腳印，從他參與六四，到再次坐牢，到流亡海外，到在海外的一系列行動。我對中國社會問題的認識，又總與王若望的觀念契合，使我更加推崇追隨王若望的思想言行。王若望不僅是語言的巨人，更是身先士卒的行動先驅，那種一息尚存就要為中國早日實現民主而奮鬥的精神，那種「雖九死其尤未悔」的人格魅力，令我雖不能至，心嚮往之。這是我寫這本書的動力。

王若望未亡人羊子女士的佐助，更是我準確把握王若望的得天獨厚的基礎。

三

就我讀過的一些偉人傳記而言，作者都以編年體形式書寫傳主，按他們從出生到終老的順序，鋪開他們的不世成就和壯美的人生畫卷，並不吝瑣碎添上他們不無怪異的癖性，以炫示他們獨特而豐滿的個性，讓讀者瞭解創造藝術傑作或政治功勳者偉大中的平凡。

本傳記自闢蹊徑，以王若望晚年跌宕起伏的受難開場，從幾個斷面追述狀寫他的一生。就像描摹現代英武戰士在戰場上與敵廝殺的那一刻；就像刻畫古代神勇鬥獸士搏擊野獸的那瞬間，因為那一刻那瞬間，攸關戰士和鬥士的死生和命運，最令人矚目揪心。

因為，王若望是一個戰士，一個偉大的戰士。

想想年近八十的老翁，在炎夏四十度高溫下參加演講集會，在白宮草坪上站立幾個小時的場景；在仲冬零下二十度的紐約中領館門前，儘管凍得渾身打顫，仍然堅持站在寒風中示威抗議的場面，他和在戰場浴血拼殺的戰士何異？六四屠夫李鵬訪問紐約，羊子開著一輛陳舊的小車越禁突入，到賓館門前時，王若望從天窗伸出一塊「支持天安門母親」的抗議招牌，這何嘗不是另一種形式的戰鬥？

二〇〇〇年，民運人士舉行六四紀念集會，王若望不請自到，以一個普通老叟默默趕去，啞然無聲地席地而坐，只為表達堅如磐石的反共信念，只為堅守自由民主的理念，冷落沒動搖他的意志，衰邁沒削減他的銳氣。

走出那次六四紀念會的王若望，不久就走到了人生的終點，他踐履了一個戰士的神聖使命，生命不息，戰鬥不止。

四

就這樣，循著王若望的戰鬥足迹，我一路思索著構想著，並自以為是地寫下來，是否達到預設的目的和效果，只能由讀者明鑒了。

不管怎樣，我藉這本凝聚自己感受和心緒的王若望傳記，表達了對王若望的一份敬慕，抒發了自己沉鬱的塊壘，如果讀者由此結識一個反抗專制的楷模，並認同王若望未竟的民主大業，就達到了我預期的初衷。

我懷抱著這個冀望……

附錄

人傑鬼雄王若望——王若望逝世十周年紀念大會側記

紐約是王若望生命中最後九年生活、戰鬥的第二故鄉。十年前，王若望駕鶴西去時，各界人士近六百人在此舉行了華人歷史上最大的追悼會。十年後的今天，各界人士再次聚集於此，追思、緬懷中國追求自由民主的先賢王若望。

十二月二十日，王若望逝世十周年紀念暨《王若望傳》[1]發佈會在紐約法拉盛臺灣會館舉行。著名畫家王海燕為大會製作的王若望畫像，豎立在舞臺中央一對花籃之間，表達她對王若望的敬仰和愛戴。王若望生前友好陳家驊、張涵珠、王渝、何天開、李國濤、施衛江、謝維勤、孫雲、陳破空、葉寧及在紐約的民運人士胡平、王軍濤、方能達、黃翔、于大海、薛偉、亞衣、張菁等各界華人近二百人參加了會議。大陸的沈良慶、俞梅蓀、雪渢、吳朝陽、香港的麥燕庭、德國的遇羅錦、瑞典的茉莉、萬之，法國的張倫、任畹町，澳大利亞的袁紅冰、陳維健、秦晉，西班牙

---

[1] 編案：此書原名《獨一無二的反叛者——王若望傳》。

的黃河清、王策，BBC英國廣播公司國際台中文部記者嵇偉，以及美國的熊若磐、劉曉東、辛灝年、林牧晨、楊巍諸人向大會發來紀念王若望的文章、詩聯。

會議由組織者陳立群主持。王若望的遺孀羊子首先發言。她回顧了王若望逝世十年來自己個人的感受和中國形勢的變化，感慨十年來中共獨裁政權愈來愈蠻橫，連她這個對中共毫無威脅的老嫗也不放過，兩次去中國領事館簽證被拒，使她想帶王若望的骨灰回國的願望遙遙無期，中國的現狀令她悲觀。不過，這次各方人士熱心籌辦紀念王若望的活動，大家以實際行動弘揚王若望毫不軟弱決不妥協的精神，使她受到極大的安慰，由此看到了中國的希望。她表示要再次鼓起信心，等待攜王若望骨灰回國的那日來臨。

兩種反思的不同結果

《王若望傳》作者喻智官作主題發言。他介紹了自己寫作《王若望傳》的緣起，在強調了王若望反叛的徹底性和堅定性後指出，正因為王若望獨一無二，也使他常常陷於孤立。

喻智官說，王若望和反對派「主流」的最大分歧在於：每次中共鎮壓民主運動後，都使王若望加深對中共反動本質的認識，增強他反抗中共暴政的決心。他甚至強調，面對用暴力殘酷鎮壓人民的中共，人民也有權利用包括暴力在內的手段推翻它；而反對派的「主流」恰恰相反，他們用逆向思維的方式反思。民主牆時，魏京生指出鄧小平是新獨裁者，並為這句話被判十五年，異議人士不是由此看清鄧小平的暴君本質，反而指責魏京生過激，認為過早打擊「改革家」鄧小平，會影響中國的改革大業。當六四天安門屠殺後，他們又質疑學生的絕食等行為過激，導致八九民運失敗、中國改革歷程的中斷。這種逆向反思的結果，使三十年來中國反對派的訴求目標愈來愈低，從一九八〇年代向中共要求自由民主，退到二〇一〇年代的可憐巴巴的維權。最後，連高智昇律師公開為受迫害的法輪功維權也還是被認為激進，造成目前海內外反對派潰不成軍的局面。所以，王若望當年的孤立既是他個人的悲哀，更是中國的悲哀。

大陸沈良慶在緬懷王若望的文章裏，在感佩王若望當年的目光和膽識時，也憤懣地指出了這種現狀：「直到今天，無論體制內外，仍然有很多所謂自由派知識分子、異議人士、維權人士和民主人士，出於或真誠、或虛偽、或糊塗、或別有用心的動機，異口同聲地鼓吹政治體制改革是民主化不二法門，一廂情願地試圖在沒有任何手段、條件和對等的情況下，僅僅以犧牲正義為籌碼，與魔鬼對話、合作與和解，祈求參加政治協商，甚至充當南書房行走，咸與維新。」

更多人認同王若望的抗暴精神

直到今年阿拉伯之春興起，才震醒了中國人，愈來愈多的人開始重新認識王若望，意識到王若望思想的超前性，並和阿拉伯精神一脈相承。

曹長青在〈氣質決定命運〉的懷念文章中，讚美王若望具有率真坦誠的性格，使他不因循守舊、善於吸收新思想、新知識、尋求真理，所以能夠堅定地反共抗暴，「在王若望去世十周年之際，我在想，他今天如健在，一定會為突尼斯、埃及、利比亞的革命成功而高興歡呼，為包括用革命方式結束中共專制統治、建立自由民主中國而大聲疾呼。而北非和中東的這些變化，也同樣證明了王若望堅定反共、不懈努力結束專制的信念之正確。」

詩人黃翔在紀念會上說：「今天，我們可以從王若望想到烏坎，人們說烏坎是維權，我說是抗暴。我們為什麼要受他們（中共）的駕馭支配、主宰我們的命運？每個中國人都應該像烏坎人一樣起來，挺起腰桿雄赳赳地抗爭！」

流亡美國不久的李國濤在紀念會上表示：「大時代呼喚大思路、大變革，若望先輩當年的超前意識，就是當今中國在慘痛現實擠壓下終於意識到的彌足珍貴的大思路。這樣的大思路的成功踐行，就是當今中國亟需實施的大變革。這樣的大思路，如今已牢牢紮根中國大地，已生機勃勃破土而出於大陸民間。這就是，中共這個黨已不可能改良了！已不可救藥了！唯有解體或垮台！」

王若望的精神感召力永存人間

王若望生前既勇於向中共強權頑強鬥爭，也敢於毫不留情的批判自視精英的異議人士的謬論，卻始終站在平民立場，與普通勞苦大眾同呼吸共命運，為他們奔走呼號，使許多草根大眾把他視為精神領袖。這次收集到的幾十篇紀念王若望的文章，絕大多數來之草根階層，其中有八、九十年代與他相交的鄰居；有在國內外為自由民主共同戰鬥的底層熱血人士；獨立中文筆會的網路雜誌《自由寫作》月刊推出「王若望逝世十周年（二〇〇一－二〇一一）紀念專輯」，由七位現居國內的自由作家特別撰稿。當年，他們都是受教於王若望的文學青年。正如任畹町在懷念文中指出的：「王老無論在海內還是海外，都和『民間民主派』融為一體，是『反叛共產黨人』積極參加民運的典範。正因為如此，『民間民主派』無比尊敬他。」

許多人在紀念會上和會後紛紛表示要繼承王若望的精神，像王若望那樣與中共不懈鬥爭，直至民主在中國實現的那一天。

方能達表示：「我們不能停留在讚美王若望上，應該用王若望的精神激勵鞭策自己，化作我們的行為，像王若望那樣懷抱中國的苦難，用理想主義推動中國進步。」

施衛江說：「王若望在整個中國知識分子群體中確是一個罕見的異類，他像一座燈塔、一個航標，照亮、指引著中國的幾代年輕人，為著自由而拼搏奮進。」

袁紅冰在紀念文中說：「當今中國，最多的是人，最少的也是人——堅定、勇敢、高尚的人。王若望的一生，正是一個堅定、勇敢、高尚的人格反抗獨裁專制的艱難歷程。……十年足以讓人們忘卻很多。然而，王若望的高貴人格、凜凜風骨，卻離中國越來越近。因為，跨越時間的長河，人們見證了他對中共的看法是正確的，對中國未來的預見是正確的。歷史如果是永恆的，他就是永恆的；歷史行進到哪裡，他的精神就活到哪裡。」

王若望的精神感召力永存人間！

——原載香港《爭鳴》二〇一二年第一期

羊子未了的心願

歲月飛快地流失，轉眼到了王若望九十冥誕。

王若望去世時，遺孀羊子就向友人傾吐了一個心願，希望在中共垮臺之日、中國實現民主自由之時，在王若望故鄉為他建一座「風骨亭」，以資永久的紀念。從那以後，羊子每日面對王若望的遺像，守望著王若望的骨灰，期盼王若望儘早魂歸祖國，使風骨亭早日豎立故鄉。然而，六年過去了，羊子期待的時日沒出現。

雖然「王若望風骨亭」暫時不能在故鄉豎立，但王若望的精神一直激勵著後人，一些崇敬王若望的人自發為他建了網上紀念館，館內設有王若望全集以及介紹他與專制獨裁戰鬥的一生，展示了王若望高貴的品格和精神風範，可以說這是建在網上的「王若望風骨亭」。

我有幸參加全集的編輯工作，得到全面閱讀王若望文字的機會，進一步瞭解了王若望彌足珍貴的精神和風骨。

獨一無二的王若望

勉強說起來，王若望也算是「兩頭真」人物，但與同道相比，王若望又有他的非凡之處。其一是王若望覺悟最早，這裏說的是兩個時期的早。第一個是早在一九三〇年代的延安，王若望就及時看出共產黨組織存在的問題，他用壁報形式進行揭露批判，由此得罪了一些幹部，被按上「山東王實味」的罪名。現在來看這是難得的「美譽」，當時可是差點像王實味那樣掉了腦袋。

第二個是文革結束後，王若望是最早站出來反思者之一。一九七六年王若望參與成立「中國人權協會」，組織開展「民主討論會」，尖銳指出，一九四九年後不斷搞整人的政治運動，「萬惡之源是無產階級專政」，呼籲進行「社會改革」，關鍵是補資本主義的課。王若望還衝破禁區公開直陳毛澤東的罪行，啟蒙迷信毛澤東和共產黨的民眾。

王若望反叛的徹底性

「兩頭真」的老黨員們，大多數留在現有的體制內，在批判共產黨的同時享受著共產黨給予的優厚待遇，少數被共產黨開除的，有些儘管毫不留情地批判共產黨，但在關鍵問題上會露出維護體制的改良色彩，有些眼見馬克思主義在所有社會主義國家失敗，仍然不願修正自己的馬克思主義觀點。

唯有王若望在被共產黨開除的同時，也主動完全徹底地拋棄了共產黨。「六四」後王若望第三次入獄，出獄不久被迫流亡海外，他不顧年邁一到海外就投身民運，在海外成立民運組織時，他出面競選主席，不幸因組織內訌而流產，使他壯志未酬。但王若望毫不氣餒，獨自召集成立民主黨，表明和共產黨勢不兩立的決心，直到最後客死他鄉。

當王若望的助手

在「兩頭真」的異見人物中，王若望更勝一籌，除了王若望本人具有富貴不能淫、威武不能屈的品性，以及為爭取自由民主不惜犧牲的可貴精神，夫人羊子始終如一的支持厥功至偉。

王若望和羊子相識在文革動亂時期，並很快建立了忘年情，不久王若望因詛咒毛澤東而入獄，羊子沒有遠離反革命分子王若望，而且主動去當反革命家屬，準備為王若望付出自己的青春直至一生，這是何等的膽識和勇氣！

王若望和羊子相戀十年，直到王若望出獄文革結束他們才成婚。此後的羊子不僅成了王若望的妻子，還成了王若望的助手，加入和中共獨裁統治的鬥爭中。

一九八三年王若望和羊子騎車出遊，在嘉興的一個小旅館偶爾聽到一個冤案，一家辦得很興旺的民營企業，因為女廠長不服鎮長的勒索，被當地法院冤判查封了工廠。王若望和羊子轉頭去實地調查，王若望根據材料寫了〈功臣乎，罪犯乎〉，文章被改編成電視劇《無罪的女囚》後傳遍全國，迫使嘉興市司法部門糾正了錯誤。

同年，《光明日報》刊登一條新聞，「獨創八個民辦企業的總經理繫獄八年」，王若望和羊子就協同幾家媒體的記者去事發地江陰考察。王若望據此寫了〈六八奇案〉為總經理孫永根申辯，文章發表在《民主與法制》上，雖然最終文字扭不過官方的權勢，官司沒有得到應有的匡正，但此案在社會上造成了很大影響。

王若望因積極參與六四坐了十四個月的牢，出獄後王若望依然「頑固不化」，他和羊子組織人馬在上海辦地下刊物《民主論壇》，他們冒著風險組稿印刷，不幸第一期刊物沒出版就被人告密而失敗，公安人員抄了他們的家，把他們帶到公安局通宵審訊。直到和王若望一起被迫流亡美國，羊子始終和王若望並肩鬥爭。

走到海外民運的前臺

到了海外，羊子完全站到了台前，全身心投身王若望積極參與的民主運動。

王若望出國時已七十三歲，他不顧年邁奔波世界各地，為海外民運演講捐款，羊子在一邊為他分擔事務工作，出行時為他安排生活起居。那些日子，羊子每週兩天為人照看孩子，在家的日子料理王若望的生活，幫助整理文件，接待和聯絡各方人士，不畏清貧而忙碌的生活，以不屈的信念和王若望共同站在反共前線。

李鵬到訪那次，羊子照例開車帶王若望去示威，但市警署規定，抗議者只能在車窗內出示抗議牌子的一半高度，又是夜色昏暗的時候，能有幾個路人看清？情急中王若望把「支持天安門母親」的抗議牌從小車的天窗伸出去，成為一個獨特的畫面刊登在《世界日報》上。

未了的心願

王若望逝世後，羊子從悲痛中走出來做的第一件事，就是繼承王若望的精神遺產，在友人的提議下，她邀人一起編輯王若望紀念文集，組織建立王若望網上紀念館，整理出王若望全集和相關文章，使更多的人通過紀念館瞭解和研究王若望。

第二件事是繼承王若望未竟的事業，只要有利於推進中國民主，只要任何海外的組織和個人邀請，羊子都義不容辭地積極參與，默默無聞地做力所能及的實事。所以，儘管羊子沒有王若望那樣的影響，但在中共的階級鬥爭意識中，她還是反動派和敵人，當她申請回國探親時遭到無理拒絕。

羊子不會為中共的刁難所動，她還有未了的心願——在王若望的故鄉為他建一座風骨亭，為中國早日實現民主化盡心努力。

——原載香港《動向》二〇〇八年八月號

開除王若望黨籍的「羅生門」

王若望「代人受過」說蜂起

年初，一生追求自由民主的先賢許良英病逝，他的不少親友學生著文懷念，其中傅國湧等人都提到一件事，「一九八六年，許（良英）、方（勵之）與劉賓雁共同發起《反右運動歷史學術討論會》，趙紫陽向鄧小平口頭彙報這件事時，把他（許良英）錯成了王若望，所以鄧隨口要開除三個人的黨籍，沒有他。他這樣逃過了一九八七年，卻沒有倖免於一九八九年。」[1]

許良英本人二〇〇一年後也多次在訪談和文章說過幾乎完全相同的話，可推測傅國湧說法的來由。

1 傅國湧〈淚別許良英先生〉，二〇一三年二月二十八日。

另外，方勵之在一九九九年接受訪談也說，「所謂『自由化分子』第一批就說我們三個，實際上鄧小平要點我、許良英和劉賓雁三個，但是忘了許良英這個名字，點成王若望了。許良英、劉賓雁和我在這之前，曾經在一九八六年冬天提出要舉行一次反右三十年學術討論會，當局非常惱火，就怕提反右這種事。王若望先生在上海，沒有參與我們的活動。」[2] 方勵之的判斷來自許良英，還是另有出處，沒見說明。

有趣的是，海外還流傳著另一個版本。同樣參與籌備反右三十年學術討論會的劉賓雁也說鄧小平搞錯了，不過，搞錯的對象不是許良英，而是王若水。二〇〇一年底到二〇〇二年初，王若望和王若水先後在美國去世，劉賓雁接受採訪談王若水時提到，「當時我聽說（鄧小平誤將王若望當王若水開除他的黨籍）這個消息時將信將疑，上月去參加王若望追悼會時，又有人提出王若望還是王若水的問題，我仔細回憶了當時的情況，的確，當時王若水的影響力比王若望大，王若望的影響力主要在上海，而王若水是在北京，在人民日報，他的影響力更大。」「很可能是老鄧講錯了。老鄧的本意，十之八九是開除王若水。」[3][4]

2 方勵之訪談：一九九九年接受自由亞洲電臺張敏訪談。
3 八十歲仍在尋找共產黨——專訪劉賓雁／心遠。二〇〇二年一月十六日。
4 多維社記者吉辰丘採訪劉賓雁，二〇〇二年一月十六日。

一九八七年一月，鄧小平撤銷胡耀邦總書記，開除方勵之、劉賓雁、王若望三人黨籍，是改革開放的轉捩點，也是兩年後胡耀邦逝世引發八九民運的導火線，更是鄧小平六四鎮壓的預演。既然那麼多人在意鄧小平點名的「誰」是「誰」非，釐清這樁不算公案的「公案」非常必要，以免時過境遷，成為「羅生門」式無法定說的歷史「疑案」。

鄧小平原話並無歧義

鄧小平是否點錯名，得看他當時的原話。一九八七年初中央發佈內部文件，內容是鄧小平召見胡耀邦、萬里、胡啟立、趙紫陽、李鵬等人的講話，也是開除方勵之、劉賓雁、王若望黨籍的藍本。鄧小平如此談方勵之和王若望的問題：「我看了方勵之的講話，根本不像一個共產黨員講的，這樣的人留在黨內幹什麼？不是勸退的問題，要開除。……上海的王若望猖狂得很，早就說要開除，為什麼一直沒有辦？上海群眾傳說中央有個保護層，……」

這裏若把王若望換成許良英或王若水是否說得通呢？

鄧小平召集會議的時間是一九八六年十二月三十日，事由是科技大學學生十二月五日發起遊行，觸發全國二十九個城市一百五十六所大學學生上街呼應，其中上海的規模最大。鄧小平最怕學生上街，視任何示威遊行為鬧事動亂，兩年後他在天安門廣場大開殺戒就是明證。所以，導致鄧小平發火的原因是學生遊行，而不是「反右運動歷史學術討論會」，一個學術討論會，且還是胎死腹中的籌備會，哪裡值得鄧小平大動干戈？

再看內容，設若鄧小平說「北京的王若望」，還有可能是錯漏了許良英和王若水，但他清清楚楚說「上海的王若望，」且咬牙切齒說「王若望猖狂得很」，幾個人醞釀反右學術討論會，談得上「猖狂得很」嗎？何況，許良英和方勵之、劉賓雁商議討論會的時間是一九八六年十一月十四日，如果鄧小平針對這件事，從時間上講，鄧小平召人訓話更應該在十一月三十日。

接下來的話更有所指了，「早就說要開除，為什麼一直沒有辦？」鄧小平曾提過開除許良英或王若水黨籍嗎？許良英此前並沒做什麼有影響的出格事，王若水在八十年代初因寫有關「異化」和「人道主義」等文章挨批，早被撤銷人民日報副主編職務，已處於消聲狀態，沒有讓鄧小平追著不放的事由。

倒是王若望八十年代開始，寫了許多廣為傳揚的反左文章，還到處演講，內容都是報紙不敢刊登的過激言論，他口陳肝膽直指要害，反思文革痛批毛澤東。此後他愈戰愈勇，直斥陳雲等保守勢力，一旦鄧小平站到胡喬木、鄧力群那邊也照樣發難，是聞名上海的「橫豎橫（上海話「豁出去」的意思）」。

筆者在一九八五年夏天一家雜誌的筆會上相遇王若望。會間，我們幾位青年請雜誌主編安排王若望演講，主編說，「王若望屬於內控（其中一條是，中央和地方的大報不得刊登他的文章）對象，請他參會，雜誌已經頂著壓力了，不能再出面舉辦演講，不然會影響雜誌的生存」。我們就自發組織座談請王若望講話。王若望講到自己被內控的來由：八四年，他公開批評幹部在用人問題上是「武大郎開店」，成為他「惡毒攻擊鄧小平的罪證」，再加他多年來呼籲補資本主義的課，反對四項基本原則，鄧小平讓上海市委處理王若望，意思是開除或勸其退黨。

王若望無視高壓我行我素，就在鄧小平點他名的一個月前，一九八六年十一月五日，他在《深圳青年報》發表〈一黨專政只能導致專橫〉，接著在十二月十二日的《特區工人報》發表〈兩極分化之我見——與鄧小平同志商榷〉，都是直接挑戰鄧小平的檄文。十二月十五日，胡耀邦視察上海，市委書記芮杏文送別他時詢問：「王若望的問題怎麼處理？」胡耀邦一如既往地寬大為懷說：「黨內批評幫助就行了嘛！」[5]這就是鄧小平說「早就說要開除（王若望）」和「上海群眾傳說中央有個保護層」的來源。

鄧小平沒看錯人

從以上的來龍去脈不難看出，鄧小平一直盯著王若望，而王若望卻頑固不化，「內控」期間仍頂風而上，公然指名道姓向他叫板，讓他惱羞成怒，必欲除之而後快。對公開反對他的人睚眥必報，是心胸狹窄的鄧小平的一貫德性，早年魏京生因提醒民眾鄧小平是新的獨裁者而被重判

5 王若望自傳《自我感覺良好》。

十五年。由此可知，鄧小平非但沒搞錯王若望的名字，還比誰都清楚，誰是他真正的敵人，誰對他和中共威脅最大。

王若望沒有「辜負」鄧小平的「青睞」，他出黨後的表現也佐證了鄧小平的「遠見」。在八九六四劍拔弩張的時刻，王若望不懼自己帶罪在身，再次挑戰鄧小平，在海外發表〈致鄧小平的公開信〉，規勸鄧小平放下屠刀立地成佛，不要做歷史的罪人。王若望還多次帶頭參加上海全市大遊行，走在遊行隊伍的最前面，他在集會演講中直斥鄧小平垂簾聽政，大聲疾呼「十一億人民聽命一位帝王的時代已經過去了！」六四後他被整肅關押了十四個月。

王若望被捕時已是七十多歲的老翁，不可能逃跑，公安卻故意在他走出樓門時給他戴手銬，有四、五個人跟著拍照和攝像，待他上囚車後又反常地立即去了手銬。事後，在市委工作的熟人向王若望透信，當時鄧小平在上海，當局把錄影呈送鄧小平領賞，顯見他對王若望的入骨仇恨。

方勵之的自我否定和劉賓雁的道聽途說

上述粗析和拙見並不深奧，以方勵之、許良英、劉賓雁等人的水準，不難理解鄧小平的原話，以他們的政治敏銳和對鄧小平行事風格的瞭解也應明察原委。事實上，方勵之在另一個場合已做了自我否定。二〇〇一年，方勵之在「許良英先生九秩賀」一文中說：一九八五年，他受浙江大學學生邀請講「開放改革」，內容被印成小冊子散發全國，中央紀委決定開除他的黨籍，因胡耀邦的作用推遲了一年，後來該小冊子仍是他被開除黨籍的罪名之一。[6]

在此，方勵之確切地指出，和王若望的情況類似，他也早被鄧小平盯上了，這次不過是藉學生遊行斬草除根，與他參與籌備反右學術討論會並無關聯。

而劉賓雁的「王若水說」更帶有喜劇性，在此轉錄馬悲鳴的有關文字：早先，有朋友說鄧小平搞錯了王若望和王若水，因「王若水的理論水準確實高於王若望，而且提出的理論挑戰性也更強。」我打電話向劉賓雁核實，「但他回答說不可能錯，就是王若望，而不是王若水。……等王若望去世的當時，我又在打給劉賓雁先生的電話裏舊事重提。他仍堅持是王若望而不是王若水。」王若望追悼會後，「網路上報出重大熱門新聞：劉賓雁說，當年開除黨籍的應該是王若水，而非王若望。鄧小平搞錯了兩人的名字。」我一見大喜，以為「他找到了確鑿證據。等劉賓雁從紐約回家以後，我打電話過去詢問：您是否看到了確鑿證據，證明當年確實把王若水錯搞成王若望了？劉賓雁說他沒有得到新的材料，就是我說的那些。他覺得我說的有道理。」馬悲鳴歎道，「如此重大的消息發佈，出自劉賓雁先生這樣著名的大記者之口，居然就得自我道聽塗說來的胡猜亂想，……」[7]

6　方勵之〈許良英先生九秩賀〉，二〇一一年三月四日。

7　馬悲鳴〈劉賓雁發佈重大消息的背後〉，二〇〇五年十二月十四日，《天下論壇》。

馬悲鳴的解說，正好對上劉賓雁的話「上月去參加王若望追悼會時，又有人提出王若望還是王若水的問題，」應該說可信的，也就是說，王若望和王若水被鄧小平亂點鴛鴦是子虛烏有的猜測。

其實，劉賓雁還另有一說，「當時傳說本來要開除的是兩個人：方勵之、王若望，並沒有我，鄧小平在講話中再三地提這兩個人的名字，說著說著，旁邊有人說話了：劉賓雁比這兩個人還壞！於是把我加上，也就一起被開除了」[8]

這個說法也與「王若水說」自相矛盾，似乎更接近事實。

最後的結論

最後，許良英念茲在茲的趙紫陽把他誤報為王若望的依據，隨著趙紫陽《改革歷程》一書的出版已得到更正，書中說：「一九八七年一月十五日，在最後解決耀邦問題的黨的生活會上胡啟立發言透露，一九八四年六月二十八日，鄧（小平）曾單獨找胡啟立談過一次話，鄧說，今天找你來，主要是談耀邦的問題。耀邦不僅是在對待郭羅基、胡績偉、王若望等人的看法上，最主要的是在堅持四項基本原則、反對資產階級自由化的問題上，作為黨的總書記這方面的軟弱是根本

8 多維社記者吉辰丘採訪劉賓雁，二〇〇二年一月十六日。

性的缺點。」[9]

這裏趙紫陽是轉述胡啟立的話，內容是一九八四年的事，那時的三個人是郭羅基、胡績偉、王若望（鄧力群在轉述胡啟立同樣的話時說，三人是郭羅基、胡績偉、王若水[10]），這裏王若水確實被搞成了王若望，當時郭羅基、胡績偉、王若水三人是一檔事，他們都因《人民日報》發表自由化文章惹禍。是趙紫陽在轉述時弄錯人名，跟八七年鄧小平開除三人黨籍完全是風馬牛。

不忍說出的幾句話

本來，鄧小平開除三人黨籍的講話十分明瞭，所指的人事也非常清楚，為什麼會出現如此大的歧義，最後演繹出羅生門式的烏龍爭議？筆者不憚誅心之嫌，細究琢磨當事者的言說背景，似可窺尋解讀他們的微妙心態。

首先，許良英罔顧鄧小平話中的「上海王若望」「猖狂」「早就說要開除」「上海的群眾」等屬於王若望背景的內容，硬把自己往上套，且大談特談重複講述，已經令人費解。而方勵之明知中央（應該是鄧意）早在八五年就要開除他黨籍，卻依然追隨許良英的說法，弄到前後自我否定的地步。至於劉賓雁的「王若水說」更是為道聽塗說代言，不辨也罷。

9　趙紫陽《改革歷程》。
10　鄧力群的《十二個春秋》。

耐人尋味的是，方勵之和許良英皆為物理學家，又有亦師亦友的關係，劉賓雁和王若水同在《人民日報》社共事，又都是馬克思主義者，他們是否受潛意識影響，因認同許良英和王若水的理論水準，便不加辨識地輕信了許良英或王若水被取代說？

值得深思的是，上述烏龍異議出現在事件落定的十年後，此時的鄧小平已是千夫所指的暴君，而被開除黨籍的三人則留下了千古英名，所以，讀他們講述這件「公案」，尤其是許良英的再三「毛遂自薦」，絲毫感覺不到忍受迫害的切膚之痛，倒像是鄧小平這個皇帝欽點了狀元、榜眼、探花三鼎甲，而方勵之和劉賓雁好似在為許良英和王若水爭功，覺得他們兩人比王若望更具上榜的資格。

我忍不住苛刻地設想，如果退到一九五七年或者文革十年中，他們還會四處表白申明本該列入「壞分子」行列嗎？再進一步反芻，在八九六四的歷史緊要關頭，方勵之、許良英等人以保持學生運動的純潔性、避免黑手之嫌為由，畏怯地遠離天安門廣場。事後，方勵之躲進美國大使館，引起許多人的失望和物議，惺惺相惜的許良英為之辯護，「方勵之是學者，不是搞政治的。」劉賓雁六四時已到美國，但一九八六年底籌備那個沒開成的「反右討論會」，他也顧慮重重地中途退出。[11]

11 許良英〈當代中國大災難的開端：反右運動——紀念反右五十周年〉，二〇〇七年五月十一日。

事發時臨危而懼急流勇退，事息後患得患失「自告奮勇」，如此言行著實讓人嗟歎，也使人終於憬悟，由他們啟蒙肇始的八九民運的結局其實早已註定。

許良英、方勵之、劉賓雁都是老一輩知識份子中的傑出代表，也是筆者至今敬重的為中國自由民主事業作出貢獻的先賢，因此，他們人性中的弱點最能反映那代知識人的整體缺陷，也在在顯示，長年生活在殘暴恐怖的極權社會，即使最優秀的知識份子，他們的人性也難免遭受扭曲，他們能敏銳而深刻地揭示中國社會的異化現象，卻不能逃脫也被不同程度異化的命運。

——原載《自由寫作》二〇一三年五月號

王若望年譜

一九一八年　二月四日，出生於江蘇省武進縣丫河鎮，原名王壽華，筆名若望、若涵、若木等。

一九三二年　夏，小學畢業。同時入讀江蘇省南京市棲霞山鄉村師範學校，一年後因故退學。

一九三三年　秋，進上海新亞藥廠當學徒，加入中國共產主義青年團。

一九三四年　五月，被國民黨上海軍法處逮捕，判刑十年。

一九三七年　七月獲釋，同年八月赴延安，加入中國共產黨。

一九四〇年　十一月，與李明在延安結婚。

一九四一年　四月，在延安與陳企霞、童大林、李銳發起創辦民主壁報《輕騎隊》，次年《輕騎隊》與王實味主編的壁報《矢與的》同時被禁辦、整肅。

一九四三年　在山東被整肅，稱為「山東王實味」，羅榮桓指示「刀下留人」，得保首級。

一九四〇年至一九五二年　分別任中共陝西省寶雞中心縣委書記、中共山東分局組織部城工科幹事、中共山東省總工會勞保部長、中共淮海戰場新華通訊支社社長、中共上海總工會宣傳部副部長、中共上海吳淞機器廠黨委副書記兼廠長。

一九五一年 在上海《文藝新地》發表中篇小說〈鄉下未婚夫〉，享譽文壇。

一九五三年 任中共華東局宣傳部文藝處副處長、《文藝月報》副主編，加入中國作家協會，任上海分會理事。

秋，赴朝鮮慰問志願軍，任慰問團副團長。

一九五七年 在上海發表〈步步設防〉、〈一板之隔〉等雜文，被劃為右派並開除公職和黨籍，去農村勞動改造，妻子李明為此精神分裂。

一九六二年 響應周恩來「放下包袱，大膽創作」的號召，寫了小說《一口大鍋的歷史》，再次賈禍，遭柯慶施公開點名批判，李明受刺激舊病復發，於一九六五年亡故。

一九六八年 因譏評毛澤東、江青，以「現行反革命」罪入獄四年餘。

一九七二年 夏，戴著反革命帽子出獄，在單位、里弄接受群眾監督勞動。

一九七八年 十一月摘除反革命帽子，恢復中共黨籍。

一九七九年 年初，與羊子結婚，同時右派「改正」。任《上海文學》副主編、中國作家協會理事。

同年，在《光明日報》發表文章〈春天裏的一股冷風〉，批評大陸文藝界頑固存在的毛澤東文藝觀。

一九八〇年 中篇小說《饑餓三部曲》在《收穫》發表，美國漢學家駱基南（KYNA RUBIN）將小說譯成英文，一九九一年在美國出版。

一九八四年 在《民主與法制》上發表的雜文〈功臣乎？罪犯乎？〉改編為電視劇「無罪的女囚」播出。

一九八六年 十一月在《特區工人報》發表〈兩極分化之我見——與鄧小平同志商榷〉，《特區工人報》為此停刊。

十二月在《深圳青年報》發表署名文章，〈一黨專政只能導致專橫〉，成為《深圳青年報》停刊的原因之一。

一九八七年 一月十五日，中共上海市委宣佈開除王若望黨籍，這是王若望第二次被開除黨籍。

秋，榮獲美國的「中國民主教育基金會」傑出民主人士獎。因中共當局阻撓，未能前往美國領獎。

同年，《王若望選集》由香港東西文化事業公司出版。

一九八九年 四月，為抗議中共當局取締《世界經濟導報》，帶頭走上上海街頭，身披寫著「棱棱風骨」的黃布條遊行，呼籲新聞自由。

五月，再次走上街頭，身披寫著「鐵石心腸，可悲可歎；救國救民，先救孩子」的黃布條遊行，聲援北京天安門和上海的學生運動。

九月八日，被中共當局以「顛覆無產階級專政」罪名逮捕，第三次入獄。

一九九〇年　十月底獲釋，旋即於一九九一年底創辦《民主論壇》刊物，當局將已編印的《民主論壇》封殺在印刷廠裏。

一九九一年　四月，《王若望自傳》一、二卷由香港明報出版社出版。

八月，雜文集《天地有正氣》由香港百姓文化事業公司再版。

一九九二年　八月，應美國哥倫比亞大學邀請，作為訪問學者偕同夫人羊子來到美國。

八月、十一月，兩次應加拿大民運團體的邀請，訪問加拿大多個城市。

十月，自選集《棱棱風骨》，由香港百姓文化事業公司出版。

十一月，應歐洲民運團體邀請，赴法國、德國、英國訪問。

十二月，應香港文聯、「港支聯」邀請，赴香港訪問。

十二月，應澳洲的民運團體邀請訪問澳洲。

十二月底，應中國大陸問題研究中心、中華民國團結自強協會邀請，赴臺灣訪問。

一九九三年元旦會見李登輝、郝柏村、馬英九諸人。在台期間，為海外民主運動募捐十二萬美元。

一九九三年　一月，中短篇小說集《魔笛記》由臺灣大川出版社出版。

一月二十八日至三十一日參加在華盛頓召開的「民聯」和「民陣」合併大會，競選合併組織的主席，因不滿選舉中的弊端，退出選舉。

一九九五年 五月，在洛杉磯成立的中國民運團體協調會任總召集人。
六月，在紐約創立中國民主黨，任主席。

一九九七年 一月，《王若望文集》在臺灣出版。

二〇〇一年 十一月三十日，因病入住美國紐約ELMHURST醫院，被診斷為晚期肺癌。
十二月十六日，在病榻上留下了遺言，「新時代、新人物、新發現、新文化、新科學、新技術、新奇蹟、新奉獻，邁向全世界！」
十二月十九日，因病醫治無效，在美國紐約ELMHURST醫院與世長辭。

史地傳記類　PC0321　目擊中國02

獨一無二的反叛者
——王若望

作　　者／喻智官
責任編輯／鄭伊庭
圖文排版／陳姿廷
封面設計／秦禎翊

發 行 人／宋政坤
法律顧問／毛國樑　律師
出版發行／秀威資訊科技股份有限公司
114台北市內湖區瑞光路76巷65號1樓
電話：+886-2-2796-3638　傳真：+886-2-2796-1377
http://www.showwe.com.tw
劃撥帳號／19563868　戶名：秀威資訊科技股份有限公司
讀者服務信箱：service@showwe.com.tw
展售門市／國家書店（松江門市）
104台北市中山區松江路209號1樓
電話：+886-2-2518-0207　傳真：+886-2-2518-0778
網路訂購／秀威網路書店：http://www.bodbooks.com.tw
國家網路書店：http://www.govbooks.com.tw

2013年7月BOD一版
定價：430元

國家圖書館出版品預行編目

獨一無二的反叛者：王若望 / 喻智官著. -- 一版. -- 臺北市：秀威資訊科技, 2013.07
面； 公分. -- (目擊中國02；PC0321)
BOD版
ISBN 978-986-89516-3-1(平裝)

1. 王若望 2. 民主運動 3. 傳記

782.887　　102008987

讀者回函卡

感謝您購買本書，為提升服務品質，請填妥以下資料，將讀者回函卡直接寄回或傳真本公司，收到您的寶貴意見後，我們會收藏記錄及檢討，謝謝！如您需要了解本公司最新出版書目、購書優惠或企劃活動，歡迎您上網查詢或下載相關資料：http:// www.showwe.com.tw

您購買的書名：________________________________

出生日期：________年________月________日

學歷：□高中（含）以下　□大專　□研究所（含）以上

職業：□製造業　□金融業　□資訊業　□軍警　□傳播業　□自由業

□服務業　□公務員　□教職　□學生　□家管　□其它_____

購書地點：□網路書店　□實體書店　□書展　□郵購　□贈閱　□其他

您從何得知本書的消息？

□網路書店　□實體書店　□網路搜尋　□電子報　□書訊　□雜誌

□傳播媒體　□親友推薦　□網站推薦　□部落格　□其他__________

您對本書的評價：（請填代號　1.非常滿意　2.滿意　3.尚可　4.再改進）

封面設計____　版面編排____　內容____　文／譯筆____　價格____

讀完書後您覺得：

□很有收穫　□有收穫　□收穫不多　□沒收穫

對我們的建議：________________________________

____

____

____

請貼
郵票

11466
台北市內湖區瑞光路 76 巷 65 號 1 樓
秀威資訊科技股份有限公司 收
BOD 數位出版事業部

（請沿線對折寄回，謝謝！）

姓　　名：＿＿＿＿＿＿＿＿　年齡：＿＿＿＿　性別：□女　□男

郵遞區號：□□□□□

地　　址：＿＿＿＿＿＿＿＿＿＿＿＿＿＿＿＿＿＿＿＿

聯絡電話：(日)＿＿＿＿＿＿＿＿＿＿（夜）＿＿＿＿＿＿＿＿＿＿

E-mail：＿＿＿＿＿＿＿＿＿＿＿＿＿＿＿＿＿＿＿＿